강사 트렌드 코리아
2020

강사 트렌드 코리아 2020

초판 1쇄	2019년 10월 09일
지은이	한국강사신문 강사연구분석센터
	(유재천 김경록 권서희 이명길 장한별 최종엽 최창수 위현정 김민경 김은아 조지용 이승진)
사진	권순섭
발행인	김재홍
편집	이근택
교정·교열	김진섭
마케팅	이연실
발행처	도서출판 지식공감
등록번호	제396-2012-000018호
주소	경기도 고양시 일산동구 견달산로225번길 112
전화	02-3141-2700
팩스	02-322-3089
홈페이지	www.bookdaum.com
가격	17,000원
ISBN	979-11-5622-469-3 13320
CIP제어번호	CIP2019033998
	이 도서의 국립중앙도서관 출판예정도서목록(CIP)은 서지정보유통지원시스템 홈페이지(http://seoji. nl.go.kr)와 국가자료공동목록시스템(http://www.nl.go.kr/kolisnet)에서 이용하실 수 있습니다.

강사 트렌드 코리아
Lecturer Trend Korea
2020

MICE IN CRISIS

유재천 · 김경록 · 권서희 · 이명길
장한별 · 최종엽 · 최창수 · 위현정
김민경 · 김은아 · 조지용 · 이승진

| 한국강사신문 강사연구분석센터 |

지식공감

위기의 강사시장에서
어떻게 살아남을 것인가?

『강사 트렌드 코리아 2020』은 ㈜한국강사신문 산하 강사연구분석센터의 분야별 대표강사들이 강사 트렌드를 분석하고 미래를 전망해주는 대한민국 최초의 강사 트렌드 분석서로 2018년 출간된 『강사 트렌드 코리아 2019』 이후 두 번째 책이다.

최근 생애주기가 길어지면서 평생직장 개념이 사라지고 있으며 교육시장은 꾸준히 성장하고 있다. 매년 성장하는 교육시장에 새롭게 진출한 강사들이 경쟁력을 확보하고, 강사를 꿈꾸는 사람들이 미래 교육시장의 수요와 비전을 예측할 수 있도록 『강사 트렌드 코리아 2020』을 출간했다.

특히, 이번 『강사 트렌드 코리아 2020』은 2020년 경자년 庚子年 쥐띠해에 따라 'MICE IN CRISIS[위기 속의 쥐]', M.I.C[강사] 생존전략이라는 컨셉으로 기획했다.

㈜한국강사신문 강사연구분석센터는 2019년 1월 21일부터 2월 11일까지 『강사 트렌드 코리아 2020』 집필 강사 모집공고를 통해 총 12개

분야, 12명의 집필 강사진을 구성했으며 6개월간의 집필 및 퇴고작업을 진행했다. 이로써 'MICE IN CRISIS'의 총 12개 이니셜에 맞춰 12개 집필분야를 매칭하여 구성했다.

㈜한국강사신문 강사연구분석센터의 분야별 집필강사로는 워크 스마트(의미공학연구소 대표, 유재천 강사), 4차 산업혁명(생각코칭컴퍼니 대표, 김경록 강사), CS(기업행복연구소 교육컨설팅 대표, 권서희 강사), 연애(미팅파티브라더스 대표, 이명길 강사), 커뮤니케이션(프로커뮤니케이션 대표, 장한별 강사), 인문학(카이로스경영연구소 대표, 최종엽 강사), 조직활성화(인재센터 대표, 최창수 강사), 청소년 진로(꿈잡고교육연구소 이사, 위현정 강사), 대학생 진로(휴먼앤파트너즈 대표, 김민경 강사), 생애경력설계(㈜커리어비전 이사, 김은아 강사), 채용·취업(한국바른채용인증원 원장, 조지용 강사), 유튜브(손안의공장 대표, 이승진 강사)이며, 그 외 프롤로그(의미공학연구소 대표, 유재천 강사), 에필로그(㈜한국강사신문 김장욱 전략사업본부장)로 구성됐다.

『강사 트렌드 코리아 2020』은 명쾌한 트렌드 분석을 위해 네이버 데이터 랩, 다음소프트 소셜 매트릭스, 구글 트렌드, 오디피아 등의 다양한 분석 툴을 활용했다. 또한 대한민국 대표 트렌드 서적인『트렌드 코리아 2019』,『2019 대한민국 트렌드』,『디지털 트렌드 2019』,『모바일 트렌드 2019』,『라이프 트렌드 2019』,『세계미래보고서 2019』,『소비 트렌드 분석』,『2018 해외 미디어 동향』, 통계청, 산업통산자원부, 산업연구원, 삼성경제연구소 등 국내·외 트렌드 사례와 강의분야별 정부시책을 조사해 강의 분야의 향후 전망을 기술했다.

㈜한국강사신문 강사연구분석센터는 집필 강사들의 정기적인 전체 오프라인 회의와 온라인 회의 등 공동저자들의 지속적인 커뮤니케이션을 통해 저서의 수준을 높이고 통일성을 기했다. 특히『강사 트렌드 코리아 2019』자기경영분야를 담당한 의미공학연구소 유재천 소장이 이번『강사 트렌드 코리아 2020』에서는 워크 스마트의 샘플원고를 트렌디하게 작성하여 발표해 주목을 끌기도 했다.

『강사 트렌드 코리아 2020』의 출간일은 10월 9일 한글날이다. 한글날로 정한 이유가 따로 있다. 스승의 날은 세종대왕의 탄신일인 1397년

5월 15일을 기념해 1965년부터 대한민국정부가 채택한 기념일이다. ㈜ 한국강사신문은 '강사는 스승'이라는 생각에서 세종대왕의 정신을 이어 받고자 2016년 5월 15일 스승의 날에 맞춰 창간한 신문사다. 이러한 연원을 둔 ㈜한국강사신문은 세종대왕이 백성들을 위해 한글을 창제했듯이, 대한민국 강사들의 권위와 위상을 높여주고자 『강사 트렌드 코리아 2020』을 한글날에 창간한다는 의미를 담았다.

『강사 트렌드 코리아 2020』은 위기의 강사시장에서 살아남을 수 있는 방향을 제시하고 있는 트렌드 분석서다. 앞으로 우리나라 강사들의 대표적인 길라잡이가 될 것이고, 강의 분야의 향후 전망을 통해 미래를 대비하는 강사 트렌드 분석 및 지침서로 자리매김할 것으로 기대된다.

2019년 10월
㈜한국강사신문 강사연구분석센터장 한상형

오랜 경험과 노하우를 바탕으로 4차 산업혁명 시대, 특히 AI와 블라인드 채용이 새로운 트렌드로 자리하고 있는 시대에 채용분야 강사들과 전문면접관들에게 무엇을 어떻게 준비하고 어떻게 역량을 키워야 하는지에 대해 길을 상세하게 안내하고 있으며, 구체적인 자료와 근거를 바탕으로 설득력 있게 트렌드와 방향을 제시하는 책이다.

한국기업교육리딩 소사이어티 박재경 회장

현 시점에 같이 고민해야 할 주제에 대해 전문가의 지혜를 한 권으로 엮었다. 각 분야별 주제는 다양하고 분산되어 보일 수 있지만 기업경영이나 조직관리에 모두 필요한 내용이다. 특히 현장에서 왕성하게 활동하는 강사의 경험이 오롯이 묻어 있어 조직의 리더, 교육 등 업무 담당, 전문 강사에게 일독을 권한다.

한국액션러닝협회 박해룡 회장

4차 산업혁명과 언택트 서비스의 확산으로 CS부문의 강의는 더욱 미래를 예측하기 어려운 시대이다. 게다가 감정노동보호법 시행, 주 52시간 근무제 등의 제도적 변화와 서비스 종사자들에 대한 사회적 인식 변화로 CS교육에 대한 고민이 더욱 커지고 있다. 이처럼 복잡하고 변화무쌍한 시대에 강사로서 나아가야 할 방향을 제시하고 미래 강의 트렌드를 통찰력 있게 전망한 이 책은 강사들에게 유용한 길라잡이가 될 것이다.

㈜엑스퍼트컨설팅 정종식 부사장

연애란 관계의 최고점이다. 성장의 환경이 다르며, 심지어 남과 여, 아니 여와 남이라는 출생의 행성 ¡마저 다른 이들의 만남을 이야기하기 때문이다. 그러나 우린 학문을 공부하고, 직업을 준비하면서도 연애는 여전히 행운과 운명임을 믿는 원시인에 머물러 있다. 트렌드를 읽고 인간을 이해하는 것은 모든 분야에 걸친 기본적 지능이다. 이 책은 원시 상태의 순결함에 멈춘 독자들을 단숨에 현대인으로 변모시켜 연애라는 관계에 대한 혜안을 제공해줄 것이다.

팝 칼럼니스트 김태훈

대학 진로교육이 급격히 변화하고 있다. 학생들의 성공적인 사회진출이 대학의 경쟁력을 보여주는 지표가 되었고, 고학년 시기, 취업교육만으로는 성공적인 사회진출을 보장하기 어렵다는 인식의 확산이 진로교육의 변화를 이끌고 있다. 이러한 시기에 진로교육의 변화에 맞춘 강사들의 방향성 제시는 매우 필요해 보인다. 변화에 능동적인 강사로서 반드시 필독하기를 바란다.

가톨릭대학교 창업대학 스타트업융복합전공 조형래 교수

4차 산업혁명 시대이다. 모든 게 바뀌고 있다. 이미 바뀐 게 있고 앞으로 바뀌는 속도는 지금까지 인류가 경험하지 못한 속도로 바뀔 것이다. 따라서 청소년을 위한 진로교육도 바뀌어야 한다. 진로교육은 평생에 걸쳐 이루어진다. 그러나 특히 청소년기의 진로교육은 더욱 중요하다. 역시 교육내용과 방법도 바뀌어야 한다. 그런 의미에서 본 책은 독자들에게 여러 가지 진로교육의 리노베이션을 알려주고 있다. 특히 그동안의 진로교육에서 잘 다루지 않고 있던 창업도 다루고 있다. 이스라엘이나 미국 등은 초등학교 시절부터 기업가정신을 가르치고 있다. 그 결과 세계 최고의 경제면에서 역동적인 국가로 자리매김하고 있다. 강사를 지향하는 독자뿐만 아니라 일반인도 일독을 권한다.

성균관대학교 글로벌창업대학원 김경환 교수

위기의 시대에 강사에게 필요한 트렌드를 체계적으로 분석한 책으로서 기능을 매력적으로 발휘하는 책이다. 다양한 분야의 전문 강사가 현장에서 직접 부딪히며 분석하고 집필했기 때문에 현장감이 있고 실제적인 내용이다. 진입하기는 쉽지만 살아남기 어려운 강사 세계에서 공생을 위한 최고의 지침서다.

뷰세일즈랩 대표, 한국강사협회 이사, 한국기업교육리딩소사이어티 부회장 이보원 프로

기술이 발전하고 생활이 편리해질수록 이상하게도 마음이 아픈 사람들은 증가하고 있다. 강사는 단순히 정보를 전달하는 것이 아니라 이들의 마음을 따뜻하게 보듬는 사람들이다. 강사들이 이 사명을 잘 감당할 수 있도록 돕는 한국강사신문의 진정성이 또 한 권의 책으로 탄생하였다. 이 책은 강사들에게 사명의 나침반이 되어줄 것이다.

한국인재인증센터 송수용 대표, DID마스터

시대가 급변하는 만큼 교육 담당자와 조직활성화 분야 강사들의 가장 큰 숙제는 어떻게 조직을 활성화 시키고, 어떻게 이를 만족시키는 강의를 진행할 것인가이다. 이 책은 이러한 고민을 안고 있는 이들에게 2020년 조직활성화 트렌드에 대한 유용한 정보 및 영감을 주고 있기에 반드시 필독하기를 권한다.

㈜래퍼런스에이치알디 박준형 대표

기업교육 시장에서 컨설턴트로 활동하며 수많은 강사들을 만나왔지만, 기억에 남는 강사는 많지 않다. 『강사 트렌드 코리아 2020』은 청중과 교육담당자에게 기억에 남는 강사로 성장하는 데 큰 힘이 되어 줄 것이다. 분야별 강사 트렌드를 한 번에 볼 수 있는 이 책을 대한민국 모든 강사들에게 권한다.

더라이언컨설팅그룹 임영환 대표

현장에서 홀로 노력하고 있는 강사들을 위한 책이 나왔네요. 미래를 준비하고 대비해야지만 살아남을 수 있다는 말이 가슴에 와 닿습니다. 같이 준비할 수 있는 책을 출판해주셔서 감사합니다.

꿈길교육진로연구소 김은숙 대표

트렌드를 분석하고 강사들이 나가야 할 방향을 제시해주는 나침반이자 지침서로 활약할 대한민국 최초의 강의 분야 트렌드 분석서! 다양한 분야의 강의 콘텐츠와 트렌드를 한눈에 볼 수 있는 선물 같은 책이다. 강사라면 누구나, 강사가 되고자 하는 분이라며 누구나 이 책을 권한다.

『영화로 배우는 말의 품격』 저자, 사람과 커뮤니케이션 유연정 대표

일과 삶의 균형, 워라밸 Work-life balance 과 인적생산성 향상을 동시에 실현해야 하는 기업 입장에서 임직원들의 생애경력 설계와 준비는 필수가 되었습니다. 이러한 변화를 촉진하는 전문강사분들에게 일독을 추천합니다.

행복한동행센터 김현식 센터장

생애설계의 중요성이 이제는 은퇴자를 넘어 대부분의 개인에게 필요한 시대가 되어 가고 있습니다. 이 책은 강사는 물론이고 일반인들에게도 자신의 인생에 대한 균형을 살펴볼 수 있는 좋은 지표가 되리라 생각합니다. 생애설계의 틀을 잡아나가고 싶은 분들의 좋은 길잡이가 되기를 기원합니다.

사람과 직업연구소 정도영 대표

차례

차례

유재천

- 의미공학연구소 대표(대학 · 기업 · 창업교육)
- 전) POSCO 엔지니어
- 공학 학사, 경영학 석사
- 저서『강사 트렌드 코리아 2019』(공저), 『여행이 끝나도 삶은 계속된다』,
  『성장, 의미로 실현하라』

'MICE IN CRISIS'[위기 속의 쥐] – M.I.C[강사] 생존전략

강사 시장이 위기다. 진입하기 쉽지만 살아남기 어려운 세계라는 점에서 늘 위기였지만 더 심각해졌다. 주 52시간 제도로 기업은 교육 시간을 줄였고 경제가 좋지 않은 상황이 이어지며 기업뿐만 아니라 다른 강의 분야에서도 꼭 필요한 강의만 진행되고 있다. 강사는 강의력 외에도 살아남기 위한 다양한 생존 전략을 생각해야 하는 시대다.

과거에는 한 분야, 특정 주제의 전문 강사면 살아남았지만, 이제는 상황이 달라졌다. 강의의 전체 파이가 작아졌기 때문에 새로운 콘텐츠를 개발하고 강의 영역을 확대해야 강의를 할 수 있는 기회를 확보할 수 있다. 또 혼자 하기보다는 다른 강사들과 함께 생존을 고민해야 생존력을 높일 수 있다는 인식도 확산되었다. 그야말로 위기가 곳곳에 보이고 피부에 와닿는다.

이러한 위기에서 놓치지 말아야 할 것이 강사 트렌드다. 시장이 없어지지 않은 한, 즉 비즈니스가 성립한다면 시장의 상황에 관계없이 끊임없이 관심을 가져야 할 부분이 바로 트렌드다. 변화에 대응하려면 변화를 주시해야 한다. 경쟁우위와 함께 적응우위를 선점해야 살아남을 수 있다. 강사는 강사 트렌드를 살펴보고 분석하며 생존 전략을 수립하고 미래를 대비해야 한다.

본 책은 『강사 트렌드 코리아 2019』에 이어 연속 발간된 4차 산업혁명 시대에 강사가 나아가야 할 방향을 제시하는 트렌드 분석서다. ㈜한국강사신문 강사연구분석센터에 소속된 12명의 전문 강사가 강의 분야별 최신 트렌드를 분석하고 집필했다.

이 책은 강사를 준비하는 사람과 기업이나 기관의 교육담당자에게도 필독서다. 강사가 되기 위해선 강사 시장의 흐름과 변화를 알아야 하고 교육 기획하고 설계하며 운영하는 담당자 역시 변화에 대응해서 꼭 필요한 교육을 진행하기 위한 목적으로 강사 트렌드가 필요하기 때문이다.

▌WORK SMART 워크 스마트

유재천 강사의 '워크 스마트' 강의 분야에서는 법정 근로시간이 주 52시간으로 단축되면서 증가한 워크 스마트 강의와 관련된 트렌드를 다양하게 분석했다. 워크 스마트 강의 분야의 키워드 트렌드, 복잡성에 대응하여 스마트해지는 워크 스마트 강의 주제의 사례, 워크 스마트 강의 분야의 요구역량 변화와 강의 방식의 트렌드 변화 등을 상세하게 살펴본다.

▌4TH ▌NDUSTRIAL REVOLUTION 4차 산업혁명

김경록 강사의 '4차 산업혁명' 강의 분야에서는 4차 산업혁명의 현재를 점검하고 해당 강의 분야의 새로운 패러다임과 변화를 분석했다.

시대적 변화에 따른 강의 준비와 강사의 대응 전략을 제시하며 4차 산업혁명 강의 분야의 트렌드를 통해 강사의 생존 전략을 전달한다.

▌CUSTOMER SATISFACTION CS

권서희 강사의 'CS' 강의 분야에서는 변화의 소용돌이 속 CS 교육 시장을 분석하며 CS 강사의 경쟁력을 강조했다. 4차 산업혁명 시대에 필요한 생존 전략으로 '감성'과 관련된 최신 트렌드를 제시한다. CS 분야의 새로운 과제로 밀레니얼 고객 만족을 꼽으며 밀레니얼 세대의 특성과 라이프 스타일의 이해를 통해 CS 강의 방향을 제안한다.

▌LOVE 연애

이명길 강사의 '연애' 강의 분야에서는 늘 사람들의 관심 속에 있는 변하지 않는 트렌드 연애 강의와 관련된 내용을 살펴본다. 연애강의 수요의 증가, 신직업 '연애코치'의 등장이라는 변화와 함께 흥미로운 2020년의 연애강의 트렌드를 예측한다.

▌COMMUN▌CATION 커뮤니케이션

장한별 강사의 '커뮤니케이션' 강의 분야에서는 강의 시장의 변화를 관계 이슈, 검색 키워드, 관련 출간 도서, 민간자격증 등록 현황, 설문, 조직 내 변화 등을 통해 분석했다. 이를 통해 변하는 것과 변하지 않는 것을 정리하고 커뮤니케이션 강사가 나아가야 할 방향을 제시한다.

┃ HUMA**N**ITIES 인문학

최종엽 강사의 '인문학' 강의 분야에서는 계속되는 인문학 열풍을 인문학 강의의 세부 분야로 나누어 분석했다. 대학인문학, 경영인문학, 시민인문학 등의 분야를 상세하게 들여다보며 인문학 강사에게 중요한 변화를 알아보고 관련 트렌드와 인문학 강의 분야를 전망한다.

┃ GROUP A**C**TIVATION 조직활성화

최창수 강사의 '조직활성화' 강의 분야에서는 급변하는 기업의 경영 환경 변화에 따른 조직 교육의 트렌드를 살펴본다. 조직활성화 강의 분야의 시대적 흐름을 살펴보고 최근의 변화와 연결해서 어떻게 흘러왔는지 알아본다. 또한 이러한 변화에 조직활성화 강사가 어떻게 생존해야 하는지 다양한 경험과 사례로 강사가 나아가야 할 방향을 제시한다.

┃ YOUTH CA**R**EER PATH 청소년 진로

위현정 강사의 '청소년 진로' 강의 분야에서는 자유학기제와 관련된 강의, 강사 트렌드를 다양한 교육 프로그램 예시를 통해서 분석했다. 가장 중요한 진로 교육 트렌드인 체험 교육에 대해서 집중적으로 알아보고 청소년 진로 강의 분야의 강사에게 도움이 되는 다양한 팁을 추천한다.

▌UN▌VERSITY STUDENT CAREER PATH 대학생 진로

김민경 강사의 '대학생 진로' 강의 분야에서는 대학에서의 진로교육의 변화를 분석했으며 이러한 변화를 바라보고 대응하는 강사의 자세를 강조했다. 또한 다양한 관점에서 대학생들의 진로 강의를 위해 준비해야 할 부분을 공개한다.

▌LIFE CAREER DE▌SIGN 생애경력설계

김은아 강사의 '생애경력설계' 강의 분야에서는 초고령사회 진입을 앞둔 고령사회인 대한민국에서 생애경력설계 강사가 알아야 할 트렌드와 준비해야 할 조건을 전한다. 평생교육의 시대에 맞춰 새로운 강의 열풍 시장으로서, 생애경력설계 강의 분야를 분석하며 준비에 필요한 구체적인 내용을 다뤘다.

▌RECRU▌TMENT · EMPLOYMENT 채용 · 취업

조지용 강사의 '채용·취업' 강의 분야에서는 블라인드 채용 확대에 따른 채용과 취업에 대한 변화를 구체적인 데이터와 다양한 자료를 통해 분석했다. 다양한 변화에 따른 기업이 원하는 강사의 조건, 교육 시장의 변화, 실제 운영되는 교육 과정의 상세 내용을 소개한다. 나아가 채용 및 취업 강의 분야의 강사가 갖춰야 할 전문성을 제시한다.

| SELF-MEDIA, YOUTUBE 유튜브

이승진 강사의 '유튜브' 강의 분야에서는 유튜브 및 유튜버 관련 최신 이슈와 변화를 확인하고 유튜브 강의 열풍을 조망한다. 세분화되고 있는 유튜브 강의 시장의 영역을 상세하게 분석하고 각 영역의 구체적인 예시를 통해 유튜브 강사가 주의해야 하고 집중해야 할 내용을 준비했다.

위기가 곧 기회라는 말의 의미는 무엇일까. 위기에 생존을 위해 치열하게 고민하고 준비하면 기회로 만들 수 있다는 말이다. 위기를 어떻게 바라보느냐에 따라서 기회가 될 수도 있고 위기에 빠져서 정체되거나 후퇴할 수도 있다. 이때 가장 중요한 점이 변화를 바라보는 눈이다. 트렌드를 분석하고 이를 바탕으로 대비해야 한다. 더 중요한 것은 혼자가 아니라 함께 분석하고 준비해야 한다는 점이다. 혼자는 살아남기 어려운 시대다. 진입하기 쉽지만 살아남기 어려운 강사 세계에서는 더 그렇다. 『강사 트렌드 코리아 2020』의 집필 강사가 함께해 보자고 이 책에서 외친다. 지금부터 함께 강사의 경쟁력을 강화하고 미래를 준비하자.

> "우리는 '나처럼 해 봐.'라고 말하는 사람 곁에서는 아무것도 배울 수 없다.
> '나와 함께 해 보자.'라고 말하는 사람만이 우리의 스승이 될 수 있다."
>
> – 프랑스의 철학자 질 들뢰즈(Gilles Deleuze, 1925~1995)

워크 스마트
WORK SMART

이제는 기업과 직장인
모두에게 필수 강의

MICE IN CRISIS

01

'주 52시간 근로' 제도로 더 필요해진
워크 스마트 강의

    법정 근로시간이 단축됐다. 교육 서비스 산업, 교육 비즈니스 영역, 강의 시장은 관련된 법적 변화가 생기면 큰 영향을 받는다. 기관 및 기업에서는 법을 준수해야 하는데 근로시간과 관련된 부분이라면 자연스럽게 검토하는 것이 바로 근로시간에 포함된 교육 시간이기 때문이다. 따라서 변화와 관련된 교육 회사와 강사에게도 변화의 파도가 미친다. 강사 입장에서 봤을 때 시장에 거대한 파도가 친 상황이다. 파도와 파도의 흐름을 어떻게 바라봐야 할까. 또한 파도의 흐름에 맞춰 어떻게 가야 할까?

    법정 근로 시간이 기존 60시간에서 52시간으로 변경되었다. 60시간은 48시간 기준 시간에 12시간의 추가 근무를 허용하는 조건이다. 마찬가지로 48시간은 40시간 기준 시간에 허용 가능한 추가 근무 시간 12시간이 더해진 시간이다.

    우리나라의 법정 근로 시간이 시작된 1953년 이후 지속해서 법정 근로 시간이 줄어들었다. 바람직한 방향이다. 근대화와 현대화의 과정에서 불합리한 요구에 맞서 노동운동까지 해가며 얻어낸 값진 결과도 포함되어 있다. 21세기로 가며 규모가 크고 다양한 변화가 이어졌다. 세상의 변화와 함께 인간의 삶에도 거대한 변화가 생겼다. 변화의 규모가 커지고 변화의 속도는 급격해졌다. 우리가 사는 지금은 여전히 변곡점에 존재한다. 어느새 근로 시간의 개념은 삶의 질과 연결되었다. 우리나라 1인당 국민소득이 2만 달러를 넘어선 2006년 이후부터는 삶의 중요성에 대한 인식의 수준이 높아졌고 3만 달러를 넘어선 최근에는 계속해서 '워라밸 Work and Life Balance'이 트렌드 키워드에서 빠지지 않고 있다. 이는 다시 말하면 워크 스마트가 단지 일의 생산성이나 성과의 측면을 뛰어넘었다는 것이다. 워크 스마트를 통해 창의적이고 효율적인 업무가 가능하게 하여 직원들의 삶의 질이 높아져야 한다. 근로자 입장에서 바라본 변화다.

기업에서 바라보는 시각은 어떨까? 기업 역시 세상의 변화와 근로자 변화에 맞춰 대응한다. 생존이라는 영원한 화두를 장착하고 끊임없이 혁신을 추구한다. 특히 최근에 변화의 속도가 빨라지면서 기업 역시 민첩한 대응을 시도한다. 그런데 근로 시간 단축이라는 변화는 상당히 많은 혁신을 요구한다. 생존과 함께 혁신의 방향은 생산성 향상을 추구해왔는데 법적으로 준수해야 하는 제약이 가혹해진 것이다. 따라서 기업은 오히려 진퇴양난의 상황에 처해 있다. 근로 시간에 포함된 교육 시간을 줄이면서도 줄어든 근로 시간 내에 성과를 내야 하기 때문이다. 가야 할 방향은 여전히 확실하다. 바로 생산성 향상이다. 이전과는 다른 기울기의 생산성 향상을 실현해야 하는 상황이다.

사실 생산성 향상을 위한 워크 스마트 강의 수요는 갑자기 늘어나지 않았다. 지속적으로 국가와 기업에 필요했다. 우리나라의 노동생산성은 꽤 오랫동안 낮은 수준을 극복하지 못했다는 점이 이를 말해준다. OECD 회원국 36개국 가운데 27위에 그치고 있으며 2010년 이후 빠르게 악화되고 있다. 근로 시간 개념으로 보면 OECD 국가별 비교에서 한 차례도 빠지지 않고 매년 상위 3위권에 머무르고 있다. 우리나라의 노동시간은 매년 줄어드는 추세이지만 주 52시간 근로 제도의 시행뿐만 아니라 시간의 흐름을 포함한 변화의 상황을 종합해 볼 때 생산성 향상을 위한 실효성 있는 대책이 시급하다.

기업 역시 생산성 향상을 위해 교육 과정에 워크 스마트에 필요한 주제를 포함하여 교육해왔다. 그러나 통제하거나 관리하기 쉽지 않은 다양한 변수와 상황에 의해 효과는 미흡했다. 따라서 현시점에서 기업에서 더 적극적으로 교육 과정에 포함하고 진행하는 주제가 워크 스마트다. 워크 스마트 강의가 더 필요해졌다. 기업이 교육 시간을 줄여서 강사가 강의할 기회의 전체 양이 감소했지만 워크 스마트 강의 주제는 오히려 증가했다. 기업의 HRD Human Resource Development 부서에서 교육 기획을 할 때 반드시 필요한 교육만 남겨야 하는 상황이기 때문이다. 소양 교육을 위해 배치했던 주제를 제외하고 근로 시간 단축에 따른 생산성 향상을 위해 워크 스마트 강의에 집중하기 시작했다.

02

리얼 워크 스마트 강의
수요의 증가

    과거에는 워크 스마트 강의 주제가 분산되어 교육 과정에 포함되었다. 그러나 이제는 워크 스마스 자체 주제의 수요가 증가했다. 기업은 본질에 집중해서 진짜 워크 스마트를 어떻게 해야 하는지 교육을 원하고 직원이 스마트하게 일하길 바란다. 줄어든 근무 시간에 절실하게 요구되는 바람이다. 과거에도 생산성과 성과가 중요했지만 제한이 강화된 자원으로 인해 생산성을 높여야만 하는 상황이고 성과 창출을 여전히 요구받는다.

    우리나라의 노동생산성은 꾸준하게 저조했기 때문에 기관과 기업은 다양한 시도를 했다. 최근에 미디어에 나오는 워크 스마트 관련 기업의 대응을 다룬 기사들은 과거에도 존재했다. 그때 역시 얼마나 오래 일하느냐보다 얼마나 가치 있는 성과를 내느냐가 중요하다면서 워크 스마트의 중요성을 강조했다. 워크 하드 Work Hard 만으로는 경쟁력을 갖기 힘들고 스마트하게 일해야 달라질 수 있다는 생각을 공유했다. 우선 기업은 급변하는 세상의 흐름에 맞춰 환경적인 부분의 변화를 시도했다. 작업공간에 업무 효율을 떨어뜨리는 요소를 제외하고 새롭게 개발되는 디지털 기기들을 업무 공간과 플랫폼에 배치했다. 또 기업은 일하는 방식, 소통 방식, 조직문화를 개선하기 위해서도 노력했다. GWP Great Work Place 라는 것으로 지수 Index 형식으로 적용하고 관리하기도 했다. 일부 기업은 자율 출근제를 도입하여 직원들이 시간을 낭비하지 않고 자신의 직무 특성에 맞게 일할 수 있도록 했다. 최근에는 '업무 집중시간'을 설정하고 해당 시간에는 회의하지 않으며 될 수 있는 대로 업무 요청 전화를 자제하여 생산성을 높이려고 노력하고 있다.

조금씩 나아지긴 했지만 여전히 생산성 향상을 막는 근본적인 요인들은 쉽게 개선되지 않았다. 어찌 보면 근본적인 부분을 개선하지 않고 지나치게 빠른 세상의 변화에 맞춰 겉 속도만 빠르게 따라간 측면도 있다. 그렇기에 환경적인 부분만 바뀐다고 가능한 것이 아님을 지난 10년간 깨닫고 다시 본질을 들여다보기 시작했다.

사실 본질을 볼 수 있는 외부 환경이 조성되기도 했다. 워크 스마트에 필요한 환경 구축을 위한 정보, 기술, 시스템 등은 더 높은 단계로 준비되었기 때문이다. 이런 상황에서 기업의 경쟁은 심화되고 당연히 직원의 생산성은 다시 경쟁력의 핵심으로 올라올 수밖에 없는 현실이다. 10년 전과 현재를 비교하면 같은 질문을 마주한 상황이지만 이제는 겉 속도만이 아니라 겉과 속이 같은 속도로, 제대로 갈 방법을 찾아야 할 때이다.

구글 트렌드를 통해서 '워크 스마트' 키워드에 대한 관심도 추이를 보면 최근 10년간 변화의 내용을 확인할 수 있다. 근로 시간이 줄어들지 않고 노동생산성이 향상되지 않는 문제의 심각성을 본격적으로 인지한 2010년 이후로 워크 스마트에 대한 관심이 커졌다. 2010년 이후에 급격하게 관심이 많아졌고 지속적으로 워크 스마트 키워드에 대한 검색이 유지되고 있다.

한편 기관이나 기업에서 교육담당자가 찾아보기도 하지만 직장인들도 워크 스마트에 직접 관심을 두기 시작했다. 키워드 트렌드에 포함된 부분도 있고 교육 시장에서 공개 과정으로 워크 스마트 강의가 많아졌다는 점이 이를 설명한다. 강의와 워크숍 형태로 다양한 워크 스마트 교육 과정이 눈에 띤다.

워크 스마트 주제의 다양한 교육 과정, 강의 워크숍 홍보 및 안내 포스터

회사의 요청뿐만 아니라 직장인 각자에게도 워크 스마트가 중요하다는 점을 인식하고 자신의 워라밸과 저녁이 있는 삶과도 연결되는 이 분야에 관심을 갖기 시작했다. 회사에서 진행하는 교육 외에도 효율적인 업무를 위해 자기계발에 뛰어드는 모습이다.

이와 같은 트렌드는 출판 영역에서도 나타난다. 2010년 이후부터 워크 스마트를 주제로 한 도서의 출판이 증가했다. 스마트 워크를 다른 형태의 표현으로 책의 출간도 증가하는 추세다. 일 잘하는 직장인의 특징과 관련하여 스마트 워크의 세부 주제를 다루는 경우가 대표적인 사례다. 과거에는 성공하는 직장인을 위한 시리즈와 주제가 유행이었지만 최근에는 워크 스마트를 위한 구체적인 주제와 방법을 책에서 다루고 있다.

워크 스마트 주제의 출간 도서 ©교보문고, www.kyobobook.co.kr

바야흐로 리얼 워크 스마트 시대이다. 기업 역시 제대로 된 워크 스마트를 위한 교육과 강의를 원한다. 그렇다면 워크 스마트에 대해 다시 정리하며 알아보자. 워크 스마트의 개념은 오래전부터 사용되었다. 일반적으로 스마트하게 일하는 것과 관련된 모든 연결을 말한다. 최근에는 '스마트 워크'의 개념으로도 혼용되어 사용되기도 한다.

■ 스마트 워크(Smart Work)
시간과 장소에 얽매이지 않고 언제 어디서나 일할 수 있는 체제(재택근무+모바일근무+스마트워크센터)

■ 워크 스마트(Work Smart)
자율적인 환경에서 창의적이고 똑똑하게 일하는 것, 과거 방식에 대한 성찰과 지식, 창의성을 기반으로 한 사고를 바탕으로 낭비 요소를 줄여 업무 효율과 업무성과를 높이는 혁신 활동

먼저 어순의 차이로 보면 워크 스마트는 동사형 개념이고 스마트 워크는 명사형 개념이다. 스마트 워크는 체제고 워크 스마트는 활동이다. 목적으로 개념을 살펴보면 스마트 워크는 시간과 공간의 유연성을 확보하기 위한 환경과 제도 등의 체제를 개선하는 것이 목적이다. 워크 스마트는 우수한 인재들이 창의적으로 일할 수 있도록 효율적인 경영 시스템과 조직문화를 구축하고 조직 구성원이 자신의 직무에서 가치 있는 일에 집중할 수 있도록 하는 것이 목적이고 관련된 모든 활동을 포함한다.

워크 스마트 또는 스마트 워크와 관련된 정부와 기업들의 최근 시도와 변화를 살펴보자. 정부에서는 스마트워크 차원에서 행정안전부 스마트워크센터 www.smartwork.go.kr 를 개설하여 필요한 환경적 서비스를 제공하고 있다. 또한 행정안전부는 '스마트워크포럼'을 개최하여 스마트워크 중장기 발전과제 및 정책에 대한 연구를 지속하고 있다. 포럼에서는 기업들과 협업으로 정부정책 방향과 연계한 스마트워크 활성화 정책과제를 제안하고, 스마트워크 확산을 위하여 국내외 스마트워크 적용 모델 및 사례 등을 공유한다.

행정안전부 주최 '스마트워크포럼' 회차별 주제(2015~2019년 현재, 총 15회 개최)		
개최 시기	개최 횟수	주제
2015.8	제1회 스마트워크 포럼	직원의 창의를 許하라
2015.10	제2회 스마트워크 포럼	나눌수록 풍족해지는 공유경제 (Sharing conomy)
2015.11	제3회 스마트워크 포럼	조직 성공의 열쇠, 협업
2016.2	제4회 스마트워크 포럼	공간이 혁신을 만든다
2016.4	제5회 스마트워크 포럼	이제는 민관협업이다
2016.9	제6회 스마트워크 포럼	사물인터넷과 서비스 혁신
2016.12	제7회 스마트워크 포럼	조직의 성공, 일하는 방식에 달렸다
2017.3	제8회 스마트워크 포럼	정부, 스타트업을 만나다
2017.6	제9회 스마트워크 포럼	인공지능 비서
2017.9	제10회 스마트워크 포럼	창의적 회의와 참여형 의사결정
2017.12	제11회 스마트워크 포럼	배려는 혁신의 원동력
2018.2	제12회 스마트워크 포럼	일하는 방식 혁신, 변화를 실현하라
2018.5	제13회 스마트워크 포럼	참여와 협업을 통한 공동체 소통지도 만들기, 커뮤니티매핑
2018.10	제14회 스마트워크 포럼	스타트업, 사회문제를 해결하다
2019.3	제15회 스마트워크 포럼	선제적 행정서비스, 빅데이터로 디자인하다

　스마트워크포럼은 2015년에 시작해 올해로 4년째로 분기마다 개최하고 있으며 초기에는 체제와 관련된 주제에서 시작해서 최근에는 일하는 방식의 주제가 포럼에서 논의되고 있다.

　정부의 '스마트워크 포럼'의 주제는 워크 스마트와 관련된 주제들을 포괄적으로 다루고 있다. 해당 주제에 대해 실제 사회의 변화와 함께 기업에서 적용한 사례를 바탕으로 포럼을 개최한다. 기업 역시 여러 가지 시도를 했는데 우선 공간을 변경했다. 소통을 원활하게 하고 스마트하게 일할 수 있는 공간으로써 역할을 할 수 있도록 디자인과 기능을 적용했다. 효과적인 동선, 알맞은 조명, 효율적인 공간관리 등을 고려한 변경을 추진했다. 이후 플랫폼, 시스템, 기반시설 및 제도 등의 체제 변화가 있었고 동시에 일하는 방식의 혁신도 꾸준하게 추진했다.

정리하면 워크 스마트를 위해 필요한 다양한 요소에 스마트 워크와 관련된 것들이 포함될 수 있다. 이렇게 상위 개념으로서 워크 스마트는 일하는 환경과 관련된 것들과 일하는 방식과 관련된 것들로 나뉜다. 일하는 환경의 예로 플랫폼, 시스템, 공간, 관련 제도 등이 있고 일하는 방식에는 조직문화, 업무 프로세스가 있다. 프로세스는 조직 차원과 개인 차원으로 다시 나눌 수 있다.

워크 스마트(Work Smart)와 스마트 워크(Smart Work)의 영역과 개념

기업에서는 포괄적 개념으로 워크 스마트를 추진하는데 상세하게 구분하면 스마트 워크 차원에서 체제나 업무 환경을 개선하는 방향으로 추진하고 워크 스마트 교육을 통해 일하는 방식, 조직문화와 관련된 부분을 개선하는 활동을 한다.

기업 역시 두 가지 차원에서 워크 스마트를 추진했고 체제와 환경적인 측면으로 시행한 부분이 어느 정도 추진되었기 때문에 다시 교육 니즈를 보인다. 현업에 적용하며 복잡한 상황에 맞춰가야 하므로 교육 주제에 다시 집중하기 시작했다. 한편 환경적인 측면에서 인프라, 시스템, 플랫폼 등의 내부 환경 구축이 어려운 기업은 외부 환경에 대응하기 위해 교육에 다시 집중하고 워크 스마트 강의를 요구하는 상황이다. 전체적 관점의 큰 흐름으로 보면 진짜 워크 스마트 강의 주제의 수요가 필요한 상황이고 수요가 증가하고 있다.

강사는 워크 스마트와 관련된 국가 차원의 변화와 시도, 기업의 변화 등의 트렌드를 살펴보고 교육을 준비해야 한다. 교육 콘텐츠에 집중해야 하지만 큰 변화와 연결이 없는 콘텐츠는 지속 가능한 힘을 상실한다. 강사는 기업이 고민하는 전반적인 내용과 변화를 읽고 다시 분석하며 교육의 접점에서 신속하게 움직여야 한다.

03

키워드로 알아보는
워크 스마트 강의 분야의 트렌드

워크 스마트와 관련된 연관 키워드로 워크 스마트 강의 분야의 트렌드를 살펴보자. 다음은 포털사이트 네이버를 통해 분석한 '워크 스마트' 및 '스마트 워크'의 연관 키워드 검색 순위다.

순위	연관키워드	월간검색수(PC)	월간검색수(모바일)	월간검색수 합계
1	엑셀	54,200	25,700	79,900
2	워라벨	18,000	35,600	53,600
3	워라밸	11,100	26,200	37,300
4	인문학	7,500	14,200	21,700
5	보고서작성법	7,700	6,720	14,420
6	몰입	2,360	4,010	6,370
7	인문학강의	1,720	3400	5,120
8	뇌과학	1,910	2,850	4,760
9	스마트워크	1,510	990	2,500
10	시간관리	970	1,420	2,390
11	셀프리더십	1,280	1,060	2,340
12	WORKLIFEBALANCE	670	1,430	2,100
13	지속가능경영	1,130	660	1,790
14	리더십교육	950	670	1,620
15	신입사원교육	920	440	1,360
16	보고서작성	880	440	1,320
17	전화예절	570	690	1,260

순위	연관키워드	월간검색수(PC)	월간검색수(모바일)	월간검색수 합계
18	갈등관리	450	310	760
19	갈등관리	450	310	760
20	인문학강좌	280	230	510
21	딥워크	180	320	500
22	잡크래프팅	250	190	440
23	워크스마트	240	120	360
24	워크라이프밸런스	130	210	340
25	승진자교육	270	70	340
26	스마트워킹	150	170	320
27	퍼실리테이터교육	130	130	260
28	인문학교육	130	40	170
29	인문학교육	130	40	170
30	논어강의	110	40	150
31	WORKSMART	110	30	140
32	몰입교육	70	40	110
33	일과삶	30	70	100
34	워크앤라이프밸런스	50	50	100
35	창의력강의	70	10	80
36	업무몰입	40	20	60

©네이버 광고 – 연관키워드 조회(강사 및 강의와 관련 없는 키워드는 제외)

키워드 트렌드에서도 볼 수 있듯이 워크 스마트 강의 분야에서는 워크 스마트 자체에 대한 수요가 증가한 부분을 제외하면 기존의 교육 주제가 반복된다. 왜냐하면 일과 관련된 대부분 강의 주제가 기존 교육체계에 포함되었던 주제이고 워크 스마트 역시 일과 관련된 주제이기 때문이다. 다만 주 52시간 근무제가 도입되면서 기존의 교육 주제 중에서 사라지거나 시간이 축소된 경우가 많다. 이는 교육담당자에게서 직접 듣는 내용이고 주변의 강사들 역시 체감하고 있다.

워크 스마트 자체 주제에서 다양한 수식어가 포함된 형태가 많아졌다. 또 하나의 변화는 이러한 수식어가 회사를 위한 표현보다는 조직 구성원 개인을 위하는 표현의 형태가 늘어났다는 점이다. 교육부서에서는 해당 교육이 회사에서 필요해서 교육하지만 조직 구성원의 워라밸을 위해서도 꼭 필요한 교육이라는 점을 전달해서 교육 시간이 줄었지만 교육의 효과를 높이고자 한다.

한국강사신문을 통해서 기업교육에 참여하는 강사 대상으로 인터뷰한 결과, 다음과 같은 워크 스마트 관련 강의 주제와 워크 스마트 관련 키워드를 확인할 수 있었다. '스마트'라는 수식어가 기존의 직무 역량 강화교육에 포함되어 강의 주제와 제목으로 활용되는 경우가 많았다. 더불어 조직 구성원의 워라밸을 위한 교육이라는 점이 부각된 사례도 많았다.

과거에는 워크 스마트 강의 주제가 '혁신'이라는 주제나 관련 수식어로 표현되는 경우가 많았다. 그러나 최근에는 워크 스마트로 수식되고 있다. 공통점 중에 하나는 모두 낭비를 줄이는 것이라는 개념이 반드시 포함된다는 것이다.

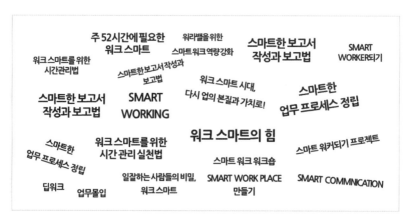

워크 스마트 관련 강의 주제와 워크 스마트 관련 키워드

사실 혁신의 개념으로 표현하면 워크 스마트는 점진적 혁신이다. 워크 스마트를 통해 갑작스럽게 파격적인 혁신이 일어나긴 어렵다. 물론 워크 스마트를 통한 조직문화가 파격적 혁신에 걸맞게 구축된다면 가능하겠지만 목표점이 완벽하게 일치하진 않는다. 또한 기업이 추구하는 비전과 조직문화에 따라 점진적 혁신이 맞을 수도 있고 파격적 혁신이 적절할 수도 있다. 따라서 기업이 추구하는 방향에 맞춰 혁신의 방향을 설정해야 하고 워크 스마트 교육도 같은 맥락에서 따져봐야 한다. 워크 스마트를 통해서 기업이 얻고자 하는 바를 명확하게 설정해야 한다. 강사는 이러한 연결 관계와 맥락을 분석하고 강의를 준비해야 한다.

한편 워크 스마트 강의 분야 중에 스마트 워크를 위한 체제, 시스템과 도구에 관한 주제도 있다. 사실 체제나 시스템에 대한 부분은 기업에서 짧은 시간에 바꾸기 어려운 부분이기 때문에 이러한 변화는 전사적 프로젝트로 실행한다. 따라서 워크 스마트를 가능하게 하는 다양한 도구를 소개하고 활용할 수 있도록 돕는 강의 형태가 대부분이다. 웹 서비스, 어플리케이션, 소프트웨어 등을 통해서 업무를 효율적으로 처리할 수 있도록 안내하는 내용이다.

04

복잡성에 대응하는 워크 스마트
강의 주제도 스마트해지다

워크 스마트 강의 주제도 스마트해져야 하는 상황이다. 기업도 강사도 유사한 교육 콘텐츠와 교육 방식으로는 스마트해지지 않는다는 사실을 여러 차례 경험했다. 강사는 계속해서 학습하고 교육을 기획하고 콘텐츠를 개발해야 하는 역할과 책임을 갖고 있지만, 그 무게가 더 무거워졌다. 최신 변화와 이슈를 다뤄야 하고 기업의 상황에 맞춰야 하며 최근에는 세대별 특성의 반영이 필요한 경우도 있다. 세상이 복잡해지는 만큼 기업의 요구도 복잡해진다. 복잡성에 대응하기 위해서 강사가 스마트해져야 하고 강의 주제도 마찬가지로 스마트해져야 한다. 강사가 스마트하다는 것은 교육 니즈와 교육대상자의 수준을 효과적으로 교육에 반영해서 강의해야 한다는 의미다. 강의 주제가 스마트해져야 한다는 뜻은 강의 주제와 관련된 변화에 따른 복잡성이 반영되어야 한다는 것이다.

근로 시간을 줄었지만 기업이 없애지 않는 스마트 워크 관련 교육 주제의 경우에 이전과는 다른 강의가 되어야 한다는 말이다. 예를 들어 보고서작성법 강의의 경우 일반적인 내용을 넘어서 기존보다 압축된 핵심 내용으로 업무 효율을 높일 수 있는 내용이어야 한다. 시간관리나 셀프 리더십 주제의 경우에도 일부 기업에서는 교육 시간을 줄였지만 아직 교육을 진행하는 기업의 경우 워크 스마트와 연결해서 강의를 진행을 요청하는 경우가 많다. 따라서 강의 주제도 강사도 스마트해져야만 하는 상황이다.

마케팅 여론조사 기업인 ㈜한국리서치에서 구분한 워크 스마트의 추진영역과 핵심요소를 보면 매우 세분화되어 있다. 우선 영역을 공간 관리, 일 관리, 시간 관리로 구분했고, 공간 관리에는 물리적 거리 축소, 프라이버시 확보, 집중업무공간 확보가 있다. 일 관리에는 프로세스 재설계, 커뮤니케이션, 지식 관리, 성과 관리의 하위 카테고리가 있으며 각 카테고리는 다시 구체적인 업무 영역으로 세분화된다. 마지막으로 시간 관리는 시간 통제감, 업무몰입, 인력구조로 구분했다. 각 영역을 보면 최근 기업의 교육 니즈와 마찬가지로 세분화되어 있다는 점이 눈에 띈다. 받아들이는 입장에서는 복잡해진 것이지만 보내는 입장인 기업에서는 필요에 의해 구체화한 것이다.

아래 그림은 워크 스마트가 본격적으로 이슈화된 2010년 이후에 삼성경제연구소에서 구분한 워크 스마트의 5가지 실천영역이다. 삼성경제연구소에서는 각 영역에 영향을 미치는 결정요인을 중심으로 한 워크 스마트 실천 방안을 제시했다. 강의 시장을 볼 때 워크 스마트 분야의 강사는 이러한 구분을 바탕으로 고객의 니즈를 반영하고 강의 주제를 세분화하여 스마트하게 대응하는 모습을 보인다.

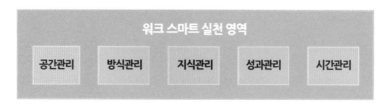

워크 스마트 실천 영역 ⓒ삼성경제연구소, 워크 스마트 실천전략 연구, 2011

　기업의 요구사항이 복잡해졌다는 말은 달리 표현하면 워크 스마트 강의에 기업이 원하는 분할 요구사항을 모두 반영하고 포함하여 진행해달라는 뜻이다. 또한 기업은 구체적인 방법까지 요청한다. 사실 해당 주제에 대한 교육을 반복해서 진행했었기 때문에 이제는 실제 적용할 수 있는 툴이나 방법이 상세하게 포함되길 원한다.

　A기업의 사례를 보자. A기업의 교육 담당자는 워크 스마트를 위한 시간 관리법 강의를 요청했다. 그런데 과거에 유사한 교육을 진행했을 때 시간 관리에 대한 의미 전달만 이루어져서 실제 활용에는 효과적이지 않았던 적이 많았다고 교육 진행의 배경을 전달했다. 따라서 구체적인 니즈는 실제 활용할 수 있고 중간에 점검도 할 수 있는 툴, 방법이 포함된 시간 관리법 강의였다. 이에 따라 기업에 최종 제안한 강의의 제목은 '워크 스마트를 위한 시간 관리 실천법'이다. 시간 관리법이 아니라 시간 관리 실천법이며 워크 스마트를 기반으로 한 내용이다. 다음은 본 사례에 대한 강의 커리큘럼이다.

모듈	상세내용	교육 방법	시간
시간 관리 전략	■ 시간 관리 목적 – 일(Work)과 시간(Time)의 관계 – 워크 스마트(Work Smart)와 시간 관리(Time Management)의 관계 ■ 시간 관리 전략 수립을 위해 필요한 것 – 3가지 포인트를 활용한 질문법 – 미래로 가보는 연습 ■ Control vs. Management – 시간 관리 사전 준비에 반드시 필요한 것 : 정리	강의 토의	0.5 H
시간 관리 실천법 3단계	■ 1단계 : 일의 영역 정리하기 – 일의 영역 구분 : 영역의 구분과 우선순위 Mapping – 직무 핵심 목표(KPI)와 영역별 목표 설정 – 업무 Mapping으로 활용할 수 있는 것들 ■ 2단계 : 시간 관리 기본 Table 만들기 – 월간 시간 관리 기본 Table 만들기 – 주간 시간 관리 기본 Table 만들기 – 중간 점검을 위한 A4용지, 포스트잇 활용법 (시간 관리에서 일어나는 인정 받는 일의 기획) ■ 3단계 : 일과(Daily work)와 연결하기 – 기본 Table과 일과(Daily work)의 연결 : 일의 배치와 관리 – 자율성 vs. 방임의 이해 : 자율성과 방임의 차이는? – 철칙(Iron Rules) 정하기 : 방임으로 가지 않는 자율적 시간 관리를 위한 약속	실습 강의 토의	1.5H

위와 같은 다양한 영역 및 요소의 구분을 참고하고 기업의 니즈를 반영한 강의 준비가 필요하다. 복잡성이 커지면 준비해야 할 것들이 많지만 고객이 원하는 방향으로 정렬해서 준비한다면 효과적인 강의를 할 수 있다. 세부 요구사항을 가장 중요한 목적인 생산성 향상, 조직 구성원의 업무 효율 향상으로 맞추면 구체적인 대응이 가능하다. 트렌드를 반영해서 강사가 가야 할 방향이다.

05

스마트에 애자일(Agile)을 장착하는 워크 스마트 강사

워크 스마트 주제뿐만 아니라 강사도 스마트해져야 하지만 스마트만으로 교육 시장의 니즈를 맞추기 수월하지 않은 상황이 이어진다. 기업 역시 매우 빠른 변화에 맞춰 민첩하게 대응해야 하기 때문에 강사 역시 민첩함까지 갖춰야 한다.

최근 기업교육과 HRD Human Resource Development 에서 가장 많이 언급되는 단어 중 하나는 애자일 Agile 이다. 애자일에 대한 교육 니즈가 유행처럼 발생하고 있다. 애자일 Agile 은 민첩성 또는 기민함을 의미한다. 주로 방법론으로 활용하는데 애자일 기법은 실리콘 밸리에서 소프트웨어 개발 관리의 효율성을 위해 고안되었다. 계획 수립과 문서화에 많은 시간을 소비하기보다 일의 접점에서 민첩하게 대응하는 일하는 방법이자 방식으로 일반적인 신속성과 유연성을 넘어선 개념이다. 효과성이 입증된 후 IT기업뿐만 아니라 많은 조직이 도입하고 있다. 이런 현상 역시 워크 스마트 트렌드와 밀접하게 연관되어 있다.

워크 스마트 강의 분야의 트렌드로 볼 때 민첩하게 대응하려는 것역시 낭비를 줄이고 생산성을 높이며 스마트하게 일하려는 것이 목적이다. 같은 목적과 맥락으로 조직이 변화하고 있다. 강사 역시 민첩한 조직의 변화에 맞춰 스마트뿐만 아니라 민첩성을 장착해야 한다. 이를 위해서 강사는 기업의 교육담당자들과 소통하고 현업 이슈를 긴밀하게 수집하고 교육 니즈를 적극적으로 파악하여 강의에 반영해야 한다. 민첩함의 정도를 높일수록 살아있는 강의, 효과적인 강의를 할 수 있다.

06

스마트한 인재를 어떻게 자극할 것인가?
: 시대의 흐름에 맞는 강의 방식의 변화

조직 구성원의 수준은 이미 높아졌다. 사실 워크 스마트에 필요한 역량을 갖췄고 스마트한 인재들이다. 대리급 이상의 사원들은 워크 스마트에 필요한 역량을 충분히 갖추고 있다. 수많은 회의를 진행하고 프로젝트와 지표를 관리하며 스마트하게 일하는 방법을 습득했다. 하지만 조직문화 측면에서 실행하지 못하는 경우가 많다. 몰라서 실행하지 않는 게 아니다. 현실화되지 않았을 뿐이다. 따라서 기업에서 '워크 스마트' 자체를 강의 주제로 교육을 진행할 때 중요한 점은 스마트한 인재를 어떻게 자극할 것인가에 대한 부분이다.

대표적으로 많이 사용되는 강의 방식은 일과 관련된 영역과 요소를 구분하고 정리하게 하여 낭비를 줄이고 효율적으로 일 처리하는 방법을 도출해내도록 하는 것이다. 예를 들어 1단계로 낭비 요소를 도출하고 각 요소를 그룹화, 2단계로 각 그룹의 문제와 원인을 파악, 3단계로 각 그룹의 문제를 해결하는 방법을 도출하는 커리큘럼으로 구성한다. 이러한 3단계 방법은 회의, 반복 업무, 프로젝트 업무, 분석, 문제해결, 의사결정 등 조직 내 다양한 영역에 적용할 수 있다.

또 다른 형태로 기업에서 원하는 진단을 바탕으로 진행하는 강의 방식이 있다. 스마트한 인재를 설득하며 시작해야 하는데 근거로써 진단을 제시하는 것이다. 진단 후 교육을 통해서 진단 결과를 디브리핑 Debriefing 하고 개선할 점을 함께 찾아본다. 개선 대책 역시 조직 내부로부터 도출하도록 하여 현업에 적용한다. 마지막으로 현업 적용 이후 발생하는 사항들에 대한 개선을 위해 강사가 피드백하며 지원한다.

다른 교육 니즈로써 워크 스마트에 대해 오랫동안 고민해온 기업들은 본질에 집중하길 원한다. 때문에 위와 같이 낭비 요소를 발굴하고 스마트한 인재들이 스스로 방법을 찾아내는 교육을 실시하며 이후에도 계속해서 본질에 집중한다. 조직 구성원 각자가 맡은 직무의 본질을 정리하고 재정의하면서 비가치 업무를 줄이고 가치 있는 업무에 집중할 수 있도록 강사에게 요청한다. 워크 스마트 교육의 심화 과정이라고 볼 수 있다. 낭비 요소를 줄이고 업무 프로세스를 정비했는데 어느 정도 정리가 됐다면 다시 본질을 점검할 필요가 있다는 것이다. 이를 통해 지속 가능한 워크 스마트의 기반을 다지겠다는 전략이다. 사실 본질에 집중하는 강의를 통해 얻는 점이 매우 많다. 스마트한 인재들의 집단지성을 발휘할 때 나타나는 힘은 대단하다. 강사로서 현장에서 실제로 많이 느낀다. 스마트한 인재들은 이미 충분한 역량을 갖췄다. 다시 스마트한 인재를 어떻게 자극할 것인가가 강사에게는 핵심 과제다.

이러한 니즈에 맞춰 관련 역량을 향상하기 위해 최근 몇 년간 강사 시장에는 퍼실리테이션 기법이 유행이다. 강사를 대상으로 한 강의로 강사의 퍼실리테이션 역량 향상이 목적이다. 교육 대상자를 효과적으로 자극하고 끌어내는 방법을 배운다.

한편 중간관리자와 팀장급 이상의 관리자 또는 리더에게 필요한 것

역시 워크 스마트인데, 이 교육대상자들에게 중요한 점은 어떻게 조직 구성원들과 '함께' 워크 스마트할 것인가이다. 세대의 특징이 세분화되면서 관리자와 리더의 역할이 더 어려워졌다. 예전에는 관리자나 리더 본인이 스마트하면 됐지만 이제는 조직 구성원들과 어떻게 함께 스마트하게 일할 것인가가 중요한 과제다. 이러한 트렌드가 반영된 『밀레니얼과 함께 일하는 법』, 세대 특성을 반영한 『90년생이 온다』 등의 대중서적도 출간됐다.

　강사는 시대의 흐름이 반영된 트렌드를 분석하고 교육에서 강의 방식을 세밀하게 고민하고 준비해야 하며 역할을 재점검해야 한다. 새로운 정보를 전달하는 것은 기본이고 적절한 자극과 관점 전환을 돕는 역량이 강사에게 필요하다. 오히려 정보 전달을 줄이고 스마트한 인재를 효과적으로 자극하는 다양한 방법을 개발해야 한다.

07

워크 스마트 + 워크 크리에이티브
: 해외의 워크 스마트

    해외의 워크 스마트 강의 분야의 트렌드는 어떨까? 구글 트렌드로 키워드 분석을 한 결과 영국, 아일랜드, 호주, 미국, 뉴질랜드 순으로 워크 스마트에 대한 관심도가 높았다. 국가별로 차이가 있지만 공통사항으로 경제, 경영 활동이 이뤄지는 나라에서는 대부분 관심도를 보였다.

국가별 'work smart' 키워드 검색 관심도

	국가	수치
1	영국	100
2	아일랜드	71
3	오스트레일리아	65
4	뉴질랜드	65
5	미국	62

TED의 'Work smarter' Playlist

또한 검색어인 'work smart'와 관련 검색어로써 'smart for work', 'how to work smart', 'work hard work smart', what is smart work'와 같은 키워드가 많은 관심도로 나타났다. 키워드 트렌드로 볼 때 우리 나라에서 관심을 보이고 나타나는 트렌드와 크게 다르지 않다.

대표적인 해외 강연 플랫폼인 TED www.ted.com [01]를 통해서도 워크 스마트 분야의 강의 트렌드를 살펴볼 수 있다. TED에서는 'Work smarter'라는 Playlist를 통해서 관련 강연을 소개한다. 워크 스마트와 관련된 다양한 기업과 조직의 다양한 이슈를 주제로 다루고 있다.

---

01) TED(Technology, Entertainment, Design) : 미국의 비영리 재단에서 운영하는 강연회

워크 스마트와 관련된 해외 트렌드 중에 흥미로운 점은 '워크 스마트'의 관심도가 꾸준히 증가함과 동시에 '워크 크리에이티브'의 관심이 지속된다는 것이다. 이에 따라 해외 트렌드의 가장 최근 흐름은 워크 스마트는 기본이고 여기에 어떻게 하면 더 창의적으로 일할지에 계속해서 관심을 보인다는 점이다.

이는 우리가 미디어로 접하는 글로벌 기업의 사례를 통해서 다시 확인할 수 있다. 4차 산업과 함께 급변하는 세상 변화 속도에 따라 인간의 창의성이 더욱 중요해지고 있다. 이에 따라 글로벌 기업은 '워크 스마트'를 기본으로 하고 여기에 '워크 크리에이티브'를 더해 일하기 위한 환경, 제도, 체제, 방식, 방법 모두를 고민한다. 대표적인 예로 구글의 자유로운 근무환경이 있고, 3M에는 근무 시간 중 15%는 업무와 무관한 시간을 보내라고 권유하는 '15% 컬처' 제도가 있다.

국내에 소개되는 많은 글로벌 기업에서 강의하는 강사들의 사례를 통해 이러한 트렌드를 확인할 수 있다. 대표적인 예로 『예술가처럼 일하라』의 저자 에릭 월의 사례가 있다. 그는 그래피티 아티스트이자 글로벌 기업에서 초빙하는 강사다. 금융, 교육, IT, 소프트웨어 등 다양한 분야의 500여 개 글로벌 기업 강의 경험을 책에서 소개한다. 해외의 트렌드를 정리하면 해외 기업의 경우 스마트 워크 차원에서 체제 중심의 워크 스마트를 위한 환경을 먼저 구축한다. 기본적으로 스마트한 인재를 채용하고 그들의 스마트함을 기본으로 어떻게 창의적으로 업무성과를 낼 것인지 고민한다. 따라서 관련 교육이나 강의 역시 스마트 관련 주제보다는 창의 관련 주제가 많이 이루어지고 있다.

국내 역시 창의 기반의 생산성을 높이는 워크 스마트 연구를 지속하고 있다. 일찍이 삼성경제연구소에서는 '창의 기반 생산성'에 대한 연구를 시작했다. 해당 연구에서는 기업이 장기적으로 경쟁우위를 유지하기 위해서는 창의 기반 생산성을 확보하고 향상하는 것이 필요하다고 강조한다. 생산성은 창의성과 유기적인 관계이기 때문에 함께 가야 한다고 말한다. 그러나 우리나라는 조직문화 차원에서 장애 요인 많이 파악되기 때문에 현명한 방법을 찾아 나가야 한다. 이 과정에서 강사의 역할이 점점 더 중요해지고 있다. 기업, 기업의 교육담당자와 긴밀한 협조를 통해 또한 강의 분야의 트렌드 분석을 통해 해당 기업에 맞는 교육 프로그램을 개발하고 강의를 통해 기업의 발전에 기여하는 역할을 해야 한다.

08

워크 스마트 강의 분야의 전망

법정 근로시간이 주 52시간으로 단축되면서 워크 스마트의 강의 수요가 증가했다. 근로 시간 단축이라는 변화는 상당히 많은 혁신을 요구한다. 생존과 함께 혁신의 방향은 생산성 향상을 추구해왔는데 기업은 근로 시간에 포함된 교육 시간을 줄이면서도 줄어든 근로 시간 내에 성과를 높여야 하는 상황이다. 기존과는 다른 생산성 향상을 실현해야 한다. 근로자는 워라밸 Work and Life Balance 을 원하기 때문에 워크 스마트를 통해 창의적이고 효율적인 업무를 추진하며 동시에 삶의 질을 높이고자 한다. 즉 워크 스마트는 기업과 직장인 모두에게 필요한 강의가 되었다.

이러한 워크 스마트 강의 주제의 트렌드로 워크 스마트 방법에 대한 직접 수요가 증가하고 있다. 과거에는 워크 스마트와 유사한 강의 주제가 교육 과정에 포함되어 진행되었지만 이제는 강의 주제 자체가 워크 스마트다. 교육담당자의 니즈 또한 워크 스마트를 위해 필요한 핵심적이고 구체적인 방법을 요청한다. 더불어 주 52시간 제도 시행으로 기관이나 기업의 교육 시간이 단축된 가운데 기존의 강의 주제에 워크 스마트가 수식어로 사용되는 경우가 증가했다.

기업도 강사도 유사한 교육 콘텐츠와 교육 방식으로는 스마트해지지 않는다는 사실을 여러 차례 경험했다. 세상이 복잡해지는 만큼 기업의 요구도 복잡해진다. 복잡성에 대응하기 위해서 강사가 스마트해져야 하고 강의 주제도 마찬가지로 스마트해져야 한다. 강사는 계속해서 학습하고 교육을 기획하고 콘텐츠를 개발해야 하는 역할과 책임을 갖고 있지만, 복잡성에 대한 대응력을 더 높여야 할 것으로 전망한다.

구체적으로 강사는 기업의 니즈에 민첩하게 반응하고 트렌드를 반영해야 한다. 워크 스마트 강의 분야의 강사는 스마트에 민첩함을 뜻하는 애자일 Agile 을 장착해야 한다. 이를 위해서 강사는 기업의 교육담당자들과 소통하고 현업 이슈를 긴밀하게 수집하고 교육 니즈를 적극적으로 파악하여 강의에 반영해야 할 것으로 보인다.

이에 따라 강사는 강의 방식 역시 스마트하게 고민해야 하는데 교육 대상자가 이미 워크 스마트에 필요한 기본 역량을 갖추고 있는 경우가 많기 때문이다. 실제 교육담당자의 요청도 워크 스마트와 관련된 이론보다는 구체적인 방법과 스마트한 인재를 자극할 방법이다. 따라서 강사는 시대의 흐름이 반영된 트렌드를 분석하고 교육에서 강의 방식을 세밀하게 고민하고 준비해야 하며 역할을 재점검해야 할 것으로 예상한다. 새로운 정보를 전달하는 것은 기본이고 적절한 자극과 관점 전환을 돕는 역량이 강사에게 필요하다.

워크 스마트와 관련된 해외 트렌드 중에 흥미로운 점은 '워크 스마트'의 관심도가 꾸준히 증가함과 동시에 '워크 크리에이티브'의 관심이 지속된다는 것이다. 해외 역시 워크 스마트에 지속적으로 관심을 가져왔고 여기에 어떻게 하면 더 창의적으로 일할지에 계속해서 관심을 보인다. 현재 워크 스마트 강의 분야의 강사 역시 향후 스마트를 뛰어넘는 업무에서의 창의력과 관련된 콘텐츠를 함께 준비하면 좋을 것이다.

📖 참고문헌

- OECD Statics
- 행정안전부 대표 홈페이지 (https://www.mois.go.kr)
- 구글 트렌드(Google Trends ; https://trends.google.co.kr/trends)
- 네이버 광고(https://searchad.naver.com)
- 트레멘 뒤프리즈, 『싱크 스마트 워크 스마트』, 북허브, 2012
- 강미라, 허미연, 『스마트하게 일하라』, 가디언, 2011
- 지용구, 『스마트 워크 앤 라이프』, 매일경제신문사, 2012
- 칼 뉴포트, 『딥 워크』, 민음사, 2017
- 김지현, 『스마트 특별전담반』, 해냄출판사, 2015
- 김국현, 『스마트 워크(낭만IT 김국현의 제안, SMART WORK)』, 한빛미디어, 2011
- 오익재, 『스마트 워크(일과 일터의 혁명)』, 매일경제신문사, 2012
- 이충섭, 『스마트 워크의 힘』, 라의눈, 2015
- 박소연, 『일 잘하는 사람은 단순하게 합니다』, 더퀘스트, 2019
- 조성도, 『일잘러를 위한 이메일 가이드 101』, 북바이퍼블리, 2018
- 스리람 나라얀, 『애자일 조직혁명』, 처음북스, 2017
- ㈜한국리서치, "Work Smart 시대, 무엇을 측정하고, 어떻게 진단하나 : Work-Life Balance 실현을 위한 조사 모델", 2018
- 삼성경제연구소, "워크 스마트 실천전략 연구", 2011
- 삼성경제연구소, "한국기업의 워크 스마트 실천 방안", 2012
- 산업은행 조사월보, "우리나라 노동생산성 향상의 제약요인 및 제고방안", 2018
- www.ted.com
- www.kobobook.co.kr
- www.data.go.kr

김경록 ――――――――――――――――――――

- 생각코칭 컴퍼니 대표
- 저서 『내 머릿속 청소법』 교보문고 자기계발 분야 종합 베스트셀러 선정
- 세종대학교 경영전문대학원 FCMBA 석사
- American Union of NLP인증 NLP Master Practitioner
- 에릭소니언 NLP 심리 연구소 연구이사
- 경기평생교육학습관 '4차산업혁명과 미래사회' 담당 강사

Trend

2

4차 산업혁명
4TH INDUSTRIAL REVOLUTION

체험과 공감으로 이루어질
새로운 교육 4차 산업혁명

MICE IN CRISIS

01

소리 없는 혁명!
'4차 산업혁명'의 현재

2016년 3월, 인간과 기계의 세기의 대결이 펼쳐졌다. 온 이목이 대한민국의 한 남성에게 집중되었다. 그 남자는 세계 최고의 바둑기사 '이세돌'이었다. 그는 구글 딥마인드 Google Deep mind 의 '알파고 Alphago '와 5판 3선승제의 바둑대결을 앞두고 있었다. 대국이 시작되기 전에는 대부분의 사람들은 당연히 인간이 이길 거라고 생각했다. 바둑만큼은 기계가 넘보기 힘든 영역이라고 믿었다. 하지만 모두가 알듯이 대이변이 일어났다. 인간은 기계를 딱 1판밖에 이기지 못했다. 다행인 건 그 이후에 어떤 인간도 기계로 바둑을 이기지 못했기 때문에, 1번이라도 이긴 것 자체도 엄청난 일로 기록되었다. 그리고 이 대결은 너무나 중요한 전환점을 가져왔다.

왜 이 대결이 중요했을까? 이 대결이 벌어지기 2달 전, 2016년 1월에 스위스에서 세계경제 포럼인 다보스 포럼 Davos Forum 이 열렸다. 이 포럼의 의장이었던 '클라우스 슈밥 Klaus Schwab '이 처음으로 4차 산업혁명이라는 용어를 이슈화 시킨 포럼이었다. 하지만 이 자체로만은 국내에 큰 영향력을 주지 못했다. 하지만 2달 뒤인 3월에 인간과 기계의 대결에서 기계가 승리하고 나니, 4차 산업혁명이라는 말이 국내에서 영향력을 발휘하기 시작했다. 이렇게 국내에서 4차 산업혁명이 대중에게 알려지기 시작했고, 인간의 영역이 점점 줄어들 것이라는 두려운 마음이 커져가고 있었다.

실제로 네이버의 검색량 추이를 살펴보면 2016년 3월 '4차 산업혁명' 키워드가 검색되기 시작했고, 그 이후에 2017년부터 검색량이 폭발적으로 늘어났다 2018년까지도 관심이 남아있었지만 2019년에는 검색량이 미미하다.

알파고 사건이 중요한 이유는 한 가지 더 있다. 실제로 인공지능이 얼마만큼이나 발전했는지를 알 수 있게 해줬다는 것이다. 사실 2016년의 대결이 인간과 기계가 펼친 첫 번째 대결은 아니었다. 1999년 인공지능 '딥 블루 Deep blue'가 인간 체스마스터와 승부를 펼쳐서 인간을 이긴 적이 있었다. 이 당시도 사람들은 두려움을 느끼긴 했지만 최근만큼은 아니었다. 왜 그랬을까? 딥 블루는 인공지능이긴 했지만 체스 말고는 할 수 있는 것이 없었다. 또한 인간의 자료를 가지고 프로그래밍을 해야 했기 때문에 '딥 블루'가 혼자서 할 수 있는 건 없었다. 하지만 알파고는 조금 달랐다.

알파고의 초기모델은 Atari 아타리 사의 벽돌깨기 게임을 아무런 정보 없이, 입력된 픽셀 값만 가지고 플레이 횟수 300번 만에 최고 기록을 달성했고, 플레이 횟수 500번이 되니 개발자도 모르는 최적의 방법으로 게임을 플레이했다. 이 결과를 통해서 직원 수 15명이었던 딥마인드는 6,000억이 넘는 금액에 구글에 인수되었다. 다시 바둑으로 넘어와서 이세돌을 이긴 알파고가 왜 이렇게 대단하다고 하는 걸까? 위의 예로 들었던 체스의 경우 한 점에서 나올 수 있는 경우의 수가 20개 정도다. 모든 경우의 수를 더한다고 해도 지금의 기술이라면 충분히 연산을 할 수 있다. 하지만 바둑의 경우는 어떨까? 한 점에서 만들어질 수

있는 경우의 수가 200개다. 모든 경우의 수를 더하면 우주 원자 개수
보다 많다. 전 세계에 있는 모든 컴퓨터를 가지고 100만 년 동안 연산
작업을 하더라도 변화도를 다 계산 할 수 없다.

그런데 이것이 벌써 3년 전의 일이다. 알파고는 몇 차례 업그레이드
를 통해서 인간의 기보를 전혀 교육하지 않은 상황에서도 짧은 시간에
기존의 알파고를 이길 수 있는 능력을 가질 수 있었다.

2019년인 현재도 주변에 보이는 AI는 그다지 도움이 되지 않다고 느
껴진다. 하지만 그렇다고 AI의 능력을 얕봐서는 안 된다. 실제로 알파
고를 만든 '구글 딥마인드'의 미션을 들어보면 놀랍다.

❶ Solve intelligence(지능을 해결한다)
❷ Use it to solve everything else(이것을 다른 모든 것을 해결하는 데 사용한다)

이들은 인간의 지능의 영역을 넘보고 있다. 나아가 프로그래밍 되지
않은 범용지능 General-purpose Learning Machines 을 만드는 목표를 가지고 있
다. 실제로 현장에서 AI는 많이 사용되고 있다. 구글이 개발한 채용
플랫폼 클라우드 잡스 Cloud Jobs , IBM의 인공지능 Watson, 그리고 최
근의 이슈가 되고 있는 국내기업 마이다스 IT에서 개발한 AI면접 시스
템 인에어 inAIR 까지 다양한 분야에서 다양한 문제를 해결하고 있다.

4차 산업혁명 하면 이제 많은 사람들이 'AI, 빅데이터, 3D프린터,
IOT, AR·VR' 이런 키워드를 떠올린다. 늦었다는 두려움 때문이었을
까, 최근 1~2년간 성인, 학생 할 것 없이 4차 산업혁명과 관련된 교육
을 받았다. 그 결과 지금은 4차 산업혁명은 우리 일상에 가까이 와 있

다. 실제로 검색결과에서 보이듯이 2018년 말이 될수록 4차 산업혁명에 대한 키워드 검색량이 줄어들었고, 2019년에는 거의 없다. 이제는 개념에 대한 교육이 아닌 4차 산업혁명 시대에 살아남는 실제적인 교육을 원하고 있다고 봐도 무방하다.

2018년 12월에 발표된 '행정안전부 지방자치인재개발원'에서 발표한 '2019 교육훈련 기본계획'을 살펴보면 변화를 선도하는 문제해결형 리더 양성을 위한 교육에서 4차 산업혁명과 미래 과목에 '심화'라고 특정 짓고 있다. 같은 달 '인사혁신처 인재개발과'에서 발표한 '2019년 국가공무원 인재개발 종합계획'에서도 2018년 4차 산업혁명에 관련된 체험형 교육을 진행했으며, 2019년에는 4차 산업혁명 시대에 맞춰 '마이크로 러닝', 'AR, VR 활용 교육', '디자인 씽킹', '비정형 학습'을 도입하며, 디지털 문해력 Digital Literacy 교육 기회를 확대할 예정이라고 발표했다.

경제 성장률이 둔화되고, 경기가 어려워지면서 기업들은 교육예산을 삭감하는 추세다. 또한 저비용, 고효율의 교육을 위해 신기술을 도입하고 있다. 교육 최전선에 있는 강사들은 새로운 내용에 2~3년 뒤처지면 따라잡을 수 없을 만큼 세상이 빠르게 변하고 있다. 현장에서 강의하느라 바쁜 강사들을 위해 4차 산업과 관련하여 트렌드가 어떻게 변화하고 있는지를 최근 자료와 데이터를 분석하고, 전문가의 의견을 반영하여 살펴보려고 한다.

첫 번째로 '교육의 새로운 패러다임 쉬프트'를 주제로 마이크로 러닝, 플립 러닝, Nano Degree를 중심으로 알아본다. 이어서 최근에 가장 중요한 키워드로 떠오르고 있는 '디지털 트랜스포메이션 Digital transformation'과 조직의 변화하는 모습과 관련하여 '애자일 Agile 과 스마트워크 Smart work '에 대해서 알아보자. 네 번째는 인간만이 가진 능력인 공감을 통해 문제를 해결하는 '디자인 씽킹 Design Thinking '을 통해서 어떻게 강의 현장이 변화할지 예측해보자.

02

강의 현장의 새로운 패러다임 쉬프트 '에듀 테크(Edu Tech)'

교육에 기술이 더해지고 있다. 기술 관련 직무를 담당하는 강사가 아니라면, 강사에게 기술은 생소한 분야였다. 하지만 교육현장은 너무나 빠르게 변화하고 있다. 이런 환경에 발맞추기 위해 강사들을 위한 교육도 늘어나고 있지만, 지금 수준으로는 발달하는 기술을 따라잡기란 역부족이다.

매년 미국에서 전 세계 80개국의 약 10,000명의 HR 담당자들이 한자리에 모여 지식과 정보를 공유하는 HR 최대의 컨퍼런스 ATD International Conference & Expo가 열린다. 세계적인 트렌드가 어떻게 변화하는지를 한눈에 확인할 수 있는 행사다. 여기서 우리가 놓쳐서는 안 될 키워드가 등장한다. 2017 ATD 행사에서 이 단체의 회장인 토니 빙햄은 기존과는 다르게 글로벌 HRD의 트렌드로 단 하나의 키워드를 강조했다. 바로 그 키워드가 '마이크로 러닝 Micro Learning'이었다. 기존의 대기업이 언번들링 Unbundling 현상으로 해체되고 있고, 밀레니얼세대와 Z세대가 새롭게 유입되고 있기 때문에 이제 교육도 이들이 선호하는 콘텐츠로 변화해야 한다는 것이다.

밀레니얼세대와 Z세대는 신기술에 보다 익숙하고, 문자보다 짧은 영상을 선호한다. 웬만한 정보와 교육내용은 유튜브를 통해서 이미 접했다. 몇몇은 강사보다 관련 분야에 대해서 더 많이 알고 있는 경우도 있다. 실제 중학교 1학년생을 대상으로 4차 산업에 관련하여 강의하러 간 적이 있다. 그중 한 명은 이미 코딩대회에 나갈 정도로 실력이 출중했고, 강사를 테스트하기 위한 질문을 했다. 이처럼 이제 강사들은 기존처럼 준비해서는 변해가는 환경에서 살아남기 매우 힘들다. 그렇다면 교육의 새로운 패러다임 속에서 기존의 강사들은 무엇을 준비해야 할까? 이는 4차 산업에 대해 교육하는 강사뿐만 아니라, 모든 강사에게 공통적으로 해당되는 내용이다.

① 짧게, 더 핵심만! 교육의 재설계
'마이크로 러닝(Micro Learning)'

4차 산업혁명과 관련하여 강의 현장에서 나타나고 있는 첫 번째 트렌드는 마이크로 러닝이다. 기존의 교육은 상당수 오프라인에서 진행되었다. 물론 온라인 교육의 비중도 많이 늘어나긴 했지만 오프라인 교육을 온라인으로 옮겨놓은 수준이었다. 또한 인공지능의 부재로 학습자가 획일화된 콘텐츠 사이에서 자신에게 필요한 교육을 찾기란 매우 어렵고 불편했다. 결국 몇몇 분야의 플랫폼을 제외하고는 기업 또는 학교의 온라인 교육은 유명무실했다. 하지만 4사 산업의 기술발전으로 인해 온라인 교육환경이 완전히 새롭게 변화하고 있다. 여기서 가장 중요한 포인트가 '마이크로 러닝'이다.

국내에 마이크로 러닝이 알려지기 시작한 건 그리 오래되지 않았다.

실제 네이버 검색량 추이를 보더라도 2016년에는 검색량이 많지 않았다. 하지만 시간이 흐르면서 2017년 이후 검색량이 가파르게 늘어나기 시작했다. 이미 발 빠른 기업과 교육담당자들은 시대의 변화를 앞서가고 있었다.

그렇다면 강사들은 마이크로러닝에 대해서 무엇을 알아야 하고, 어떻게 준비해야 할까? 가끔 마이크로러닝이 기존의 교육 콘텐츠를 작게 잘라서 나열해놓은 것이 아니냐고 물어보는 사람들도 있다. 하지만 그것은 기존 교육 콘텐츠를 짧게 해놓은 것뿐이지 마이크로 러닝이라고 보기는 어렵다. 마이크로 러닝은 짧은 길이의 교육 콘텐츠이지만 각각의 콘텐츠 안에 완전한 학습목표를 이룰 수 있는 지식 단위가 존재해야 한다. 이는 학습자 상황에 맞게 필요한 콘텐츠만을 학습하더라도 지식습득에 문제가 없어야 한다는 것이다. 결국 교육을 설계하는 강사들은 기존의 짧게는 1~2시간, 길게는 4~8시간까지도 만들었던 교육 구성이 아니라 5~15분 안에 핵심을 효율적으로 전달할 수 있도록 교육을 구성해야 한다.

기업의 교육환경에 변화에 따라 마이크로러닝을 준비해야 하지만 강사들은 직접 B2C 채널을 활용할 수 있는 능력을 가져야 한다. 짧은 시일 내에 교육이 마이크로러닝으로 변화하고 있으며 온라인으로 넘어가면 강사의 수명은 점점 짧아지고, 소수의 강사만이 살아남는다. 혹여나 작은 기업들은 온라인 플랫폼을 만들기 어려워 기존의 교육을 유지할 거라고 생각한다면 큰 오산이다. 지금도 이러한 문제를 해결하기 위해 수많은 스타트업 기업들이 새로운 비즈니스 모델을 만들어 내고 있다. 해외에서 운영되고 있는 기업으로는 Axonify, Zunos, Litmos 등이 이미 시장을 개척하고 있으며 Udemy는 이미 국내에도 많이 알려져서 활용되고 있다. 결국 기존에 10~20회씩 교육에 참여하던 강사는 영상 촬영을 1회만 진행하게 된다. 4차 산업혁명 시대 강사는 기존과 같이 B2B를 통해서만 교육을 진행해서는 살아남을 수 없다. 이제는 스스로가 1인 기업가가 되어 발전하는 플랫폼을 이용하여 대중을 직접 만날 수 있도록 준비하고 계획해야 한다.

Udemy에서 판매되고 있는 한국어 강의 리스트

② 강사의 새로운 역할, 기존의 교육을 뒤집는다 '플립 러닝(Flipped Learning)'

두 번째 트렌드는 '플립 러닝'이다. 플립 러닝은 '뒤집다'는 뜻의 Flip 이라는 단어를 사용한다. 무슨 말일까? 쉽게 말하면 '거꾸로 학습'이라고도 불린다. 이는 교육 프로그램의 내용을 미리 학습하고, 교육현장에서는 토론과 실습을 통해서 원리를 이해하고 이를 적용하는 과정으로 이루어진다. 플립 러닝의 개념은 이미 7~8년 전에 대중에게 알려졌다. 하지만 실제로 플립러닝을 활용하고 있는 학교 및 기업은 많지 않다. 그나마 플립러닝을 가장 잘 활용하고 있는 국내 대학은 카이스트가 있다.[02] 카이스트는 2012년부터 '에듀케이션 3.0'이란 이름으로 플립러닝을 도입했다. 2014년 102과목에 플립 러닝을 도입했고, 향후 5년 800개의 과목을 변경한다고 이야기했다. 실제로 카이스트를 한눈에 살펴볼 수 있는 '카이스트 비전관'에 가보면 에듀케이션 3.0에 대한 내용이 소개되어 있다. 또한 울산과학기술대학교 UNIST 도 'E-education' 프로그램에 근거해 2012년부터 플립러닝을 시행하고 있다.

국내 최고의 대학이라고 불리는 곳에서 플립러닝을 도입 확대하고 있는데 왜 아직 주변에서는 플립러닝을 많이 볼 수 없을까? 결국은 플랫폼의 한계와 교육환경 개선에 문제가 있었다. 개인 강사 한 명이 플립 러닝의 형태로 교육을 구성하기 위해서는 실제 기술적인 한계에 부딪힌다. 또한 운영상의 어려움으로 기업들도 쉽게 적용할 수 없었던 것이 현실이다. 하지만 7~8년 전보다 기술이 더욱 발달하고, 온라인 강의에 익숙한 세대가 현장에 투입되면서 다시 플립러닝이 4차 산업혁명 시대에 새로운 교육 대안으로 떠오르고 있다. 이에 맞춰 강사들은 앞에 이야기한 마이크로 러닝을 활용하고, 이를 토대로 현장에서는 토의하고 발표하면서 문제를 해결할 수 있는 새로운 교육방식에 적응하고 준비해야 한다.

---

02) http://www.newdaily.co.kr/site/data/html/2014/12/26/2014122600022.html "강의하지 마라" 카이스트 에듀케이션 3.0 관심 2014-12-27 뉴데일리

③ 기존의 체계가 무너진다 'Nano Degree'의 역습

3번째 트렌드는 'Nano Degree 나노 디그리'다. Nano Degree는 MOOC 1세대 기업으로 유명한 Udacity에서 2014년에 만든 프로그램이다. 국내에도 몇 번 소개가 된 적이 있지만 국내에서는 아직 활성화되지 않았다. 나노 디그리는 취업에 특화되어 있는 기술 교육 과정이다. 이것을 받기 위해서는 6~12개월 정도의 시간이 필요하다. 또한 실제 대학 수업을 듣는 것처럼 다양한 프로젝트와 숙제가 부여된다. 온라인으로 수업만 듣는 것이 아니라, 다른 교육생과 토의도 해야 하며, 영상 면접 등 다양한 과제를 이수해야 한다. 이들은 실제로 구글, 페이스북 등에서 근무하는 실무자를 강사로 초빙해서 교육과정을 운영한다. 그만큼 기업에서 실제로 필요로 한 인재를 양성할 수 있기에 많은 기업들이 Udacity와 협력하여 취업프로그램을 만들고 있다. Udacity만 이러한 프로그램을 진행하는 것은 아니다. 또 다른 유명업체인 코세라 Coursera는 시그니처 트랙, 에덱스 edX, 인증된 수료증이라는 이름으로 비슷한 과정을 운영하고 있다.

Udacity에서 채용 연계 서비스를 제공하는 기업들 ©유다시티 블로그인도의 한 고교생이 MIT 강의를 온라인으로 듣고 우수한 성적을 거둬 실제 MIT에 입학한 사례가 있어서 화제가 되었다. 이처럼 기존의 교육의 대한 고정관념이 무너지고 있다는 사실에 주목해야 한다. 구글이 선정한 현존 세계 최고의 미래학자 토머스 프레이는 "2030년 대학 절반이 사라진다."고 예상했다. 국내 교육부에서도 2018년부터 나노디그리 제도를 채택해 매치업 프로그램을 시행하고 있다. 또한 경희사이버대학교도 2019년부터 자격증 프로그램 '경희 나노디그리 nano-degree' 운영을 시작했다. 특히 4차 산업과 관련한 신기술에 대한 강의들은 오프라인 교육으로는 빠르게 변화하는 속도를 대처할 수 없기 때문에 이러한 온라인 교육이 빠르게 대체할 것이다.[03]

에듀 테크의 발전이 시사하는 바는 무엇일까? 빠른 기술의 발전으로 기존 강사들의 영역이 상당 부분 줄어들고 있다. 하지만 위기는 언제나 기회를 동반한다. 단국대학교 치과대학의 박정철 교수는 유튜브를 활용하여 플립러닝을 진행하고, 구글 클래스룸 기능을 활용하여 수업을 진행한다. 이에 대한 내용을 2017년 8월에 책으로 출판했다. 그는 국내 최초로 구글에서 공인하는 구글 이노베이터에 선정되기도 했다. 이처럼 다양한 분야의 강사들도 10~15분의 짤막한 강의를 유튜브에 올리고, 수업 현장에서는 토론과 토의를 활용한 플립러닝을 준비해야 한다. 또한 Kahoot[04]이나 Mentimeter[05]와 같은 교육생 참여 소프트웨어를 활용하여 교육생의 참여를 높이고, 구글 클래스룸으로 이 모든 교

---

03) 고등교육 관점에서 나노디그리 활용 방안 탐색 장윤재,김지미 / 이러닝학회 논문지

04) https://kahoot.com

05) https://www.mentimeter.com

육내용과 교육생을 관리해야 한다. 거시적 외부 환경을 변화하는 것은 불가능에 가깝다. 결국 빠르게 변화에 적응하고 준비하는 강사만이 치열한 현장에서 살아남을 수 있다.

03

강사도 이제는 디지털 시대
'디지털 트랜스포메이션(Digital Transformation)'

최근 들어 디지털 트랜스포메이션에 대한 강의와 관심이 부쩍 늘어나고 있다. 네이버 검색량 추이만 살펴보더라도, 2016년 미미했던 검색량이 2019년 현재까지도 지속적으로 성장 및 관심을 보이고 있다. 실제 기업현장에서는 어떨까? 2019년 4월 19일 NH농협은행은 디지털 금융기업으로의 성공적인 전환을 위한 '디지털 트랜스포메이션' 선포식을 진행했다.[06] 나아가 SK C&C는 디지털 트랜스포메이션의 대한 전반적인 교육인 '2019 실전 디지털 테크 트레이닝 Digital Tech Training'과정을 2019년 5월 22일 개설한다고 발표했다.[07] 왜 4차 산업혁명 키워드는 시간이 갈수록 검색량이 줄어드는 데 비해 디지털 트랜스포메이션의 관심도는 계속 높아지는 걸까? 디지털 트랜스포메이션은 개념을 넘어 현실적인 대안을 다루고 있기 때문이다.

그렇다면 디지털 트랜스포메이션이 무엇일까? 2011년 발행된 IBM

---

06) http://www.businesskorea.co.kr/news/articleView.html?idxno=31071 NH농협은행, '디지털 트랜스포메이션' 선포식 개최

07) http://biz.chosun.com/site/data/html_dir/2019/05/15/2019051502314.html SK C&C, 기업 디지털 전환 이론부터 실무까지 배우는 세미나 무료 개설

기업가치 연구소의 보고서에 따르면 '기업이 디지털과 물리적인 요소들을 통합하여 비즈니스 모델을 변화시키고, 산업에 새로운 방향을 정립하는 전략'이라고 정의하고 있다. 간단하게 말해 기존의 아날로그에 디지털을 접목시켜 새로운 비즈니스 모델을 만들어내는 것이다. 이는 현재와 미래를 이어가는 가장 중요한 핵심 포인트다. 또한 디지털 트랜스포메이션은 2~3차 산업에 걸쳐 있는 기존의 기업들이 살아남기 위해서 가장 중요한 전략이다.

디지털 트랜스포메이션의 대표적인 사례는 아주 가까운 곳에서 찾아볼 수 있다. 전 세계 커피 브랜드 중에 가장 유명한 브랜드라고 한다면 단연 스타벅스를 꼽을 수 있다. 스타벅스는 아주 전통적인 식음료 기업이자 서비스기업임에도 디지털 트랜스포메이션을 10년이라는 시간에 걸쳐서 성공적으로 해내고 있는 기업으로 인정받고 있다.[08] 스타벅스는 커피를 판매하는 것 이상으로 무엇을 더 만들어내고 있는 것일까? 첫 번째로는 스타벅스 어플리케이션이다. 스마트폰 어플리케이션을 안 가지고 있는 회사가 없을텐데, 왜 스타벅스의 어플리케이션은 특별할까? 이는 기능상의 특별함이 아니다. 실제 스타벅스는 2019년 4월 총 759곳의 현금 없는 매장을 운영하고 있을 정도로 아날로그에서 벗어나고 있다.[09] 물론 신용카드의 사용빈도도 높겠지만 스타벅스 카드와 어플리케이션을 사용하여 결제하는 고객의 빈도가 매우 높아지고 있기 때문이다. 이는 어떠한 결과를 가져왔을까? 단골고객 창출이라는 1차

08) https://n.news.naver.com/article/015/0004123508 스타벅스가 커피값 안 올린 비결 사이렌 오더

09) http://www.fnnews.com/news/201904041706102802 스타벅스, 현금없는 매장 350곳 추가

적인 목표도 달성했지만 스타벅스 카드에 선불로 충전되어있는 금액이 2018년 약 750억 원이다. 이는 토스, 카카오페이, 페이코 등 국내 간편송금업체가 보유한 잔액을 모두 합친 것과 맞먹는 금액이라고 한다. 결국 스타벅스는 아날로그에 디지털을 더해 새로운 비즈니스 모델과 혁신을 이뤄냈다. 이게 끝이 아니다. 스마트폰으로 주문해서 커피를 바로 찾아가는 사이렌오더는 국내에서 미국 본사로 수출했을 정도다. 이 주문량의 빅데이터 분석을 활용해 매장운영에 적극 활용하고 있다.

또 하나의 대표적인 사례는 변화에 민감한 장난감시장에서 찾을 수 있다. 아날로그 장난감 시장은 스마트폰과 기술의 발전으로 어려움에 처한 상황이었다. 하지만 그 돌파구를 디지털 트랜스포메이션으로 찾아가고 있다. 국내 완구시장 점유율 1위인 오로라 월드는 자신들이 만든 캐릭터를 애니메이션으로 만들어 넷플릭스에 공급한다. 또한 오로라 스마트 연구소를 설립하여 AR 증강현실 과 IOT 사물인터넷 등 기술을 장난감에 도입하기 위해 연구개발을 하고 있다. 그중 하나가 신비아파트 카드다. 신비아파트 카드는 스마트폰에 어플리케이션을 다운받아 카드를 비추면 그 안에서 애니메이션이 재생된다. AR과 IOT기술을 접목한 대표적인 사례다. 이로 인해 미국에서는 브랜드 인지도 2위를 달리고 있다. 기존의 아날로그를 다루던 회사에서 완벽하게 디지털 생태계에 적응하는 콘텐츠 회사로 탈바꿈하고 있다.

이와 같이 디지털 트랜스포메이션은 기업의 장기적인 생존과 직결되는 영향력을 가지고 있기 때문에 교육하는 강사의 역할도 매우 중요하다. 지금의 어린 학생들에게는 디지털 그 자체가 워낙 익숙하기 때문에 디지털트랜스포메이션보다 디지털 문해력 Digital literacy 이 더욱 강조된다. 하지만 현재 취업을 앞두고 있는 대학생, 또는 신입사원 이거나, 실무자의 경우 디지털 트랜스포메이션의 개념을 이해하고 현재에 적용할 수 있는 능력이 필수적이다. 그렇다면 강사는 무엇을 준비해야 할까? 디지털 트랜스포메이션에는 명확한 공식이 존재하지 않는다. 모든 기업이 다 다른 경우의 수를 가지게 된다. 그렇기 때문에 강사는 더 많은 사례를 찾아서 수강생에게 제공해야 한다. 또한 디지털 트랜스포메이션의 핵심은 사람을 이해한다는 것이다. 사람을 이해하지 않고 좋다는 기술만 붙여놓는 것은 고객들에게 외면받게 된다. 너무 빠르게 발전하는 기술을 강사가 모두 다 알 수는 없다. 하지만 결국 조수용 카카오대표의 "스스로 자신의 업業을 재정의할 수 있어야 한다."는 말처럼 강사는 수강생이 자신이 하고 있는 업의 본질을 찾아 재정의할 수 있도록 도와줘야 한다.

04

이제는 강의도 공감과 참여다.
'디자인 씽킹(Design Thinking)'

4차 산업혁명 시대를 살아가고 있는 지금, 기계가 사람들의 많은 부분을 대체하고 있다. 제조업은 물론이고 의사, 변호사 등 전문영역까지도 인공지능이 대체하고 있는 것이 현실이다. 결국 이러한 환경 속에서 인간은 스스로가 자신만의 영역을 찾기 위해서 꾸준히 노력하고 있다. 그 결과 중 하나로 최근 강의 시장의 트렌드에 '디자인 씽킹'이 자리 잡고 있다. 정부 인사혁신처 인재개발과에서 발표한 '2019년 국가공무원 인재개발 종합계획'과 행정안전부 지방자치인재개발원이 발표한 '2019년 교육훈련 기본계획'을 살펴보면 최신 교육환경 키워드로 디자인 씽킹을 포함시켰다. 디자인 씽킹 키워드에 대한 네이버 검색량 추이를 살펴보더라도 계속해서 상승하는 것을 확인할 수 있다.

결국 4차 산업과 연결되어 사람들에게 필요한 교육으로 디자인 씽킹이 인정받고 있다고 볼 수 있다. 그렇다면 현재 강의현장에서 디자인 씽킹은 어떻게 활용되고 있을까? 대부분 미니 프로젝트를 진행하면서 각 단계를 경험하게 하거나, 시간이 부족하다면 다양한 사례를 통해서 간접경험을 하는 형태로 진행된다. 하지만 4차 산업과 연관하여 디자인 씽킹을 강의하는 강사라면 꼭 주의해야 할 점이 있다. 디자인 씽킹은 뛰어난 문제 해결 도구임에는 분명하다. 하지만 이 도구가 모든 걸 해결해줄 것이라고 착각하면 안 된다는 점이다. 결국 디자인 씽킹의 가장 중요한 핵심은 사람을 이해하는 점에서 출발해야 한다.

그렇다면 디자인 씽킹은 어떠한 단계들로 구성되어 있는지 살펴보자. 디자인 씽킹은 디자인 및 컨설팅 회사였던 IDEO에서 문제 해결을 위해 사용하던 방법을 이론적으로 정리한 것이다. 또한 스탠포드 디 스쿨 D.SCHOOL 에서 체계적인 교육시스템으로 만들어 교육하고 있으며, 세계 유명기업들과 협업을 진행하고 있다. 기본적으로 디자인 씽킹은 공감, 문제 정의하기, 아이디어 내기, 프로토타입 만들기, 테스트하기 총 다섯 단계로 이루어져 있다.

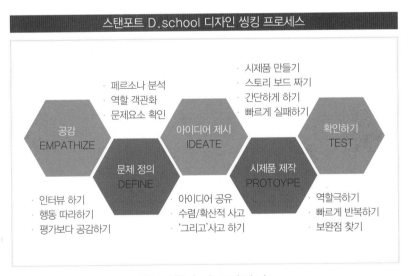

스탠포트 D.school 디자인 씽킹 프로세스

- 시제품 만들기
- 스토리 보드 짜기
- 간단하게 하기
- 빠르게 실패하기

- 페르소나 분석
- 역할 객관화
- 문제요소 확인

공감
EMPATHIZE

아이디어 제시
IDEATE

확인하기
TEST

문제 정의
DEFINE

시제품 제작
PROTOYPE

- 인터뷰 하기
- 행동 따라하기
- 평가보다 공감하기

- 아이디어 공유
- 수렴/확산적 사고
- '그리고'사고 하기

- 역할극하기
- 빠르게 반복하기
- 보완점 찾기

©https://dschool.stanford.edu

첫 번째 '공감'은 문제를 겪고 있는 사람에 초점을 맞춘다. 그리고 그들이 겪고 있는 문제를 다양한 방법을 통해서 확인하고 공감한다. 두 번째로 공감 단계에서 밝혀진 여러 가지 문제 중 우리가 해결해야 할 문제를 명확하게 정의하는 것이다. 그리고 세 번째로 그 문제에 대한 해결책을 다양한 아이디어로 제시하고, 그중 채택된 안건에 대하여 프로토타입으로 만들어 문제를 겪고 있는 사람들을 대상으로 테스트를 진행한다. 테스트를 통해서 다양한 의견을 수렴하여 3단계 아이디어 단계로 돌아가서 새로운 해결책을 계속해서 찾아내는 방법이 디자인 씽킹의 기본적인 방법이다. 결국 디자인 씽킹은 공감으로부터 문제를 해결하는 것을 기본 원칙으로 한다. 그렇기 때문에 문제를 가진 사람으로부터 제대로 된 공감을 이끌어내지 못한다면 효과적인 해결방안을 찾기 어려워진다. 또한 한 가지 더 중요하게 생각해야 하는 부분은 실패를 경험하는 것에 익숙해져야 한다는 사실이다. 교육하다 보면 한번에 완벽한 해결책을 찾으려고 하는 사람들이 많다. 하지만 지금처럼 순식간에 변화하고 있는 환경에서는 완벽한 해결책을 찾는다는 것은 절대 불가능하다. 결국 빠르게 프로토타입을 만들어서 테스트하고, 단점을 보완하여 새로운 방법을 찾아내는 것에 익숙해지는 것을 중점으로 교육할 필요가 있다.

일방적으로 주입하는 교육은 효과가 떨어진다는 사실이 알려지기 시작하면서 수강생들이 직접적으로 참여하는 형태의 교육으로 많이 이루어지고 있는 디자인 씽킹은 교육 담당자들에게 인기가 높다. 또한 인간만이 할 수 있는 공감을 시작으로 문제를 해결하기 때문에 인문학적인 소양을 기르는데 있어서도 도움이 된다. 하지만 시간이 지남에 따라 디자인 씽킹 교육 또한 기술 발전의 영향을 피해갈 수 없다. 이제는 방법론만 전달하는 강의로는 살아남을 수 없게 된다는 것이다. 디자인 씽킹 강의 또한 마이크로러닝의 발전으로 개념은 온라인에서 교육받고, 현장에서는 플립러닝이 적용될 것이다. 그렇다면 강사는 현장에서 무엇을 중점으로 다뤄야 할까? 무엇보다도 실제 자신들이 겪고 있는 문제를 해결해볼 수 있도록 퍼실리테이터 Facilitator 의 역할이 강조되어야 한다. 또한 어떻게 하면 사람을 더 이해하고 공감을 잘할 수 있을 것인가에 대한 인문학적인 내용이 더욱 강조되어야 할 것이다.

05

새로운 조직에 맞는 4차 산업혁명
강사 트렌드 '애자일과 스마트 워크'

4차 산업혁명 시대에 조직의 관점에서 떠오르고 있는 트렌드는 애자일과 스마트 워크다. 애자일과 스마트워크는 일하는 방법에 대한 변화를 다루는 키워드이다. 일하는 곳곳 4차 산업의 영향력이 뻗치고 있는 지금 조직은 어떻게 해야 살아남을 수 있을까?

4차 산업혁명은 기본적으로 공장의 변화를 불러오고 있다. 2차 산업혁명 시대 컨베이어 벨트가 만들어지고 100년이 넘는 시간 동안 지속되어 온 공장의 환경을 변화시키고 있다는 것이다. 공장에는 사람이 사라지고 로봇이 대체하고 있다. 실제로 아디다스가 독일에 만든 스마트 팩토리는 직원 10명으로 50만 켤레의 신발을 생산했다. 이만큼 공장은 기존과는 완전히 다른 환경으로 변화하고 있는 것이다.

그렇다면 로봇이 아닌 인간이 해야 하는 일은 어떻게 변화하고 있는 걸까? 첫 번째로 많은 사람들에게 관심을 받고 있고, 많은 강사들이 현장에서 교육하고 있는 스마트 워크다. 스마트 워크는 2012년 9월 25일 국회에서 '스마트 워크 촉진법안'이 발의될 만큼 오랜 기간 관심을 받아왔다. 스마트 워크는 집에서 일을 하거나 정보통신기술을 활용해 장소에 얽매이지 않고 어디서나 일을 할 수 있는 환경을 이야기한다.

하지만 국내에서는 쉽게 정착하지 못했다. 여러 가지 원인이 있겠지만 수직적인 조직문화가 한몫했을 것으로 예상된다. 하지만 밀레니얼 세대와 Z세대의 등장과 5G 등 기술의 발전에 발맞춰 많은 기업들이 스마트워크를 다시 도입하고 추진하고 있다. 2019년 5월 현대 모비스는 챗봇 등 스마트 워크를 지원 강화했으며, 부서별로 나뉘어있던 칸막이 문화를 없애는 공유 좌석제를 도입한다고 밝혔다.[10]

스마트워크의 강의는 창의성을 올릴 수 있는 조직문화와 함께 협업의 효율을 올리는 도구 사용법을 알려주는 형태로 진행되는 것이 현재의 추세다. 대기업의 경우 전반적인 컨설팅을 위주로 자신들만의 소프트웨어를 직접 개발하기도 하지만 보통은 마이크로소프트, 구글, 잔디, 에버노트 등 전문 소프트웨어를 도입하여 사용한다. 중소기업이나 1인 기업가의 경우에는 이미 잘 만들어져있는 소프트웨어를 활용하는 것이 필수적이다. 또한 이제는 코워킹스페이스 등 자유롭게 일할 수 있는 공간이 늘어나기 시작하면서 누구나 손쉽게 스마트워크를 할 수 있는 환경이 구축되고 있다. 이에 따라 4차 산업과 스마트 워크를 강의하는 강사는 계속해서 발전하는 소프트웨어들을 찾아내고 공부하여 수강생에 다양한 사례와 활용법을 교육할 수 있어야 한다. 또한 프리랜서나 1인 기업으로 활동하는 강사들은 점점 B2B를 넘어 B2C로 전략을 수정하는 데 있어서 스마트 워크는 필수적이다.

교육이라는 특성상 젊은 강사보다 중장년 강사의 비중이 높은데 이

---

10) http://news.einfomax.co.kr/news/articleView.html?idxno=4032134 현대모비스, 챗봇 도입 등 스마트 워크 지원 강화

들은 디지털 기계와 클라우드 환경에 익숙하지 못한 게 현실이다. 결국 강의 현장에서 살아남기 위해서는 강사가 먼저 디지털 트랜스포메이션에 익숙해져야 하고, 배워야 한다. 이제는 누구나 구글 드라이브, 구글 스프레드시트 등과 같은 소프트웨어를 사용하여 장소에 구애받지 않고 업무처리와 자료 공유가 손쉽게 가능해졌으며, Automate 업무에 필요한 프로그램을 자동으로 연결해주는 서비스 와 ActiceCampaign 설정해 놓은 이메일을 자동으로 보내주는 서비스 과 같은 글로벌 서비스를 이용하면 1~2명의 직원을 고용하지 않고도 그만큼의 생산성을 올릴 수 있다.

이러한 스마트워크와 관련된 소프트웨어는 국내에서 개발되는 경우가 많지 않다. 글로벌 스타트업들이 전 세계를 대상으로 저렴한 가격에 서비스를 제공하기 때문에, 내수 환경만 가지고는 손익분기를 넘기 힘들기 때문이다. 그렇기에 강사들은 글로벌 서비스를 찾아내고 정보를 제공하는 역할을 할 수 있어야 한다.

이어서 스마트워크보다 더욱이 대두되고 있는 '애자일'은 무엇일까? 네이버 데이터랩의 검색량 추이를 보더라도 스마트워크는 꾸준히 일정 수준의 검색량을 보이고 있었던 데 비해 애자일은 2018년 5월 이후부터 관심량이 증가하여 2018년 말 2019년 초에는 폭발적으로 검색량이 증가한 것을 확인할 수 있다. 이를 반증하듯 2019년 2월 SK이노베이션은 팀장 직책을 없애고 팀 대신 일을 중심으로 유기적으로 협업하는 애자일 Agile 조직을 전사적으로 도입한다고 밝혔다.[11] SK뿐만이 아니라 롯데와 현대 등 대기업의 신년사에 애자일이란 용어가 등장했

---

11) http://www.newstomato.com/ReadNews.aspx?no=876076 SK이노베이션, 팀 보다 일 중심 '애자일 조직' 전사 도입

고, KB국민은행은 ACE agile, centric, Eggicient 라는 12개의 애자일 조직을 갖고 있으며, KB국민카드는 2018년 초 스웨그 SWAG : Samrt Working Agile Group 라는 애자일 조직을 만들었다.[12]

그렇다면 애자일은 무엇이고, 왜 애자일이 이렇게 관심을 받고 있으며 우리 강사들은 무엇을 준비해야 하는 걸까? 애자일은 간단하게 표현하면 빠르고 민첩하게 반응하면서 일하는 방식을 이야기한다. 기존의 회사를 경영하는 방식이 워터폴 Waterfall 방식이었다면, 애자일은 그와 반대되는 방법을 이야기한다. 워터폴 방식은 폭포수가 위에서 아래로 떨어지듯이 완벽한 계획과 단계를 가지고 일을 순서대로 처리해 나가는 것이었다. 하지만 너무나 빠르게 변화하는 환경에 대응하기에는 기존의 방식이 적합하지 않았다. 그래서 대두되는 것이 개발 프로세스로 사용되던 애자일 방식이 많은 영역에서 적용되고 있는 것이다. 실제로 넷플릭스나 구글, GE와 같은 세계적인 기업들이 이 방식을 도입하면서 더 알려지기 시작했다. 애자일이 스마트워크와 같이 대두되는 이유는 조직내부의 구조가 수평화되기 시작하고, 빠른 의사결정에 있어서 기존의 방식이 맞지 않기 때문이다. 결국 SK 이노베이션의 사례에서도 볼 수 있듯이 기존의 팀 체제가 사라지고 프로젝트 단위로 필요한 기간만큼 같이 일하다, 해체되는 유연한 조직이 만들어지게 되는 것이다. 결국 강사는 애자일의 방법론에 대한 내용도 중요하지만 조직내부의 관계에 초점을 맞추어 실제적으로 애자일이 가능하도록 교육을 진행해야 한다.

---

12) https://news.naver.com/main/read.nhn?mode=LSD&mid=sec&sid1=101&oid=050&aid=0000049454 '기업 조직의 새판 짜기'…애자일 경영, 전 업종으로 확산

06

4차 산업
강의 분야의 전망

2019년부터 초등학교에 코딩이 의무교육으로 지정되었다. 이미 세계
의 여러 국가에서는 코딩을 의무 교육에 포함시켰다. 이제 코딩은 기존
에 글자를 배우는 것과 같은 영역에서 교육이 이루어지고 있다. 시대가
점점 디지털 시대로 변화하면서 겪는 당연한 일이다. 이제 초등교육을
받는 아이들은 글을 읽듯이 디지털 언어를 읽어야 할 시대가 왔다. 이
것을 디지털 문해력 Digital literacy 이라고 부른다. 이제 4차 산업과 관련
하여 실질적으로 디지털 언어를 읽고 디지털 도구를 활용하는 교육이
대세를 이룰 것이다.

그뿐만 아니라 일반적인 교육도 마이크로 러닝이 도입되어 짧게 핵심
만 전달하는 형태로 변화하고, 플립러닝이 현장에 도입될 것으로 예상
된다. 또한, 현장참여형 교육인 디자인 씽킹 기법이 활용될 것이다. 스
마트 워크와 애자일은 조직의 문화를 4차 산업과 관련하여 변화시키는
데 있어서 힘을 보탤 것으로 예상된다. 4차 산업에 대한 강의는 딱 하
나로 특정 지을 수 없다. 결국 강사는 발전하는 기술과 환경에 대응하
기 위해서 본질 자체를 이해하고 다양한 분야에 적용해야 살아남을 수
있다.

📖 참고문헌

- 클라우드 슈밥, 『클라우드 슈밥의 제4차 산업혁명 THE NEXT』, 새로운현재, 2018
- 최진기, 『한 권으로 정리하는 4차 산업혁명』, 이지퍼블리싱, 2018
- 류태호, 『4차 산업혁명 교육이 희망이다』, 경희대학교출판문화원, 2017
- 최윤식, 『제4의 물결이 온다』, 지식노마드, 2017
- 로저 마틴, 『디자인 씽킹 바이블』, 유엑스리뷰, 2018
- 장윤재.김자미, 고등교육 관점에서 나노디그리 활용 방안 탐색, 이러닝학회 논문지, 2018
- 류성창 외, 4차 산업혁명 시대의 미래인재 핵심 역량 조사 · 분석, 고려대학교 HRD정책중점연구소, 2017

권서희 ——————————————————————————————

- 기업행복연구소 교육컨설팅 대표
- 제13회 대한민국 교육산업대상 교육컨설팅 부문 수상(헤럴드경제)
- 월간인재경영 선정 '2018 명강사' 선정
- (사)한국강사협회 정회원
- 단국대학교 법학 학사, 중앙대학교 GHRD 인적자원개발학 석사(과정)
- ㈜엑스퍼트 컨설팅 협력 강사, ㈜호오 컨설팅 강사, 아바서비스평생교육원 강사, 고용노동부 국비교육 강사양성과정 강사
- ㈜티엔에프리더스 책임연구위원

01

변화의 소용돌이 속
CS 교육 시장

변화의 소용돌이 시대에서 CS의 본질과 서비스 트렌드를 제대로 이해하고 교육하는 CS 강사만이 시장 경쟁력을 갖게 될 것이다.

강사 5만 명 시대, 교육 시장도 이미 피 튀기는 레드오션인 데다, 모든 것이 무인화된다는데 교육업 業 이라고 그 영향을 받지 않을 수가 없다. 혹자는 교육 시장 파이 자체가 작아질 것이라는 의견도 있다. 실제로 기술 발전과 함께 국내 이러닝 시장은 꾸준히 성장하고 있다. 이러닝 교육 Electronic Learning 은 정보통신기술의 발전으로 시간과 장소에 구애가 없는 학습 활동을 말한다. 앞으로 기술 발전으로 이러닝 교육이 더욱 보편화 된다면, 그만큼 강사들이 강단에 설 기회가 줄어들 수밖에 없다. 게다가 CS 교육 부문은 특히 기술 발전에 따른 변화의 영향을 크게 받는다. 무인 서비스, 로봇 서비스의 증가로 고객 응대 근로자의 수가 줄어든다면, CS 교육의 기회는 자연히 함께 감소할 수밖에 없다. 앞으로, 누구나 다 아는 뻔한 고객 응대 내용을 매번 똑같이 교육하는 CS 강사는 살아남을 수 없다는 것이다.

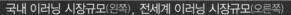

국내 이러닝 시장규모(왼쪽), 전세계 이러닝 시장규모(오른쪽)

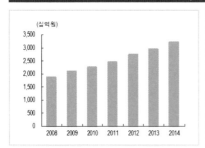

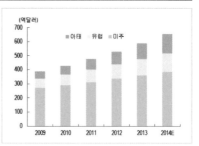

©산업통상자원부, NH투자증권

CS 강의 부문은 전체 강의 시장의 약 50%를 차지하고 있다. CS 교육이 흔해지고 CS 강사도 많아지고 있지만 트렌드와 고객사들의 니즈의 변화를 잘 꿰뚫고 강의를 하는 강사는 많지 않을 것이다. 오래된 교안, 고객이 왕인 시대의 뻔한 친절 서비스 교육을 하는 강사들에게 기술발전과 4차 산업혁명은 위기가 될 수도 있다. 고객만족서비스의 본질을 잘 이해하고, 트렌드를 꿰뚫어 이를 교육에 접목할 줄 아는 강사가 차별화된 경쟁력을 갖게 될 것이다.

CS, 즉 Customer Satisfaction 고객만족서비스 는 단순히 상냥한 미소를 짓고 고객을 왕처럼 떠받드는 단순한 친절 서비스만을 의미하는 것은 아니다. 제품 개발, 연구, 영업, 마케팅, 경영 등 전사적 측면에서 '고객에게 최고의 편익을 제공하는 것'이 고객만족서비스의 개념을 더 잘 설명했다고 볼 수 있다. 먼저 CS 강사라면 이러한 CS의 본질을 이해하고 잘 정리할 수 있어야 한다.

고객에게 '최고의 편익을 제공하는 것'이 고객만족서비스라면, 고객만족 향상을 위해서는 결국 '심리적 편익을 제공' 즉 고객의 마음을 움직여야 한다. 세상이 빠르게 변하는 만큼 고객의 마음도 빠르게 변한다. 정말 다양한 고객의 니즈가 존재하며 심지어 그 니즈는 빠르게 변한다. 그런 니즈에 만족감을 주기 위해서 고객만족서비스는 상당히 가변적이며 트렌드에 민감하고 유연하여야 한다. 변화의 소용돌이 속에서, 고객의 마음을 움직이기 위해서는 무엇보다 마음을 터치하는 '감성서비스'가 어느 때보다 필요한 시기이다.

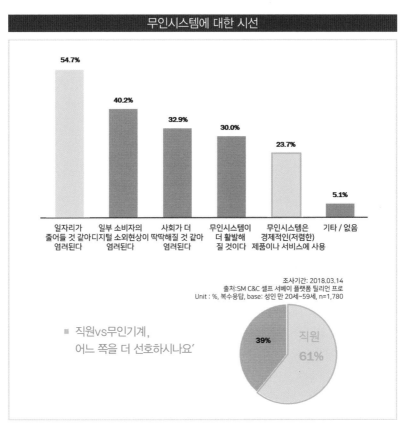

©SM C&C 셀프 서베이 플랫폼 틸리언 프로

최근에는 기술 발달로 무인 서비스 '언택트 서비스 Untact service'가 확산됨에 따라 고객은 편리함을 느끼는 동시에 상실감을 느낀다. 기다리지 않고 빠른 서비스를 받을 수 있고 편리하지만 무언가 허전하다. '사람'이 빠진 언택트 서비스의 시대에서 고객들은 더욱 '사람 냄새 나는 따뜻한 무언가'에 목말라 하게 될 것이다. 그리고 단순히 사람이 있는 서비스를 넘어 '따뜻한 감성'이 더 해진 서비스를 기대하게 될 것이다. 기술이 발전할수록 그에 대한 반동으로 오히려 감성적인 것의 가치가 증가한다는 하이터치의 시대가 오고 있기 때문이다.

이러한 변화로 인해, 고객만족서비스 트렌드의 가장 큰 흐름은 '감성 서비스'라고 볼 수 있다. 그럼 지금부터 4차 산업혁명 시대에 필요한 고객만족서비스 교육과 그 트렌드를 알아보자.

4차 산업혁명 시대에 필요한 생존 전략 '하이터치 감성 서비스'

4차 산업혁명 시대에 필요한 CS는 '하이터치, 감성 서비스'이다. '감성 서비스'는 CS 분야의 대표적 트렌드 중 하나가 될 것이다. 기계와 로봇이 못 하는 것이 바로 '감성'이기 때문이다.

CS 강의 분야의 트렌드를 알기 위해선, 먼저 CS 분야의 트렌드를 알아야 한다. CS 강의는 서비스 현장과 뗄래야 뗄 수 없는 유기적 운명 공동체이기 때문이다. 먼저, CS 분야의 대표 트렌드를 알아보자.

최근 4차 산업혁명의 영향으로 고객서비스 분야에도 지각변동과 같은 커다란 변화가 일어나고 있다. 패스트푸드점에서는 키오스크를 쉽게 볼 수 있으며, 챗봇이나 인공지능이 고객과의 상담도 대신한다. 인공지능, 머신러닝, ICT 등 첨단기술의 집합체라 할 수 있는 무인점포는 빨래방, 음식점 등 다양한 업종에서 전국에 확대되고 있다. 특히 이마트24, 세븐일레븐, GS24 등 편의점은 앞다퉈 무인점포를 도입 확대하고 있다. 아마존이 무인점포 아마존고를 시장에 내놓았을 당시만 해도 이렇게 빠른 속도로 무인점포가 시장을 장악할지 아무도 예상하지 못했을 것이다. 생각보다 빠른 속도로 생각보다 많은 변화가 고객서비스 분야에 일어나고 있다.

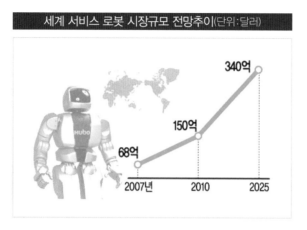

세계 서비스 로봇 시장규모 전망추이(단위:달러)

340억
150억
68억

2007년 2010 2025

©국제로봇연맹

　4차 산업혁명의 영향으로 고객 접점의 현장이 많이 줄어든 것은 사실이다. 미국 보스턴에 있는 레스토랑 '스파이스'에서는 음식 주문 조리부터, 서빙과 설거지까지 모두 사람이 아닌 로봇이 한다. 주문에서부터 요리의 완성까지 사람이 제공하는 서비스는 찾아볼 수 없다. 중국에는 무인점포의 선두주자 '빙고박스'가 있다.

　국내에는 로봇 카페 '비트'가 지난 3월 출시되었다. 고객들이 스마트폰 앱이나 키오스크를 통해 주문하면 로봇 바리스타가 음료를 제조한다. 음식점뿐만 아니라, 인천 국제공항에서 안내 서비스를 제공하는 안내 로봇 '에어스타', 자율주행 배달 서비스를 제공하는 '딜리' 고객과 상담하는 '챗봇' 등 다양한 분야에서의 로봇 서비스는 앞으로 계속 확대될 예정이다.

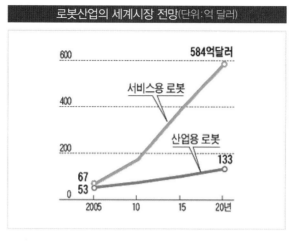

로봇산업의 세계시장 전망(단위:억 달러)

584억달러

서비스용 로봇

산업용 로봇

133

67
53

©산업연구원

친절한 미소와 서비스 마인드로 무장한 직원이 서 있어야 할 자리에 로봇이 있다면, 우리는 어디에서 어떤 방식으로 고객만족서비스를 제공해야 할까? 예를 들어 예전엔 이마트24에 가면 친절한 직원이 있었고 그 직원의 친절도가 곧 고객만족의 척도가 되었다. 그러나 이제는 이마트24에 직원이 없다면, 고객은 무엇을 기준으로 만족도를 느끼게 될까? 기업들은 어떤 방식으로 고객만족서비스를 제공해야 하는 것일까?

이러한 변화 속에서 우리는 고객만족서비스를 위해 무엇을 해야 할까? 보다 최신식의 기계로 무장한 서비스를 제공해야 할까? 오히려 이럴 때일수록, 인간적인 서비스가 필요하다. 한 설문조사에 따르면 무인 시스템에 대한 선호는 39%, 직원의 안내 서비스 선호는 61%로 나타났다. '무인 서비스'보다 '유인 서비스'를 선호하는 데에는 특별한 이유가 있을 것이다. 사람이 하는 서비스는 '무인 서비스'나 '로봇 서비스'와는 다른 차별화된 경쟁력이 있어야 한다. 아무리 빠르고 정확하고 저렴해도 로봇이 절대 할 수 없는 '사람이 사람에게만 할 수 있는 따뜻한 감성과 교류'가 그것이다.

이러한 '감성 서비스'가 없는 사람이 하는 서비스는 이제 더 이상 필요하지 않을 수 있다. 서비스 담당자들 가운데 반복되는 업무로 인한 매너리즘에 빠져, 마치 로봇처럼 기계적 서비스 응대를 하는 경우가 종종 있다. 사람이 제공하는 서비스인데도 로봇이 하는 서비스와 마찬가지로 '정서적 교감'이 없다면 죽은 서비스인 것이다.

기술 발전으로 고객 접점 서비스 자체가 줄어드는 것은 불가피할 전망이다. 단 사라지진 않을 것이다. 로봇이 못 하는 것, 로봇으로는 채워지지 않는 꼭 필요한 부분에서 대면 서비스는 오히려 그 가치가 높이 평가될 것이다. 결국 사람의 마음은 사람만이 만족시킬 수 있기 때문이다. 고객접점의 양은 줄어들지만 질은 좋아질 것이라는 의미이다. 질적으로 향상되지 않은 대면 서비스는 기계로 대체될 것이고, 소수의 고품질 대면 서비스만 남게 될 것이다.

03

로봇을 이기는
'하이터치 감성 서비스'

누구나 다 하는 정형화 효율화 로봇 서비스와 '하이터치 감성 서비스'는 무엇이 다를까?

지금 우리 사회는 급속도로 1인가구, 혼밥족, 고령화, 무인시대 즉 외로운 시대를 향해 달려가고 있다. 고객의 라이프스타일이 변하면 CS도 변해야 한다. 앞으로 필요한 CS는 무엇일까? 이러한 기술적 사회적 변화로 인해 미래에는 하이터치 감성 서비스가 그 경쟁력이 될 것이다. 미국의 미래학자 존 나이스비트는 그의 저서 『메가트렌드』에서 하이터치의 개념을 소개했다. 미래학자 다니엘 핑크 역시 그의 저서 『A Whole New Mind 새로운 미래가 온다』를 통해 하이터치의 중요성을 언급했다. 엘빈 토플러, 리처드 왓슨, 데니얼 핑크 미래학자 3인이 보는 메가트렌드는 하이터치로, 이것의 중요성에 대해 이견이 없었다.

하이터치란 4차 산업혁명 이후 고도로 발달 된 기술사회로 진입할수록 그에 대한 반동으로 더욱 인간적인 것, 감성적인 것에 대한 갈증을 느끼고 그 가치가 높아지는 것을 의미한다.

하이터치 관련 서적 ©교보문고

　쉽게 말하면 논리적, 이성적 설득보다는 감성적인 것으로 사람의 마음에 와닿게 하는 것의 가치가 더욱 중요해질 것이라는 의미이다.

　미래학자들의 말에 따르면, 우리가 맞이하고 있는 4차 산업혁명 이후 고도로 기술이 발전된 사회는 하이터치의 시대가 될 것이다. 서비스 현장에서도 이와 마찬가지로 '하이터치 감성 서비스'가 그 중요한 트렌드가 될 것이다. 하이터치의 시대에서 고객은 더욱 감성에 목말라 하게 된다. 더욱 더 인간적으로, 로봇이나 인공지능이 절대 따라올 수 없는 '사람 냄새 나는 감성 서비스', '더 따뜻한 서비스'에 대한 니즈가 강해질 것이다. 게다가 사회적으론 1인가구와 고령화 시대로 접어들면서 외로움의 충족이라는 새로운 니즈가 이를 더욱 공고히 할 것이다.

　그렇다면 감성 서비스를 위해 무엇이 필요할까? 매뉴얼화 된 멘트, 정형화된 행동은 로봇이 사람보다 더 잘할 수 있다. 로봇에게는 없는 특별하고 더 따뜻한 서비스, 고객의 감성을 촉촉히 터치하는 서비스가 바로 감성 서비스이다. 영혼 없이 "사랑합니다. 고객님"이라는 매뉴얼 멘트로 고객의 감성을 터치할 수는 없다. 그 사랑한다는 멘트를 진심으로 받아들이고 감동하는 고객은 없기 때문이다. 영혼 없는 매뉴얼 서비스로는 고객을 감동시킬 수 없다. 그럼 지금부터 하이터치 감성 서비스의 사례들을 알아보자.

　최고의 서비스와 직원복지로 알려진 중국의 식당 '하이디라오 海底捞'는 전 세계에 체인을 둘 정도로 유명하다. 하이디라오는 고객들에게 아주 특별한 서비스를 제공한다. 특히 개별 고객에게 맞춤형 서비스를 제공하며 고객들의 마음을 사로잡고 있다. 혼자 온 고객에게는 외롭지 않도록 자리에 곰 인형을 놓아주기도 하고, 임산부 고객에게는 쿠션과 아기수건을 선물한다. 머리가 긴 여성고객에겐 머리를 묶고 먹을 수 있도록 머리끈을 주고, 핸드폰 보관용 지퍼백을 제공하기도 한다. 정형화된 서비스가 아니라 개별 고객에게 맞춤형 서비스를 제공한다. 이처럼 고객이 무엇이 필요한지, 세심하게 관찰하고 그에 맞는 즉각적인 서비스를 제공함으로써 고객에게 음식 그 이상의 '심리적 편익'을 주고 있다. 로봇은 이러한 고객 관찰을 통한 개별 고객 맞춤 서비스를 제공하기 어렵다. 사람만이 할 수 있는 하이터치 감성 서비스의 사례라 볼 수 있다.

　월마트는 최근 집 안까지 들어와 배달해 주는 서비스를 도입하였다. 고객이 집을 비우는 동안 문 앞에 택배를 두고 가 분실되거나 음식물이 상하는 불편을 없애기 위함이다. 일회용 비밀번호를 통해 배달원이 집 안으로 들어와 물건을 배송하며, 집주인은 CCTV를 통해 이를 확인할 수 있다. 고객은 택배가 언제 배달되나 분실되지는 않나 걱정할 필요가 없어진다. 고객의 마음까지 챙긴 서비스이다. 이처럼 기술 발전을 잘 이용하면 '감성 서비스'를 더 똑똑하게 할 수 있다. 판매하는 제품 그 이상의 '고객의 심리적 편익'을 제공하기 위해 기술 발전을 활용한 사례라 볼 수 있다.

아마존에 최고가로 인수된 미국의 온라인 신발쇼핑몰 자포스 ZAPPOS 의 직원들은 "고객의 입에서 WOW! 소리가 나올 때까지 감동 서비스를 제공한다."는 사명감을 갖고 일한다. 일례로 한 고객이 자포스를 통해 신발을 구매한 뒤 그 신발을 선물할 어머니께서 돌아가시게 되어 환불을 요청했다. 자포스의 내부 규정상, 즉 매뉴얼대로라면 고객이 환불을 요청할 경우는 고객이 택배접수를 하여 자포스에 제품을 보내야 했다. 그러나 이러한 사연을 들은 직원은 매뉴얼대로 하지 않았다. 직원이 직접 택배접수를 도와주었고 고객에게 위로의 꽃다발과 손편지도 함께 보냈다. 직원이 고객의 슬픈 마음에 공감하고 진심으로 고객을 위하는 방법을 모색하였기 때문에 고객은 '진짜 감성 서비스'를 제공받게 된 것이다. 이러한 사례가 바로 감성 서비스의 훌륭한 모범 답안이다. 이런 감성 서비스에 고객은 감동한다. CS 강사라면 이러한 서비스 트렌드를 알고, 가까운 미래에, 고객의 니즈가 어떻게 변할지 예측하고 이를 반영한 강의를 준비해야 한다.

04

CS 강의 분야에 불고 있는
감성 바람! 왜?

이처럼 '감성 서비스'가 CS 분야의 트렌드가 된다면, 이러한 트렌드를 반영한 '감성 서비스 교육'이 CS 강의 분야의 트렌드가 되어야 할 것이다. 실제로 이러한 '감성 서비스 교육'은 꾸준히 증가하고 있으며, 앞으로 기술이 더 발달할수록 더 많은 수요가 창출될 것이다.

21세기는 감성의 시대, 고객과 기업이 변하고 있다. 고객만족서비스 교육엔 반드시 이러한 변화와 흐름이 반영되어야 한다. '이성과 기능, 스킬'이 아닌 '감성'을 이야기하는 감성 교육이 서비스 교육의 하나의 트렌드가 될 것이다. 먼저, 도대체 왜 이러한 '감성 교육'이 주목받는지 먼저 살펴보겠다.

경제학에서 인간은 이성적이며 합리적 존재라 전제한다. 그러나 사람들은, 이러한 전제로는 도저히 설명할 수 없는 비합리적인 선택과 행동을 하는 경우가 종종 있다. 필요하지 않다는 걸 알면서도 또는 더 저렴하고 성능이 좋은 물건이 있다는 걸 알면서도 값비싼 물건을 구매하기도 한다. 손해 볼 확률이 높은 상황에서 투자하기도 한다. 냉철한 이성이 아닌 감성에 의해 좌지우지되는 것이 사람이다. 이처럼 의사결정에 있어서 때로는 이성보다 더 중요하게 작용하는 심리적 요인을 연구하는 행동경제학이 최근 기업 경영에 더 많이 활용되고 있다.

　행동경제학적 측면에서 본다면 고객만족은 고객의 단순한 '이성적 편익증대'뿐만 아니라, '심리적 편익증대'를 고려해야 한다. 고객이 우리의 제품 또는 서비스를 이용함으로써 얻게 되는 이득과 편리함, 유익함을 '고객편익'이라고 한다. 예를 들어 고객이 우리 기업의 자동차를 구매함으로써 가족들과 주말에 편리하게 여행을 갈 수 있고, 출퇴근 시간이 단축될 뿐만 아니라, 저렴하게 구매해 경제적 이득도 얻게 되었다면 그것이 고객이 얻게 된 '고객편익'이다. 그러나 고객들은 품질과 가격 즉 이성적인 기준에서만 만족감을 얻지 않는다. 고객의 마음이 움직이려면 심리적 만족감이 필요하다.

　고객이 우리 기업의 차를 구매함으로써 느끼는 특별함, 행복함 등의 심리적 편익 만족에 주목할 필요가 있다. 고객들은 때론 이성적 편익증대보다 심리적 편익증대를 통해 만족감을 크게 느끼기 때문이다. 서비스를 제공할 때에도 마찬가지이다. 고객을 만족하게 하는 서비스를 제공하고 싶다면 '고객의 심리적 편익증대'를 위해 노력해야 한다.

　다음은 고객의 심리적 편익증대를 위한 기업의 서비스 사례이다. 아마존 프리미엄, 월마트 젯블랙, 코스트코 회원제는 모두 일정한 회원비를 지불하고 회원가입을 한 고객들에게 혜택을 제공하는 '유료 회원제 서비스'이다. 아마존 프라임은 연회비 99달러를 내고 프라임 회원이 되면 이틀 이내 배송을 무료로 받을 수 있는 서비스이다. 월마트의 맞춤형 서비스 젯블랙은 텍스트 메시지로 쇼핑할 수 있는 서비스까지 제공한다.

'유료 회원제 서비스'는 고객에게 특별함을 준다. 다른 사람들은 받지 못하는 '특별한 대우' 이것은 곧 고객의 심리적 만족감 향상으로 이어지게 된다. 실제로 당장 어떤 편익이 돌아오지 않더라도, 고객은 특별하다는 느낌을 받는 그 자체로 만족감을 얻는다. 이성적 판단이 아닌 감성적 판단인 '심리적 편익'이다. 뿐만 아니라, 유료로 회원비를 내고 혜택을 누림으로써 고객과 기업 사이에 보이지 않는 끈끈한 관계가 형성된다. 이처럼 고객과의 교감과 유대감 형성을 통한 '심리적 편익증대'를 통해서도 '감성 서비스'를 제공할 수 있다.

이러한 심리적 편익증대를 위해서도 하이터치 감성 서비스는 앞으로 서비스 교육의 한 트렌드가 될 것이다. 사람의 정서적 만족은 감성에서 비롯되기 때문이다. 실제로 최근 기업들의 고객만족 서비스 교육의 **RFP** Request For Proposal 를 분석해 보면 〈친절 서비스〉, 〈서비스 스킬〉, 〈MOT전략〉, 〈CRM 전략〉, 〈고객만족경영〉 등 서비스 스킬이나 전략을 가르치는 교육보다는 〈디자인씽킹 고객만족〉, 〈감성 서비스〉 〈고객의 마음을 움직이는 소통〉 등 '감성교육' 대한 요구가 증가하고 있다. 한국생산성본부의 〈감성지능 EQ 를 활용한 고객대응력 향상과정〉, 엑스퍼트컨설팅의 〈감성 CS 과정〉 등이 그 예시이다.

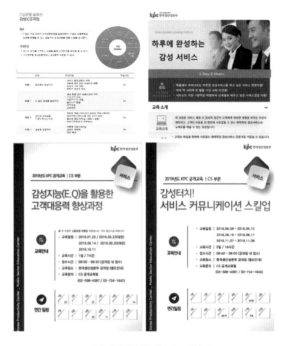

©한국생산성본부, 엑스퍼트컨설팅

　　최근 교육을 진행했던 한 제조사 B기업은 누구나 다 아는 기본 CS 강의 말고, 서비스 트렌드가 반영된 신선한 강의를 원했고 식품 업체인 C기업 또한 단순 서비스 스킬 교육이 아닌 새로운 서비스 교육을 요청했었다. 그 요청에 모두 〈감성 서비스 교육〉을 제안했고 교육 담당자는 매우 만족하며 선택했다. 실제로 두 기업에서 모두 〈감성 서비스 교육〉을 진행했으며, 교육 평가도 우수했다. 다음은 〈서비스 스킬 교육〉과 〈감성 서비스 교육〉을 비교한 예시이다.

서비스 스킬 교육과 감성 서비스 교육의 차이

구분	서비스 스킬 교육	감성 서비스 교육
교육 목표	고객 응대 근로자의 즉각적인 행동 변화를 목표	고객 응대 근로자의 근본적인 마음의 변화를 목표
주요 내용	친절 응대 스킬 친절 미소와 인사법 서비스 응대 화법 서비스 이미지메이킹 서비스 보이스 트레이닝 서비스 매뉴얼 불만고객 응대 스킬 고객 유형별 응대 스킬	디자인씽킹 서비스 환경 변화 이해 고객의 심리적 편익 서비스 디자인 교감과 공감 감성 소통법 감성 지능 EQ향상 힐링과 감정 관리 고객과의 연대감과 유대
기대 효과	고객 응대 근로자의 고객을 응대하는 스킬을 향상시킬 수 있다.	고객 응대 근로자는 고객의 마음에 공감할 수 있고, 고객과 정서적으로 교류하는 방법을 터득한다.

'감성 서비스 교육'이 증가할 수밖에 없는 또 다른 이유는 고객이 변하고 기업이 변했기 때문이다. 고객은 감성을 원했고 이에 기업들도 감성 마케팅으로 화답했다. 단순한 제품의 스펙이 아닌, 감성을 터치하는 기업들의 '감성마케팅'은 트렌드가 된 지 이미 오래다. 기업들은 이제 더 이상 제품을 광고할 때 제품의 가격이 어떻다느니, 성능이 우수하다느니 소위 제품의 스펙을 광고하지 않는다. "마음을 나눕니다. 정精"초코파이 광고, "비 오는 날 시동을 끄고 30분만 늦게 내려 보세요." 현대자동차의 광고 등이 그 예이다. 코카콜라는 '안아주면 콜라를 주는 자판기'를 설치해 고객들의 감성을 터치하는 마케팅을 하고 있다. 더 이상 콜라의 맛, 성분, 가격 등을 광고하지 않는다.

고객은 특정 기업의 서비스나 제품을 선택할 때 이성적이고 합리적인 판단이 아닌 감성에 기댄 판단을 한다. 즉 '심리적 편익'을 추구하는 것이다. 이미 성능이 과하게 충족된 시장에서 더 이상 성능 경쟁은 큰 의미가 없다. 스마트폰에는 수십 개의 기능이 있지만, 고객들이 사용하는 기능은 인터넷 웹 서핑 등 단순한 몇 가지가 전부이다. 고객들이 원하는 것은 더 많은 성능이 아니다. 자신들의 라이프 스타일을 반영한 마음을 촉촉히 터치하는 '감성'이다. 주관적인 감성 만족감을 기준으로 서비스와 제품을 선택한다는 것이다. 더 이상 '성능 경쟁'이 아닌 '감성 경쟁'이 필요한 이유다. 예를 들어 고객들이 자동차를 선택할 때 "이 차량은 엔진이 튼튼한지, 출력이 어느 정도인지, 에어컨은 되는지" 등의 자동차의 성능은 더 이상 고려의 대상이 아니다. 요즘엔, 어느 제품을 사도 성능은 모두 뛰어나기 때문에 성능을 비교하기보다, 감성적인 선호 기준 즉 '심리적 편익'을 더 중요하게 생각한다. 승차감이 아니라 하차감이 중요한 시대라 한다. 차의 실질적인 성능보다는 "내가 그 차를 타고 내렸을 때 사람들이 나를 쳐다보는 시선과 나의 심리적 만족감"이 차를 선택하는 중요한 기준이 된다는 것이다.

맥카시의 4P마케팅 믹스 "Product, Place, Price, Promotion"이라는 전통적 마케팅 개념에서 고객 지향적 4C 마케팅 "Customer Benefit, Customer Cost, Customer Convenience, Customer Communication" 이 대세로 자리매김한 데에는 고객의 정서적 만족이 더욱 중요해짐을 시사하고 있다.

05

하이터치 시대에 다시 떠오르는 샛별
'감성 지능 교육'

앞으로 '감성지능 Emotional intelligence' 관련 교육이 다시 주목받게 될 것이다.

고객만족서비스를 교육하는 강사에게 필요한 것은 무엇일까? 고객의 니즈 변화와 기업의 생존 전략을 모두 포용할 수 있는 내용을 준비하되, 거기에 인사이트를 더해야 한다. 독일의 유명 할인점 체인 알디 Aldi 의 창업자 칼 알브레히트는 "1년 전의 고객의 기대와 지금 고객의 기대는 다르다."고 이미 오래전에 이야기했다. 고객의 기대는 '이성적 편익'에서 '심리적 편익'으로 변화되었다. 이러한 변화의 흐름에 발맞춰 고객만족서비스 교육도 변하여야 한다. 고객의 심리적 편익을 만족시키기 위해서는 무엇보다 '감성 서비스'가 필요하며 이를 위해선 서비스 현장 직원들의 '감성지능'이 필요하다.

앞으로 서비스 현장 직원들에게 '감성지능 Emotional intelligence'에 관련된 교육이 다시 주목받게 것이다. 감성지능은 자신이나 타인의 감정을 인지하는 지능을 말한다. 하버드 비즈니스 스쿨 강사이자 경영컨설턴트인 수린은 그의 저서 『감성지능 3.0』에서 어떻게 사람을 얻고 세상을 움직일 것인가? 라는 질문에 '감성지능'을 그 해결책으로 제시하고 있다. 또한, 저자는 구글, 페이스북 등 신생 기업들이 급격한 성장을 할 수 있었던 비결 역시, 빠르게 변화하는 고객들의 '감성적 수요'에 적응한 덕분이라고 말했다.

특히 서비스 담당자들에게 자신이나 고객의 감정을 잘 인지하고 통제하는 것은 무척 중요하다.

고객은 직원의 사소한 말투, 작은 행동 하나에 감정이 확 상하기도 하고 또 감동하기도 한다. 이러한 고객의 감정을 인지하고 이를 통제하는 능력은 서비스 담당자들에게 꼭 필요한 역량이다. 타인의 감정을 폭넓게 이해하고 공감하는 능력은 고객에 대한 애정과 관심에서 출발하는데, 진심으로 고객의 편익증대를 돕고 함께하고자 하는 마음에서 발휘될 수 있다.

돌발 상황에서 직원이 자신의 감정에 휩싸여 충동적인 행동을 하지 않고 스스로의 감정을 잘 통제하고 관리할 수 있는 능력 또한 감성지능의 하나이다. 서비스 현장에서 일하는 직원에게 이러한 감성지능은 고객만족도를 향상시키는 필수불가결한 요소이며 앞으로 이러한 부분을 교육하는 '감성지능 CS 교육'의 수요가 증가할 수밖에 없을 것이다. CS 강사라면 '감성 서비스', '감성 지능' 교육을 미리 준비하고 있어야 한다.

06

CS 강의,
오늘의 트렌드는 '감정노동 보호'

앞으로 감정노동 보호 관련 교육이 CS 교육의 상당 부분을 차지하게 될 것이다. 하이터치 감성 서비스가 미래를 준비하는 조금은 먼 미래의 트렌드라면, 감정노동 보호 교육은 지금 당장 현재의 트렌드이다.

2018년 10월 18일부터 산업안전보건법에 감정노동자에 대한 보호 조항이 추가되어 시행되었다. 감정노동이란 실제 자신이 느끼는 감정과 무관하게 직무를 행해야 하는 감정적 노동을 말한다. 라면 상무, 땅콩 회항, 콜센터 직원 자살 등 고객 갑질에 의한 감정노동자들의 피해 사례는 사회적으로 크게 이슈가 되었다. 이처럼 감정노동보호는 법적 제도 도입과 함께 사회적으로 이슈가 되고, 그 관심이 날로 커지고 있다.

CS 교육은 고객 접점에서 고객을 응대하는 '고객응대근로자'들을 대상으로 하는 경우가 많은 교육이다. 물론 CS 교육의 학습자가 전부 고객응대근로자는 아니다. 하지만 고객응대근로자에 대한 보호조치는 CS 분야의 새로운 패러다임을 제시하고 있다는 것을 알아야 한다. 따라서 CS 강사는 고객응대근로자들에 대한 이러한 보호 내용을 잘 알고 공감하며, 이를 교육에 잘 반영하여야 한다.

산업안전보건법에서 감정노동자보호법이 시행된 이후, 많은 공공기관 및 기업에서는 감정노동보호 및 고객응대에 대한 매뉴얼을 새로 만들고, 매뉴얼의 내용과 건강장해 예방과 관련된 교육을 실시했다. 특히 대표적 감정노동으로 불리는 콜센터에서는 "지금 전화를 받고 있는 직원은 누군가의 소중한 가족입니다. 산업안전보건법에 따라 폭언을 하지 말아주세요."라는 음성안내를 의무적으로 추가했다.

산업안전보건법 감정노동자 보호 조항

제26조의2(고객의 폭언 등으로 인한 건강장해 예방조치)

① 사업주는 주로 고객을 직접 대면하거나 「정보통신망 이용촉진 및 정보보호 등에 관한 법률」에 따른 정보통신망을 통하여 상대하면서 상품을 판매하거나 서비스를 제공하는 업무에 종사하는 근로자(이하 "고객 응대 근로자"라 한다)에 대하여 고객의 폭언, 폭행, 그 밖에 적정 범위를 벗어난 신체적·정신적 고통을 유발하는 행위(이하 "폭언 등"이라 한다)로 인한 건강장해를 예방하기 위하여 <u>고용노동부령으로 정하는 바에 따라 필요한 조치를 하여야 한다.</u>

② 사업주는 고객의 폭언 등으로 인하여 <u>고객 응대 근로자에게 건강장해가 발생하거나 발생할 현저한 우려가 있는 경우에는 업무의 일시적 중단 또는 전환</u> 등 대통령령으로 정하는 필요한 조치를 하여야 한다. 위반 시 제72조에 근거해 1천만원 이하의 과태료를 부과한다.

③ 고객 응대 근로자는 사업주에게 제2항에 따른 조치를 요구할 수 있고 사업주는 고객 응대 근로자의 요구를 이유로 해고, 그 밖에 불리한 처우를 하여서는 아니 된다. 위반 시 제68조에 근거해 1년 이하의 징역 또는 1천만 원 이하의 벌금에 처한다.

©국가법령정보센터

지자체 및 공공기관들도 '감정노동자 보호'를 위해 발 빠르게 움직였다. 서울시는 2018년 10월 '서울시 감정노동종사자 권리보호센터'를 열고 감정노동종사자들을 위해 무료 심리 상담, 감정회복을 위한 치유 서비스, 피해 예방 서비스 교육 등의 다양한 서비스를 제공하기 시작했다. 센터는 감정노동 실태 조사를 실시하고, '감정노동보호 가이드라인'을 배포하였다.

법이 시행되고 공공기관들이 정책을 펼치면 민간기업은 이를 따라가게 된다. 최근 감정노동과 관련된 주제의 교육이 늘어나고 있다. 실제로 감정노동보호법 시행 이후에 〈감정노동자 직무 스트레스 관리 교육〉, 〈감정노동자 보호 교육〉, 〈감정노동자 감정 관리 교육〉, 〈감정노동자 힐링 교육〉, 〈갑질 예방 교육〉, 〈감정노동자 건강관리 교육〉, 〈감정노동자 권리 교육〉 등의 관련 교육이 크게 증가하고 있다.

©감정노동 관련 교육, 서적, 프로그램 포스터

　　CS 강의는 이제 더욱 더 고객응대근로자들의 입장에서 그들의 고충을 공감해 주고 함께 고민하는 데에서 시작되어야 한다. 감정노동자 보호 관련해 법적으로도 사회적으로도 이처럼 강조되고 있는 시점에서, 힘들어도 슬퍼도 언제나 밝은 미소로 고객을 위해 봉사하라는 태도의 CS 강의는 구시대적 교육이라 할 수 있다. 감정노동자는 더 이상 고객의 갑질에 당하지 않아야 하고, 그들의 권리는 보호되어야 한다고 사회적으로 합의되었다. 이것이 트렌드이다. CS 교육은 이러한 트렌드가 반영되어야 한다. 예를 들어 불만고객응대 CS 교육을 할 때, 이전에는 불만고객의 불만을 풀어 주기 위한 스킬을 교육하는 데 초점을 맞췄다면, 이제는 불만고객을 응대한 이후 고객응대근로자들이 겪게 되는 스트레스를 해소하고 그들의 감정을 관리하기 위한 내용의 교육이 필요하다는 것이다.

CS 강사에겐 큰 고민이 시작되어야 정상이다. 고객응대근로자들의 감정을 보호하고 인권을 강조하면서도, 한편으론 고객만족을 위한 전략들을 교육해야 하기 때문이다. 기업은 이윤을 추구하는 집단인데, 그들의 이윤추구를 위해선 고객만족서비스는 필수불가결하기 때문이다. 고객을 만족시키기 위한 방향의 교육을 아주 안 할 수는 없다. 고객을 만족시키기 위한 서비스 정신과 고객응대근로자들의 보호 두 가지를 동시에 저울에 올려놓고 어느 한쪽으로도 치우치지 않게 잘 조율한 CS 교육이 필요하다.

감정노동보호 감정관리 교육 커리큘럼 예시				
교육주제	모듈명	주요 내용	교육방법	시간
감정 관리 〈내 마음 안아 주기〉	감정 관리 이해하기	■ 감정 이해하기 – 감정 VS 감각 VS 사고의 구별 – [감정 카드 활동] 나의 평소 감정 상태 알기 – [진단] 스트레스 자가 진단 ■ 감정관리 3법칙 이해 – 감정 풍선효과 – 감정 질량 보존의 법칙 – 감정 관성의 법칙	강의실습	1.5H
	감정 관리의 문제와 해결 방법	■ 감정 관리의 문제 – 가짜 감정과 섞인 감정 – 긍정의 독재와 부정의 억제 ■ 감정 관리의 장애 요인 – 가면 우울증의 증상/ 번아웃증후군의 증상 – 번아웃증후군을 벗어나기 위한 3가지 방법 ■ 효과적인 감정 관리 해결법 1.2.3 – 감정 관리 프로세스의 습관 – 회복탄력성을 활용한 감정관리 – 감정 통찰 일지 ■ [활동] 감정 관리 실습 – 감정 쓰레기통/ 마음 안아 주기	강의실습	1.5H

©기업행복연구소 교육컨설팅

07

CS 강의 분야의 새로운 숙제는 '밀레니얼 고객 만족'

고객만족 서비스 교육의 또 하나의 트렌드는 '밀레니얼 세대 고객만족'이다. CS 강사는 밀레니얼 세대들의 특성과 라이프 스타일을 이해하고 밀레니얼 고객 만족을 위한 서비스를 강의에서 제시해야 한다.

앞으로 CS 교육의 학습자도 그들의 고객도 모두 밀레니얼 세대일 수 있기 때문이다. 밀레니얼 세대란 베이비부머 세대의 자녀 세대로, 청소년 시절부터 인터넷을 사용해 모바일, SNS 등 정보통신 IT 기술에 능한 세대를 가리킨다.

우선은 밀레니얼 고객의 특징과 그들에게 어떤 니즈가 있는지를 발견하여 이를 서비스에 반영해야 한다. 『최근 극도로 개인화된 1인 문화, SNS, 1인 미디어, 1인 가구화가 빠르게 진행되며 우리 사회는 갈수록 원자화되고 있다. 어린 시절부터 디지털미디어에 의존해 소통해온 세대들은 감정을 나누고 소통하는 데 어려워하는 경향을 보이고 있다. 『트렌드 코리아2019』에서는 '감정 대리인'을 올해의 키워드 중의 하나로 꼽기도 하였다. 이런 때일수록, 가장 쉽게 얻을 수 있는 자기 인식은 '고객이라는 지위'라고 설명하고 있다.

요즘 젊은 세대들이 주 고객층으로 자리 잡는 미래 사회에서의 고객 만족서비스 교육은 이러한 밀레니얼 세대 고객을 이해하는 서비스 전략을 제시해야 할 것이다. 밀레니얼 세대들은 태어나면서부터 각종 디지털미디어, SNS로 세상과 소통하며 자라 왔다. 인스타그램에 "좋아요"를 누르고, 유튜브의 구독을 누르며 자신의 의사를 표현한다. 반면에 사람과 직접 얼굴을 마주 보고 대면하는 소통의 기회는 그만큼 줄어든 채 자라왔다. 아리스토텔레스의 말처럼 인간은 사회적 동물이다. 본능적으로 누군가와 관계를 맺고자 하는 욕구는 기술이 아무리 발전해도 달라지지 않을 것이다.

결국, 발전한 기술로 인한 부족한 소통에 대한 갈증은 여전히 남아 있다는 것을 의미한다. 미래에는 그러한 '소통에 대한 갈증'을 '고객으로서의 지위'를 이용해 충족하고자 하게 될 것이다. 아주 쉽게 말하자면, 소통에 목마른 밀레니얼 고객이 헤어샵에 가서 미용 서비스를 받으며 직원과 일상을 공유하고 이야기를 나누며 이러한 소통의 갈증을 해소하는 것을 말한다. 지금은 그렇지 않은 젊은 세대들이 기술의 발전 속에 점점 '하이테크 외로움'을 겪게 될 것이다. 지금 당장은 밀레니얼 세대들은 '언택트 서비스'를 편리하다 생각할 수 있다. 그러나 문제는 밀레니얼 세대가 나이 들었을 때이다. 나이가 든 이후에도 '사람 없는 언택트 서비스'에 계속해서 만족하지는 않을 것이다. 기술이 발전하면 발전할수록, 아이러니하게도 인간이 직면하게 되는 심리적 문제가 필연적으로 발생하기 때문이다.

이처럼 미래의 고객 즉 밀레니얼 세대를 이해하고 이들의 욕구를 반영한 서비스 전략을 강사가 제시하고 학습자들에게 이에 대한 필요성을 교육에 녹여낼 수 있어야 한다. 밀레니얼 세대들의 라이프 패턴, 소비 행태, 서비스 이용 유형 등을 분석하고 이들에게 만족을 줄 수 있는 서비스 방법론을 제시하는 고객만족서비스 교육이 필요할 것이다. CS 강사는 앞으로 밀레니얼 고객만족을 위해 '감정 대리인', '고객이라는 지위' 이 두 가지 키워드를 고민해 봐야 한다. 교육은 백년대계 百年大 計 라 하여 백 년 앞을 내다보는 계획이라 하였다. 기업 교육도 마찬가지이다. 현재만을 위한 교육보다 미래를 내다보는 교육을 계획하는 강사가 필요한 때이다.

08

CS 교육,
이제 모티베이션으로 이노베이션 하라

앞으로 CS 교육은 직원의 동기부여를 통해 서비스를 혁신으로 이끄는 이른바 '모티베이션 교육'의 방향으로 나아가게 될 것이다. 이제 더 이상 갑질 고객은 왕이 아니다. 고객에게 무조건적으로 맞춰주는 '친절 봉사 서비스 교육'의 시대는 지났기 때문이다.

최근 서비스직에 대한 갑질 폭력이 사회적인 문제로 대두되면서 CS 분야에 새로운 지각변동이 일어나고 있다. '감정노동자보호법'이 시행되었고, 서비스 종사자들의 권리와 인권에 대한 중요성이 수면 위로 떠올랐다. 뿐만 아니라, '주 52시간 근무, 워라밸 Work and Life balance'이라는 직장 문화 트렌드와 함께 감정 노동 보호는 이제 새로운 트렌드를 만들고 있다. 더 이상 직원을 쥐어짜내 고객을 왕처럼 떠받드는 고객서비스를 지향하지 않을 것이다. 그동안 '고객은 왕이다.' 무조건적인 친절 서비스가 CS 강의의 하나의 키워드였다면 이제는 직원들 동기부여를 통한 '스스로 하고 싶은 마음이 우러나는 서비스' 가 새로운 키워드이다.

잔소리와 강요가 아닌, 왜 서비스 마인드가 필요한지, 서비스 품질향상을 위해 노력하면 본인 스스로에게 무엇이 좋은지에 대한 교육이 트렌드가 될 것이다. 이런 CS 교육들을 총칭해서 '동기부여 CS 교육'이라 명칭 하겠다. 말 그대로 직원들이 서비스의 필요성을 스스로 인지하고 마음에서 우러나 즉, 동기부여가 되어서 직원들이 능동적으로 친절 서비스를 제공하게 만드는 CS 교육을 의미한다. 이제 더 이상 무조건적인 친절 서비스에 대한 강요는 직원들에게 오히려 반감을 살 뿐, 실질적인 서비스 품질 향상으로 이어지기 어렵다. 실제로 CS 교육을 해 보면 "고객이 왕이기 때문에, 고객을 위해서, 고객이 중요하기 때문에 친절 서비스해야 한다."는 구시대적 CS 교육보다는 "고객이 아닌 나를 위해서 필요한 서비스 마인드"와 같은 관점 전환 교육이 훨씬 교육 만족도가 높다.

소를 외양간에 넣는 방법은 크게 2가지이다. 하나는 소의 고삐를 잡거나 엉덩이를 밀어 강제로 외양간에 넣는 것, 또 다른 하나는 소에게 원하는 것을 제시하고 소가 스스로 다리를 움직여 외양간으로 들어가게 하는 방법이다. '동기부여 CS 교육'은 후자의 방법, 즉 스스로 들어가게 하는 방법을 취한다.

'동기부여 CS 교육'이 필요한 이유를 조금 더 자세히 보겠다. 서비스 품질의 혁신은 어떤 방법으로 이뤄질 수 있을까? 인공지능AI, 챗봇, 고객 데이터 관리시스템, 모바일앱 등 최신식 기술 도입을 통해 서비스 혁신을 이룰 수 있을 것인가? 고객만족서비스의 핵심을 제대로 이해하고 있다면 이러한 최신 기술 도입만으로는 고객만족도를 혁신적으로 끌어 올릴 수 없다는 것을 이해할 것이다. 매장에 키오스크 무인 주문기계를 몇 대 놓았다고 해서 고객들이 갑자기 엄청나게 감동하거나 서비스 품질에 만족을 느끼는 것은 아닐 것이기 때문이다.

동기부여 CS 교육 내용 예시	
구분	교육 내용 예시
서비스 마인드	서비스 마인드가 필요한 이유 서비스 마인드가 내 인생에 주는 영향 행복한 직장인들의 특징 모든 산업은 서비스 산업인 이유 고객에게도 서비스 마인드가 필요한 이유 서비스 마인드 긍정 사례 매너리즘 탈출하기
고객 커뮤니케이션	고객과 즐겁게 대화하는 직원들의 비밀 말하고 싶게 만드는 사람들의 특징 내 감정을 똑똑하게 말로 담아야 하는 이유 비폭력 대화의 필요성 고객 커뮤니케이션은 왜 중요한가? R/P 극장 : 고객 입장 되어 보기 말이 달라지자 나타나는 내 인생의 변화
디자인씽킹	고객의 관점 이해 문제의 정확한 정의를 위해 왜 고객 공감이 필요한가? 고객의 관점을 이해해야 하는 이유 디자인씽킹의 각 프로세스에서 얻을 수 있는 이점
기타 동기부여	일의 의미와 인생의 목표 내 업무에 셀프리더십 발휘해 보기 소속감과 우리 조직 로열티 발견 내가 일하는 이유/ 나의 비타민 힐링과 회복탄력성으로 스트레스 극복하기 나에게 응원 메시지/ 동료에게 응원 메시지

고객만족서비스에서 혁신이 이뤄지려면 시스템이나 기술이 아닌 '사람'에게 그 변화가 필요하다. 바로 서비스 담당 직원들의 태도의 혁신을 통해 이전에 없던 전혀 새로운 긍정적 변화가 일어날 수 있을 것이다. 직원들의 태도에 혁신을 만들기 위해선 그들에게 스스로 깨닫고 변화할 수 있도록 '동기부여'가 되어야 한다. 매너리즘에 빠져 늘 똑같은 방식으로 매뉴얼에 맞춰 고객을 응대하던 직원이 스스로 동기부여 되어 180도 다른 태도를 갖고 고객을 응대하게 된다면, 서비스 품질은 혁신적으로

향상될 수 있다. 직원의 태도 변화로 인해 눈빛, 말투, 행동 하나하나 긍정적으로 변하게 된다면 고객이 느끼는 주관적 만족감은 하루아침에도 크게 향상될 것이기 때문이다. 결국 서비스 담당 직원들의 마음에 불씨를 지펴 주는 '동기 부여'가 기업들에게 커다란 과제인 것이다.

아무리 고도로 기술이 발전하고 자동화가 되어도 기계가 못 하는 것을 하는 사람들은 살아남는다. 고객서비스 또한 마찬가지다. 감성을 자극하는 것, 따뜻한 감동은 사람이 사람에게만 할 수 있다. 그러기 위해 매뉴얼을 강조하기보단 직원에게 진심 어린 서비스를 할 수 있도록 동기부여를 잘하는 기업이 살아남을 것이다.

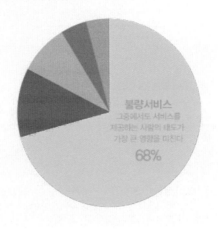

고객을 잃는 6가지 이유

- ■ 제품에 문제가 발생하거나 불만이 생겨서 **14%**
- ■ 경쟁자에게 고객을 빼앗기는 것 **9%**
- ■ 고객의 취향 및 기호의 변화 **5%**
- ■ 고객의 사망 또는 타지역으로 이동 **4%**

불량서비스
그중에서도 서비스를
제공하는 사람의 태도가
가장 큰 영향을 미친다

68%

©송재순, 「고객이탈, 물통에 뚫린 구멍을 메워라」, 헬스조선 칼럼

미국의 한 컨설팅업체의 '고객을 왜 잃게 될까?' 라는 설문조사 결과를 보면 고객이탈원인으로 제품에 대한 불만이나 문제 14%, 경쟁 업체로 이탈 9%, 취향의 변화 5%, 고객의 이사나 사망 4% 에 비해, 대다수 68% 의 이유는 서비스에 대한 불만 특히 서비스를 제공하는 사람의 태도가 가장 큰 영향을 미치는 것으로 나타났다. 고객만족을 위해선 시스템이나 제도 시설의 개선보다 더 중요한 것이 바로 서비스 담당 직원의 태도라는 의미이다.

또 다른 측면에서 '동기부여 CS 교육'이 필요한 이유를 보겠다. 내부 마케팅이 고객지향성에 미치는 영향을 연구한 논문에 따르면 "내부 종업원의 자발적인 관계성에 의한 관심도가 증가되어야만 외부 마케팅의 성과도 향상된다는 연구 결과가 다양하게 제시되고 있는 추세"라 한다. 이 논문에선 특히 서비스 기업의 경우 고객지향성 성과는 직원들의 직무만족, 조직몰입과 아주 밀접한 관련이 있다 밝히고 있다. 내부직원만족이 외부고객만족에 결정적인 영향을 미친다는 의미이다. 즉 서비스 담당자들의 동기부여와 그들의 만족도 향상을 통해 고객만족서비스를 향상시킬 수 있다는 것이다. 친절 봉사 서비스 정신 만을 강요하는 구시대적 CS 교육으로는 직원들의 동기부여나 만족도를 향상시킬 수 없다. 고객을 감동시키기 위해서는 우선 내부 직원에게 커다란 감동을 줘야 한다.

CS 강사는 어떻게 하면 직원이 더 좋은 서비스를 제공하도록 동기부여 할 수 있을지, 어떻게 하면 교육을 통해 직원에게 만족감을 줄지 내부고객만족 를 고민해 봐야 한다. 기업이 직원들에게 잔소리를 위해 교육을 하는 것이 아니라, 직원들의 고충을 나누고 격려를 위해 교육하는 것이라는 느낌을 받도록 해야 한다. 물론 한 번의 교육만으로는 드라마

틱한 변화를 기대하긴 어렵다. 그러나 이러한 내부고객 만족에 대한 인식을 전제로 한 CS 강의와 그렇지 않은 CS 강의에는 확실한 차이가 나타날 것이다. 내부고객 만족이라는 개념은 하루아침에 소개된 내용은 아니지만, 이러한 근무 환경 변화가 나타나는 지금, 교육에 즉시 반영하고 강조하여야 할 것이다.

실제로 많은 교육 담당자들과 이야기를 나누다 보면 "요즘 직원들은 아무리 서비스에 대해 아무리 강조해도 직원들이 잘 받아들이지 못한다. 직원들이 잘할 수 있게 해 달라." 소위 말해 "우리 직원들 군기 좀 잡아 주세요." 하는 요청들을 종종 받는다. 내부고객만족의 개념이 전혀 없이 외부고객 만족을 높인다는 것은 자동차에 주유를 전혀 하지 않고 더 빠르게 잘 달리기를 바라는 마음과 같다. 교육 담당자들의 요구를 무조건 반영해 직원들에게 친절을 강요한 교육을 하다 보면 교육의 역효과가 나는 경우가 있다. 실제로 많은 강사들이 이런 딜레마에 빠지곤 한다. 그러나, 더 이상 이런 '친절 강요 서비스' 교육만으로는 그 한계에 다다를 것이다.

직원들에게 고객만족서비스란 것이 왜 필요한지, 본인들이 그러한 것들을 통해 무엇을 얻을 수 있는지 또는 감정 노동 종사자로서의 고충을 공감하기 위한 교육이 앞으로 더욱 필요하게 될 것이다. 고객만을 위해 필요한 서비스가 아닌, 내가 행복하게 일하고, 즐거운 인생을 살기 위해 "나를 위해 고객만족서비스"가 필요하다는 관점의 전환을 담은 교육이나, 조직 로열티 교육, 리프레쉬 교육도 좋을 것이다.

결국 이러한 간접 교육의 방법을 통해 서비스 종사자들이 스스로 마음에서 우러나는 동기부여 하게 하고, 이를 통해 진정한 고객만족을 창출할 수 있을 것이다. "고객에게 친절하게 눈을 마주치고 웃어라"고

가르치는 직접 교육이 아닌, 직원을 웃게 만들어 주는 교육 즉 간접교육이 트렌드가 될 것이다. 과거엔 고객만족서비스교육 하면 직접적인 〈친절 교육〉이 우선이었다면, 이제는 〈감정노동자의 감정관리〉, 〈동기부여〉, 〈조직 애사심〉, 〈소통 교육〉 등의 간접교육을 통해 직원들의 마음에 긍정적인 마음이라는 토대를 일궈 놓고 그들이 스스로 깨달을 수 있도록 퍼실리테이터 역할을 해 주는 〈동기부여 서비스 교육〉이 필요할 것이다.

09
CS 강의 분야의 전망

CS 교육은 이제 옷을 갈아입어야 한다.

　CS 강의 트렌드를 이해하려면 우선 CS 분야의 트렌드와 환경 변화를 알아야 한다. 앞으로 CS 강의 분야의 전망은 CS 분야의 환경 변화와 그 흐름을 함께하며 계속해서 변화될 것이기 때문이다. 지금까지 이 책에서 CS 분야의 트렌드를 크게 2가지로 소개했다.

　첫 번째는 조금은 먼 미래를 미리 대비하는 '하이터치 서비스'이다. 4차 산업혁명과 기술 발전으로 등장한 무인 서비스, 언택트 서비스, 로봇 서비스의 영향으로 고객 접점 서비스 현장의 수가 줄어들고 있다. 그리고 남아 있는 고객서비스의 모습도 달라지게 될 것이다. 고객은 사람이 빠진 언택트 서비스에서 편리함과 동시에 무언가 허전함을 느낀다. 사람의 마음을 움직이는 것은 사람이 사람에게만 할 수 있는 것이기 때문이다. 고객은 앞으로, 로봇 서비스에서는 경험할 수 없는 단순한 편리성 그 이상의 심리적 편익을 기대하게 될 것이다. 그러한 고객의 니즈를 충족시켜 주는 것이 바로 '하이터치 감성 서비스'이다.

　미래학자들은 앞으로 '하이터치의 시대가 올 것이다.'고 예측했다. 이러한 트렌드는 CS 분야에도 마찬가지로 적용될 것이다. CS 분야의 트렌드인 '하이터치'를 반영한 CS 강의가 필요하다. 그러한 CS 강의의 예시로 '감성 서비스 교육', '동기부여 CS 교육', '밀레니얼 고객 만족 CS 교육', '감성 지능 CS 교육'이 CS 강의 분야의 트렌드가 될 것이라고 앞에서 소개했다.

두 번째 트렌드는 지금 당장 현재의 트렌드인 감정노동보호이다. 감정노동보호법의 시행과 고객응대근로자의 권익 보호에 대한 사회적인 관심 증가 및 "갑질고객은 더 이상 왕이 아니다."는 패러다임의 전환으로 서비스 종사자들에 대한 생각 또한 달라졌다. 고객서비스 트렌드가 변한다면 CS 강의도 완전히 변해야 한다. 고객을 왕처럼 떠받드는 무조건적 친절 봉사 서비스라는 옷을 벗고, 새로운 시대에 맞는 새로운 옷을 갈아입어야 할 때이다. CS 강사는 이 새로운 옷의 특성과 모양을 빠르게 파악하고 자신에게 맞는 새 옷을 찾아야 한다.

세상이 변하고 아무리 기술이 발전해도 변하지 않는 것이 있다. 고객만족서비스의 본질은 결국 고객과의 마음과 마음이 닿는 교감과 유대감이라는 것이다. 고객과의 교감과 유대감 그리고 고객의 마음을 움직이는 '감성 서비스'는 그 뿌리가 크게 다르지 않다. 4차산업혁명과 기술의 발전으로 서비스에 많은 변화가 일어나고 있지만 여전히 변하지 않는 것은 고객만족서비스를 위해 고객을 이해하고 고객에게 공감하려는 기본에서 출발한다는 것은 변함없다.

강사는 CS 분야의 환경 변화와 트렌드를 읽되, 이러한 CS의 본질을 꿰뚫고 이를 반영한 강의를 준비해야 할 것이다. 강사는 CS 강의에서 무엇을 강조해야 하고 무엇을 핵심 모듈로 구성해야 하는지 무엇을 바꿔야 하는지 고민해야 한다. 지금까지 늘 해오던 강의 방식 그대로 남들이 입는 비슷한 기성복 같은 강의가 아닌, 매 강의마다 늘 새로운 옷을 갈아입는 CS 강의가 필요한 때이다.

📖 참고 문헌

- 김난도, 『트렌드 코리아 2019』, 미래의 창, 2018
- 수린, 『감성지능 3.0』, 예문, 2012
- 존 나이스비트, 『메가트렌드』, 문헌각, 1983
- 존 나이비스트, 『하이테크 하이터치』, 한국경제신문사, 2000
- 다니엘 핑크, 『A Whole New Mind(새로운 미래가 온다)』, 한국경제신문사, 2012
- 필립 코틀러, 『마켓 4.0』, 한국경제신문사, 2017
- 윤정근, 이영구, 『내부마케팅 요인과 직무만족, 조직몰입의 관계가 고객지향성에 미치는 영향』, DBpia 기업경영리뷰, 2012
- 송재순, 『고객이탈, 물통에 뚫린 구멍을 메워라』, 헬스조선 칼럼
- 국가법령센터(www.law.go.kr)
- 네이버지식백과(terms.naver.com)
- 산업통상자원부(www.motie.go.kr)
- NH투자증권(www.nhqv.com)
- SM C&C 셀프 서베이 플랫폼 틸리언 프로 (https://pro.tillionpanel.com)
- 한국생산성본부(www.kpc.or.kr)
- 엑스퍼트컨설팅(www.exc.co.kr)
- 국제로봇연맹(https://ifr.org/)
- 산업연구원(www.kiet.re.kr)
- 안전보건공단(www.kosha.or.kr)
- 헬스조선(www.health.chosun.com)
- DB pia(www.dbpia.co.kr)

이명길 ─────────────────────

- 미팅파티브라더스 대표
- 사이다연애상담소 소장
- 전)결혼정보호사 듀오 수석 연애코치
- 2013 한국고용정보원 직업사전 연애코치 등록
- 2016 오마이스쿨 TOP 5 강좌 선정
- 『연애FEEL살기』, 『연애공작소』, 『썸과 연애사이』 등 10권 집필

연애

LOVE

스마트폰 만큼 똑똑하지 않은 연애,
연애도 배우는 시대

MICE
IN
CRISIS

01

빠르게 변하는 트렌드

기술이 발전할수록 트렌드는 더 빨리 변한다. 아이폰이 대한민국에 처음 들어온 게 2009년이다. 2000년대 중반까지만 해도 사람들이 걸어 다니며 인터넷을 하고, 전화기로 은행 업무를 보는 시대가 이렇게 빨리 올 것을 예상한 사람은 많지 않았다.

거창하게 IT를 말하지 않더라도, 트렌드가 엄청 빠르게 변한다는 것을 우리는 이미 느끼고 있다. 가요 트렌드도 많이 변했다. 예전에는 5주 연속 1위를 하는 노래들이 많았다. 신승훈, 김건모 같은 가수의 노래들은 가요프로그램에서 무려 10주 넘게 1위를 하곤 했다. 라디오에 신청곡을 보내고 친구의 워크맨을 빌려 듣던, 그렇게 원하는 노래를 원할 때 듣지 못했던 시절에는 음악의 생명력도 그만큼 길었다. 지금은 언제 어디서나 듣고 싶은 음악을 마음껏 들을 수 있다. 원하면 언제든지 들을 수 있어서일까? 아무리 좋은 노래도 차트 1위에서 7일을 버티기 힘들다.

음식 트렌드도 빠르게 변한다. 한때 '슈니발렌'이라는 과자가 크게 유행했다. 독일 로텐부르크 지방의 전통 과자로, 정작 '맛'보다는 '먹는 방법' 때문에 화제였다. 이 과자를 먹기 위해서는 마치 토르처럼 망치를 휘둘러 깨 먹어야 했는데, 신기하게도 사람들이 그 고된? 방법에 열광했다. 과자를 사기 위해 백화점에 줄을 섰으며, 심지어 3,500원짜리 과자를 깨 먹기 위해 무려 3만 원짜리 슈니발렌 전용 망치까지 사는 사람들이 생겨났다. 트렌드는 새로운 트렌드에 묻히는 법. 얼마 지나지 않아 '가성비'를 따지는 트렌드가 생겨나며 이 과자의 인기도 곧 식었다. 방송 프로그램의 영향을 받은 경우지만, 한때 크게 유행했던 '대왕 카스테라'나 '벌집 아이스크림' 역시 반짝 유행했던 아이템들이다.

놀이 트렌드도 빠르게 변한다. 막상 뽑아도 딱히 쓸데도 없는 인형 뽑기에 사람들이 열광했던 적이 있다. 아이 어른 할 것 없이 모두 인형을 뽑겠다고 줄을 섰고, TV 프로그램에도 인형 뽑기 고수들이 자주 등장했다. 무한도전에까지 등장하며 인기를 끌던 인형 뽑기였지만, 지금은 인형 뽑기에 열광하는 사람들을 보는 건 어렵다.

빠르게 변하는 트렌드 속에서 '연애'는 어떨까? 답은 TV를 보면 알수 있다. 1990년대 중반, 사랑의 스튜디오라는 일반인 소개팅 프로그램이 있었다. 주말 아침 방송이었는데 일반인 훈남 훈녀가 TV에 나와 '사랑의 작대기'를 통해 공개 소개팅을 하는 방식이다. 당시 시청률이 무려 20%를 넘었던 것은 물론 현재는 톱스타가 된 배우 박성웅 당시 28세, 액션스쿨 1기로 출연 이나, 이보영 당시 22세, 서울여대 국어국문학과로 출연 등도 이 방송에 출연했었다. 시간이 흘러 사랑의 스튜디오는 끝났지만, 그 자리를 '짝'이라는 프로그램이 넘겨받았다. 애정촌에 입소하여 이름 대신 남자 3호, 여자 2호로 불리는 솔로들의 모습은 사람들에게 큰 관심을 끌었고, 그들이 도시락 선택을 통해 밥 먹을 사람을 정하는 모습을 사람들은 두근두근하며 지켜봤다. 이후에도 연애 프로그램은 계속되고 있다. '두근두근 로맨스 30일', '선다방', '하트 시그널', '썸바이벌', '호구의 연애' 등 사랑의 스튜디오가 끝난 지 20년이 더 지났지만, 연애 프로그램은 여전히 저녁 황금시간대 방송으로 편성돼 시청자들과 만나고 있다.

청춘들이 연애·결혼·출산을 포기한다는 시대지만, 대중가요는 '사랑'과 '이별'을 노래하며, 방송사들은 경쟁하듯 연애 프로그램을 만든다. 그 이유가 뭘까? 답은 간단하다. 여전히 사람들이 연애에 많은 관심이 있으며, 그것을 위해 기꺼이 돈과 시간을 소비하기 때문이다.

02

변하지 않는 트렌드
'연애'

"연애가 트렌드다."라고 말하면 "에이, 연애가 무슨 트렌드야?"라고 반문하는 사람도 있다. 뭔가 트렌드라고 하면 BTS 방탄소년단 처럼 최신 유행하는 것들이 떠올라야 하는데, 연애는 예나 지금이나 사람들이 늘 해오던 것이라 그게 과연 트렌드일까? 싶을 수 있다.

최근 사회적 분위기도 사람들이 연애와 결혼에 우호적이지 않은 것처럼 보인다. 삼포세대와 N포세대라는 표현조차 식상해진 요즘이다. 한국보건사회연구원이 2019년 발간한 보고서를 보면, 미혼남녀 중 결혼을 반드시 해야 한다는 의견은 고작 '남성 14.1%', '여성 6%'에 불과했다. '미혼'이란 단어를 사용하면 시대에 뒤떨어진 사람이고, 대신 '비혼'이란 표현을 사용하는 시대다. 심지어 결혼 후 출산을 포기하는 커플이 늘고 있고, 이들에 대한 사회적 시선 역시 더 부정적이지만은 않다. 주위를 보면 '딩크족' Double Income, No kid, 부부가 맞벌이하지만 아이는 갖지 않는 새로운 형태의 가족 형태 한두 커플 정도는 흔히 볼 수 있다. 그러나 트렌드가 언제나 '최신'만을 의미하는 것은 아니다. 'Trend'는 우리말로 '동향'을 뜻하며, '동향'의 사전적 뜻은 '사람들의 사고, 사상, 활동이나 일의 형세따위가 움직여 가는 방향'이다. 쉽게 말해서 많은 사람들이 좋아하고

하는 것이 곧 트렌드인 것이다. 이런 의미에서 '연애'는 예나 지금이나
많은 사람이 관심을 두고 있는 트렌드다.

순위	앱	회사	본사
1	KakaoTalk	Kakao Corp	한국
2	NoonDate	Mozzet	한국
3	Amanda	Nextmatch	한국
4	LINE PLAY	LINE	일본
5	Lezhin Comics	Lezhin	한국
6	Azar	Hyperconnect	한국
7	Angtalk	Sung Hyun Kim	한국
8	BIGO LIVE	BIGO	싱가포르
9	Dangyeonsi	BNK Lab	한국
10	I-UM	I-UM SOCIUS	한국

참고:
- 2012년 1월부터 2018년 8월까지 실행된 Google Play 소비자 지출 기준
- 기본 설치 앱 소비자 지출은 분석에서 제외
- 회사는 해당 앱의 현재 소유주 기준. 해당 앱의 과거 소유주는 제외.

©App Annie

사람들이 기꺼이 지갑을 열게 만드는 것, 그것이 바로 '트렌드'다. 그리고 연애는 사람들의 지갑을 열게 만든다. 세계 최대 모바일 앱 인텔리전스 플랫폼 앱애니 App Annie 가 안드로이드 출시 10주년을 맞이해 보고서를 발간했다. 이 보고서를 보면 국내에서 소비자들이 돈을 가장 많이 지출한 앱 1위는 '카카오톡'이었다. 카톡이야 모두가 사용하는 국민 앱이니 그렇다 치더라도, 2위가 '눈 데이트', 3위가 '아만다'라는 데이팅 앱인 사실은 다소 의외다. 실제로 우리나라 사람들이 돈을 가장 많이 쓴 앱 Top 10위 안에 소위 '데이팅 앱'이 5개나 들어 있다. 마찬가지로 앱 시장조사업체 와이즈앱의 2018년 상반기 국내 구글플레이 비게임 부문 매출 순위 결과에서도 1위 카카오톡 를 제외한 2위부터 5위까지가 모두 데이팅 앱 차지였다.

흥미로운 사실은 사람들이 데이팅 앱에 이렇게 많은 돈을 쓰던 때에 사회적으로 삼포세대 연애·결혼·출산을 포기한 세대 라는 단어가 유행하고 있었던 사실이다. 솔로 이코노미 1인 가구를 겨냥한 상품을 판매하는 현상 라는 단어까지 만들어졌고, 혼밥족, 혼술족을 겨냥한 마케팅이 활발해졌다. 이에 TV에서도 이런 싱글들을 대상으로 한 방송 등이 인기를 끌었다. 각자 다른 이유로 혼술을 하는 공시생들과 노량진 강사들의 이야기를 다룬 '혼술남녀', 20대 청춘 다섯 명의 셰어하우스 이야기를 다룬 '청춘시대'는 물론 '나 혼자 산다'나 노총각들의 삶을 어머님들과 관찰하는 '미운우리새끼' 등이 있다.

그러나 삼포세대가 생겨나고, 혼밥, 혼술족이 당연하게 보이는 시대가 됐지만 사람들은 여전히 연애를 포기하지 않았다. 네이버 지도에서 결혼정보회사를 검색하면 2,432건이 검색되며 2019년 7월 1일 기준 , 170여

개의 데이팅 앱이 회원을 모으고 있다. 중앙일보 기사에 따르면 "국내엔 아만다를 비롯해 총 170여 개의 데이팅 앱들이 2,000억 원 규모의 시장을 놓고 경쟁 중이다. 국내 데이팅 앱 시장은 2~3년 내 5,000억 원대로 성장할 것이란 전망이다. 글로벌 1위 데이팅 앱인 틴더의 지난해 매출은 9,000억 원에 달한다."라고 한다.

사실 데이팅 앱의 이런 유행은 대한민국뿐 아니라 전 세계에서 이미 시작됐다. 업계에 따르면 "지난해 2018년 기준 iOS 및 구글플레이 합산 상위 5개 데이팅 앱의 전 세계 소비자 지출이 전년 대비 2배나 증가했다."라고 한다. 2012년 서비스를 시작한 틴더 Tinder 의 매치 그룹은 연 매출만 4조 5,000억, 시가 총액은 무려 14조 원을 기록 중이다. 게임을 제외한 앱 중 넷플릭스에 이어 글로벌 매출 2위며, 2015년 한국에도 진출한 바 있다.

단언컨대 연애는 변하지 않는 트렌드며, 학생들에게도 직장인에게도 늘 통하는 트렌디한 강의주제다.

03

강의 수요의 증가

걸어 다니며 인터넷을 사용할 수 있는 시대지만, 사람들의 고민은 크게 4가지를 벗어나지 않는다. 바로 인간관계 연애, 사회생활, 돈, 건강, 미래 취업, 꿈 이다. 그중 청춘들이 가장 많이 하는 고민은 단연 연애다. 한국일보가 2017년 고려대, 동국대, 성균관대, 숭실대, 아주대, 연세대 등 12개 대학의 대나무 숲 익명게시판 을 크롤링 Crawling 해 9,832건의 글을 분석한 결과, 걱정 및 스트레스 관련 사연 913건 중 연애, 학교생활 고민이 1, 2위로 나타났다. 학업과 진로 관련 고민은 9위에 그쳤다.

시대가 변했어도 청춘들이 가장 고민하는 문제 1, 2위는 '취업'과 '연애'다. 그래서 많은 학교에서 매 학기 연애특강과 취업특강이 진행되고 있다. 아예 특강을 넘어 아예 정규 수업으로 연애를 다루는 대학들도 생겨나고 있다. 인하대학교에는 '행복한 남과 여'라는 교양수업이 있다. 수강 인원만 400명이 넘는 인기 강좌로 시인, 변호사, 의사, 기업인, 심리학자, 성교육 전문가, 연애코치 등 여러 분야의 전문가들을 초청하여 다양한 시각에서 남녀의 차이는 물론 서로가 행복하게 함께 하기 위해서는 어떻게 해야 하는지 듣는 강좌다.

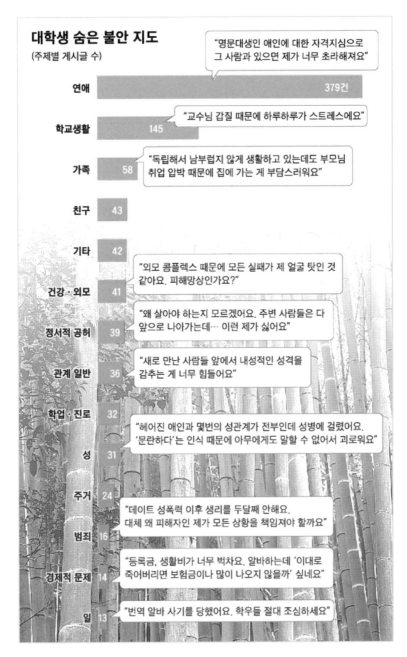

대학생 숨은 불안 지도
(주제별 게시글 수)

주제	게시글 수
연애	379건
학교생활	145
가족	58
친구	43
기타	42
건강·외모	41
정서적 공허	39
관계 일반	36
학업·진로	32
성	31
주거	24
범죄	16
경제적 문제	14
일	13

"명문대생인 애인에 대한 자격지심으로 그 사람과 있으면 제가 너무 초라해져요"

"교수님 갑질 때문에 하루하루가 스트레스에요"

"독립해서 남부럽지 않게 생활하고 있는데도 부모님 취업 압박 때문에 집에 가는 게 부담스러워요"

"외모 콤플렉스 때문에 모든 실패가 제 얼굴 탓인 것 같아요. 피해망상인가요?"

"왜 살아야 하는지 모르겠어요. 주변 사람들은 다 앞으로 나아가는데… 이런 제가 싫어요"

"새로 만난 사람들 앞에서 내성적인 성격을 감추는 게 너무 힘들어요"

"헤어진 애인과 몇번의 성관계가 전부인데 성병에 걸렸어요. '문란하다'는 인식 때문에 아무에게도 말할 수 없어서 괴로워요"

"데이트 성폭력 이후 생리를 두달째 안해요. 대체 왜 피해자인 제가 모든 상황을 책임져야 할까요"

"등록금, 생활비가 너무 벅차요. 알바하는데 '이대로 죽어버리면 보험금이나 많이 나오지 않을까' 싶네요"

"번역 알바 사기를 당했어요. 학우들 절대 조심하세요"

대학생 고민 1순위는 취업? 주변관계를 더 걱정했다 ©한국일보. 2017년 10월 12일자

이명길 연애코치의 연애특강

 동국대학교에는 '결혼과 수업'이라는 과목이 있다. CC Campus Couple 가 되면 A+를 받는다는 전설과 함께 수강 마감 신청에 걸리는 시간이 3초 밖에 안 된다고 한다. 연서복 연애에 서툰 복학생 과 헌내기 새내기의 반대말 가 모 두 모이는 이 수업에서는 모든 수강생이 앞으로 나와 자기소개를 한 후 마음에 드는 이성에게 '사랑의 작대기'를 날려야 한다. 이때 서로가 서로 에게 사랑의 작대기를 날린 경우에는 '집까지 바래다주기', '함께 밥 먹 기' 등과 같은 미션이 주어지기도 한다. 학생들은 이 수업을 통해 한국 사회에서의 남성과 여성의 젠더롤 Gender role 과 연애의 패턴 등을 배우게 되며, 이성에 대한 상식은 물론 자기 자신에 대해 배우게 된다.

2016 오마이스쿨 강좌 TOP 5에 연애특강이 선정 ©오마이스쿨

기업도 마찬가지다. 매번 업무교육만 할 수는 없는 법이다. 빡빡한 교육 일정 속에서 쉬어가는 교양강좌로 재미있는 강의를 원하는데, 이 때 인기를 끄는 분야가 바로 남녀노소 누구나 공감하고 재미있게 들을 수 있는 '연애 및 남녀관계 소통'과 관련된 연애특강이다. 또 다른 관점 으로는 기업들이 가장 신경 쓰는 것 중 하나가 바로 '이직률'이다. 평생 직장 개념이 사라진 요즘이다. 과거에는 직장은 자주 옮기면 조직 부적 응자 소리를 듣기 십상이었으나, 요즘은 한 회사에서 너무 오래 일하면 능력이 없어 보인다. 오히려 적당히 이직하며 연봉과 커리어를 높이는 것이 더 능력 있어 보이는 시대다. 그렇기 때문에 회사에서는 어떻게 하면 한참 일할 나이의 직원들이 안정감을 가지고 열심히 일하게 할 것 인지를 고민한다.

미팅파티 브라더스 싱글파티 중 연애특강

그 방법의 하나가 연애와 결혼이다. 연애를 하면 생활에 활력이 생기고 그만큼 업무효율도 좋아진다. 또 30대 싱글 직장인들이 연애하면 결혼을 할 확률도 그만큼 높아지는데, 결혼 후에는 회사에 대한 마음가짐도 달라지고 충동적인 이직 등을 할 가능성이 줄어든다. 그래서 앞서가는 기업들은 아예 싱글 직원들의 복지 차원에서 미팅파티를 만들어주기도 한다. 직원으로서는 일상의 활력도 얻고 마음에 드는 이성을 만날 기회가 생기며, 회사 차원에서는 큰 비용을 들이지 않고 이색복지도 제공하고, 회사에 대한 애사심도 높일 수 있기 때문이다. 이런 행사에서도 인기 있는 프로그램 중 하나가 바로 '연애특강'이다.

그리고 강사에게 중요한 것 하나, 연애와 관련된 강의를 하는 사람이 상대적으로 많지 않기에 그 희소성으로 인해 강사비가 괜찮은 편이다.

04

신직업 '연애코치'의 등장

그리고 마침내 이런 연애 트렌드는 '연애코치'라는 직업마저 만들어냈다. "아니 연애에 무슨 코치가 필요해?"라고 생각할 수 있지만, 실제 존재하는 직업이다. 그것도 고용노동부가 만든 직업 사전에 정식으로 등록까지 된 직업이다.

맞선 트렌드가 '커플매니저'를 탄생시켰고, 바쁜 현대인들의 결혼준비를 도와주는 '웨딩플래너'가 나타났듯, 카톡과 SNS로 대변되는 비대면 연애 트렌드 시대에 사람들의 고민을 함께해주는 '연애코치'가 등장한 것이다.

연애코치가 무슨 일을 하는지 사전에 나온 설명을 살펴봤다. 연애코치는 "이성 교제에 어려움을 겪는 사람들을 대상으로 이성 교제 방법 등에 대해 상담하고 강의하는 사람"이다. 또한, 연애코치는 남녀의 심리, 생물학적 특성, 이성 교제 사례, 사회적 변화요인, 연애 및 결혼 관련 통계 등을 수집·분석하며, 이를 통

해 이성 교제에 어려움을 겪는 상담고객과 대화하며 해결책을 함께 고민한다. 때로는 연애특강, 칼럼 및 저술, 방송 프로그램 등의 활동을 통해 대중을 상대로 하기도 한다.

TV 프로그램에도 많이 등장한 직업이지만, 연애코치가 2013년 한국고용정보원이 발간한 직업 사전에 정식 직업으로 등록된 '신직업'이란 사실을 아는 사람은 많지 않다. 그리고 이런 연애코치는 대학과 기업에서 연애특강을 하며, 그 수요에 비해 공신력 있는 경력을 갖춘 연애코치가 많지 않기에 강연비용이 꽤 높은 편이다.

연애특강은 주제 자체가 주는 '재미'가 있기에 남녀노소 모두에게 인기가 있는 강좌다. 대학생이나 싱글 직장인들에게는 '소개팅을 잘하는 팁', '썸', '밀당' 등의 주제가 인기가 좋다. 연애 중이거나 기혼인 사람들은 '커플 싸움 잘하는 방법', '권태기를 극복하는 법' 등의 내용을 좋아한다. 부모님들은 '자녀의 결혼전략' 등의 주제를 선호하며, 초등학생이나 중학생들도 '이성에게 매력적인 사람으로 보이는 법' 등의 주제를 다루면 호기심 있게 듣는다.

연애코치의 주 수입원은 소속이 있는 경우 연봉, 책을 쓰는 경우 인세, 인터넷 강좌의 경우 영상 매출에 따른 수입, 기업 및 대학에서의 강연료, 연애상담 등을 통한 상담료 등으로 이루어진다. 수익은 개인의 능력에 따라 차이가 크지만, 인기 연애코치의 경우 강사료로 1시간에 200만 원 이상을 받기도 하며, 카카오톡을 통한 연애상담으로 1시간에 10만 원 이상을 받는 등 연간 억대 수입을 넘기기도 한다.

05

2020 연애 키워드 '효율성'

2020년 대한민국 연애의 트렌드는 무엇일까? 바로 '효율성'이다. 기술의 발전은 연애에도 많은 영향을 미쳤다. 그것을 대표적으로 나타내는 단어가 바로 '썸'이다. 오픈 사전에 따르면 썸은 "사귀기 전의 미묘한 관계", "남녀가 서로 밀고 당기며 교제 여부를 판단하는 행위"를 뜻한다. 쉽게 설명하면, 온라인 쇼핑을 할 때 당장 살 것은 아니지만 혹시 모르니 일단 '장바구니'에 담는 행위인 것이다. 재미있는 사실은 이 '썸'이란 단어가 스마트폰이 들어오기 이전까지는 지금처럼 사용되지 않았다는 것이다.

과거에도 어장관리 사귈 마음은 없지만, 버리고 싶지는 않아 후보로 올려놓은 이성들 같은 표현은 존재했지만, 어장관리와 썸은 크게 다른 점이 있다. 어장관리는 남자보다는 여자들에게 좀 더 유리한 단어였다. 스마트폰도 없고, SNS도 발달하지 않았던 시절에는 누군가의 마음을 얻기 위해서 '돈과 시간 그리고 노력'이 필요했다. 특히 남자의 경우에는 좋아하는 이성이 생기면 며칠 혹은 몇 개월 동안 그녀의 마음을 확인하기 위해 자원과 시간을 쏟아붓는 노력이 필요했다. 반면 여자의 어장관리는 남자에 비해 적어도 자원적인 부분에서 이런 노력이 상대적으로 덜했다. 그러나 스마트폰이 등장하고, SNS 사용이 대중화되면서 이제 남자들은 여자의 마음을 얻기 위해 과거처럼 많은 시간과 돈을 들일 필요가 사라졌다. 예전에는 민정, 희진, 수미 중에 누가 나에게 관심이 더 많은지 확인하기 위해서 한 명 한 명씩 따라다니며 오프라인에서 확인해야 했지만, 이제는 카톡을 통해 10초면 관심을 전달할 수 있다. 물론 '숫자 1'이 지워지느냐 안 지워지느냐를 통해 확인도 빠르게 할 수 있다.

비효율적 연애를 효율적으로 하는 시대

연애는 원래 비효율적이다. 그러나 이제 남자들은 그런 연애를 효율적으로 하려고 한다. 나와 만날지 아닐 것인지 모르는 여성의 마음을 확인하기 위해 많은 에너지와 자원을 투자하려 하지 않는다. 대신 그 에너지를 배분하여 여러 사람의 마음을 떠본 후 가장 가능성이 큰 사람을 찾아내 다가가는 것이 연애 가능성을 높인다는 것을 알게 됐다. 이렇듯 남자가 효율성을 추구하면서 여자도 효율성을 추구하게 됐다. 더는 남자들이 적극적으로 다가오지 않는다는 것을 깨닫게 됐고, 본인이 움직여야 좀 더 괜찮은 남자를 만날 수 있다는 것을 알아가고 있다.

이제는 주변에 소개팅을 시켜달라고 조르거나, 소개팅을 주선 받는 대신 친구에게 비싼 술을 사야 할 필요도 없고, 학교나 동아리, 교회 등을 기웃거리며 이성을 만나려고 노력하는 수고도 사라졌다. 심지어 20대나 30대뿐 아니라 50대 60대도 스마트폰 어플을 통해 모르는 이성과 데이트를 하는 시대다.

사귀는 관계에서도 '효율성'을 추구하는 현상이 더 늘어날 것이다. 서울대 트렌드 분석센터가 기혼자 1,070명을 대상으로 '가장 소중한 것'

을 물었더니 53.9%가 '배우자', '자녀'가 아닌 '나'라고 답했다. 이런 현상은 기혼자를 넘어 연애 중인 커플들에게도 점차 확산될 것이다. 사랑이 있다면 어떤 상황에서도 서로 행복할 수 있다고 믿는 커플들은 빠르게 사라질 것이고, 일단 내 삶이 먼저 행복하고 내가 잘살아야 연애도 할 수 있다고 믿는 싱글들이 많아질 것이다.

세상이 발전하게 되면서 사람들이 연애의 효율성을 추구하기 시작했고, 2020년에는 그런 경향이 더 보편화 될 것이다. 아이러니하게도 연애의 효율성을 추구하는 사람들이 많아지면 연애는 지금보다 더 복잡해질 것이고, 그런 문제를 효율적으로 해결하기 위해 연애강의를 듣거나 상담을 받는 사람들이 늘어날 것이다.

06

2020 연애강의 트렌드

이전까지는 강사가 청중보다 더 많이 공부했거나, 경험이 많은 경우가 많았다. 강사는 자신이 알고 있는 것을 잘 전달하면 끝이었고, 청중도 강사가 말하는 것을 쉽게 의심?하지 않고 사실로 받아들이는 편이었다. 그러나 이제 스마트폰 시대가 도래하면서 강사가 단순히 지식이나 정보만 전달하는 시대는 끝났다.

단도직입적으로 말하면 요즘은 청중들이 강사보다 똑똑하다. 힘들게 공부해서 배웠는데 무슨 소리인가 싶겠지만, 이제 청중은 강사가 말하는 지식이나 정보를 앉은 자리에서 스마트폰으로 구글링 몇 번이면 검증할 수 있다. 나 혼자 책으로 배운 지식으로는 아무리 해도 유튜브를 이길 수 없고, 현장에서 알게 된 자기만의 정보는 인터넷의 정보력을 따라갈 수 없다. 예전에야 강사가 잘못된 정보를 말해도 청중들이 확인할 길이 없어 그냥 넘어가곤 했지만, 지금은 현장에서 바로 팩트 폭격을 당하는 시대다. 소위 '팩트체크'로 불리는 이런 행동은 스마트폰을 제3의 몸으로 생각하는 요즘 세대에게는 너무나 자연스러운 일이됐다.

이제 청중들은 단순히 학력이 높거나, 정보가 많은 강사보다 알고 있는 지식을 사람들이 공감하며 재미있게 잘 전달하는 강사의 강의를 듣고 싶어 한다. 현재 대한민국에서 가장 성공한 강사를 꼽으라면 많은 사람이 설민석 한국사 강사를 꼽는다. 국어, 영어, 수학도 아닌 어찌 보면 수능에서 비중도 상대적으로 적은 역사 강의에 왜 사람들이 열광하는 것일까? 대한민국의 수많은 강사 중에서 설민석이 자타공인 최고의 강사가 된 것은 그가 역사를 가장 많이 알아서도 아니고, 학벌이 좋아서도 아니다. 사실 그는 대학 학부에서 역사를 전공한 사람도 아니다. 특이하게도 학부에서는 연극 영화학을 전공하고, 석사를 역사 교육학으로 받은 사람이다. 그러나 사람들은 소위 SKY 출신이라 불리는 강사들보다 설민석의 한국사 강의에 열광한다. 그의 역사 강의가 많은 사람이 하는 "역사 강의는 지루하다."라는 편견을 깰 정도로 재미있게 강의하기 때문이다. 마찬가지로 연애라는 소재를 다루려면 리액션이 좋아야 하고, 간단한 상황극 등의 연기가 가능하면 좋다.

"우리 삼귈까?" 더 복잡해지는 연애

연애가 더 복잡해지고 있다. 사귀면 사귀고 아니면 그만두는 시대에서 '썸'타는 것은 당연한 것이 됐다. 이것도 충분히 복잡한데 요즘 청소년들은 '썸'을 타고 '사귀기' 전에 '삼귄다'. "야 우리 삼귈까?"라는 표현은 썸보다는 좀 더 발전했고, 사귀기에는 아직이니 관계를 뜻한다. 이런 복잡해지는 연애를 이해할 수 있어야 꼰대 소리 듣지 않고 연애강의를 할 수 있다.

스마트폰을 활용한 비대면 강의

"질문 있습니다." 대학교 수업 중 한 남학생이 손을 들고 자리에서 일어난다. 그러나 다른 친구들은 긴급 상황처럼 강의실 밖으로 대피하고, 곧 무장경찰들과 수십 대의 경찰차, 헬기가 건물을 포위한다. 교수님께 질문한 남학생은 체포돼 조사를 받고, "완전히 멸종된 줄 알았던 것으로 알려진 질문하는 인간이 나타났다."라며 생방송에 나오고, 신문 1면에 특집으로 나온다. 2000년대 초반 야후 YAHOO 가 만든 TV 광고이다. 야후가 세상의 궁금증을 모두 해결해주기 때문에 더는 교수님께 질문할 필요가 없다는 내용의 광고다. 현재 20대라면 야후라는 브랜드조차 생소할지 모르겠지만, 구글 이전에 전 세계 인터넷 시장을 평정했던 사이트가 야후다.

야후가 그렸던 그 '질문이 멸종된 시대'가 현실이 됐다. 모든 것을 구글링과 유튜브를 통해 찾을 수 있기 때문이기도 하지만, 근본적으로 스마트폰은 모든 것을 비대면으로 바꾸고 있다.

온라인 쇼핑은 이제 당연하다. 스마트폰을 통해 클릭 몇 번만 하면 가격도 싸고 들고 무겁게 다닐 필요도 없다. 카카오택시를 이용하면 목적지나 요금 등의 이야기를 할 필요 없이 말 한마디 없이 원하는 곳에 도착할 수 있고, 차량공유 앱을 이용하면 차 주인을 만나지 않고 차를 빌릴 수 있다. 식당이나 햄버거 체인점에 가도 무인 주문 시스템이 많아 주문 시 점원과 말을 섞을 필요가 없다. 스마트폰 하나만 있으면 타인과 대화 없이 살아가는데 아무런 불편함이 없고, 원하면 SNS를 통해 글로 의사소통을 하면 된다.

학생들이 질문을 하지 않는 시대, 아무래도 강사들의 경우 아날로그와 디지털을 둘 다 경험한 세대가 더 많으므로 아직도 '대면 접촉'을 선호하는 편이지만, 스마트폰을 당연하게 사용하는 요즘 세대는 '비대면 접촉'을 훨씬 선호한다. 대부분 강사가 강의 종료 전 "혹시 뭐 궁금한 거 있으신 분?"이라며 질문을 유도하는데, 이때 손들고 질문하는 학생들이 거의 없다는 걸 자주 느낄 것이다. 특히 연애처럼 개인의 생각이나 연애상황 등이 노출될 수 있는 질문은 더더욱 그렇다.

이런 비대면 문화를 활용해서 연애특강 현장에서 가장 인기 있는 시간이 바로 '비대면 연애 즉문즉설'이다. 바로 SNS나 카카오톡 오픈 채팅 등을 통해 익명으로 실시간 연애 질문을 주고받는 시간이다. 학생들은 익명으로 질문을 보내면 강사는 현장에서 바로 그 질문에 대한 답을 한다. 현장에서 직접 경험한 바에 따르면 손을 들고 할 때보다 질문의 수가 약 10배 이상 많아진다는 것을 느낄 수 있을 것이다. 물론 학생뿐 아니라 직장인들에게도 마찬가지인 현상으로 이제 강의 현장에서도 청중이 편하게 느끼는 비대면 강의가 좋은 반응을 얻는다. 그리고 이런 강의 문화가 2020년에는 한 층 더 강화될 것으로 보인다.

연애에도 팩트와 수치의 활용이 대세

연애특강은 다른 강의보다 강사 개인의 의견이 많이 들어가는 분야다. 100% 정답이 없다 보니 강사의 경험에 의존을 많이 하게 되는데, 이 과정에서 강사 개인의 과거사만 이야기해서는 공감을 얻기 쉽지 않다. 연애를 소재로 다루는 강사들이 가장 많이 하는 실수가 "모두 그렇지 않아요? 저랑 제 주변 사람들은 다 그러는데" 식으로 강의를 하는 것이다. 개인마다 의견이 다를 수 있는 연애이기 때문에 중심을 잘 잡아야 하며, 그 방법으로 '수치'와 '통계' 등을 활용하는 방법이 있다. 특히 요즘처럼 팩트 체크를 넘어 팩트 폭격을 좋아하는 세대에게 강의할 때는 더욱 그렇다.

예를 들어 "소개팅을 하기 가자 좋은 요일은?"에 대해 답을 한다면, "모 결혼정보회사의 회원 설문조사에 따르면 소개팅하기 가장 좋은 요일로 대학생들은 금요일, 직장인들은 토요일을 꼽았다."라는 사실을 언급하며 이야기를 풀어나가면 된다. 여성 연상 남성 연하 커플이 트렌드라는 점을 설명하고 싶을 때도 "제 주변에는 여자가 나이 많은 경우 많은데?" 식으로 설명하기보다는 "2019년 3월 통계청이 발표한 2018 혼인통계에 따르면 전체 결혼하는 커플 중 동갑인 부부 15.8% 보다, 여성이 연상인 부부 17.2% 가 더 많았다."라는 팩트를 근거로 강의를 풀어나가면 된다. 또한, 사람이 첫사랑을 잊지 못하는 잊지 못하는 이유에 대해서는 심리학에서 말하는 '자이가르닉 효과 Zeigarnik effect'로 설명이 가능하다. 자이가르닉 효과란 끝내지 못한 일이 마음속에서 계속 남아 쉽게 지우지 못하는 현상을 의미한다. 단, 수치에 오류가 발생하면 수치스러울 수 있으니 강의 전에 스스로의 강의에 대한 팩트 체크는 필요하다.

양성평등이 트렌드

2020년 남녀관계에 대해 이야기를 할 때 반드시 참고해야 할 키워드는 '양성평등'이다. 최근 양성평등에 대한 사회적 감수성이 상당히 높아지는 추세기 때문이다.

여직원이 결혼하면 퇴사를 압박하는 소주 회사가 있었다. 이 같은 사실이 알려진 후 이 회사가 여성에 대한 채용과 승진, 복지 등에도 차별을 두었다는 사실이 언론을 통해 알려졌는데, 진짜 놀라운 사실은 이 회사가 이런 잘못된 관행을 유지해온 기간이 무려 60년이란 사실이다. 이에 분노한 소비자들은 불매운동에 나섰고, 회사 측은 불합리한 고용 관행을 개선하겠다고 고개를 숙였다.

기업뿐 아니라 개인 강사도 양성평등을 염두에 두어야 한다. 과거처럼 무심코 남녀와 관한 차별을 언급하면 트렌드를 못 따라가는 감수성이 부족한 강사로 찍히는 것은 물론 밥줄이 날아갈 수도 있다. 남성 강사가 대학생들에게 강의하던 중 '흡연'과 관련된 내용이 나왔다. 강사는 무심코 "나는 여자들이 담배를 피우는 것은 잘못됐다고 생각한다."라고 말했는데 이에 학생들이 강사에게 항의했고, 과에 정식으로 문제를 제기했다. 이후 강사는 그 학교에 다시는 강의를 갈 수 없었음은 물론 평판까지 안 좋아졌다.

이런 사회적 의식변화를 반영하듯 정부는 국무총리를 의장으로, 여성가족부 장관을 부의장으로 하는 양성평등위원회를 만들었으며, 양성평등을 위한 자문 및 교육, 훈련 등을 지원하고 있다. 또한, 양성평등기본법 제3장, 제1절, 제16조 성인지 예산을 확보하여 양성평등에 앞장서고 있다. 2019년 성인지 예산안 기금 운용 계획 포함 의 대상 사업은 33개 중앙관서의 장이 제출한 261개로서 예산 전체 규모는 무려 25조 6,283억에 달한다. 넘어야 할 산이 많지만, 양성평등은 단순한 트렌드를 넘어 하나의 사회규범으로 발전하는 중이다. 연애를 다루는 강사라면 양성평등은 강의 시 반드시 반영해야 할 트렌드로, 내용 중에 이에 반하는 내용이 없는지를 점검하고 말해야 할 것이다.

08

19금 농담 금지

마녀사냥이 유행하던 시절, 신동엽으로 대변되는 이른바 '섹드립'이 유행하던 때가 있었다. 성에 대해 쿨하게 이야기하는 것이 '트렌드'라고 말했던 것이 불과 몇 년 전이었는데 또다시 트렌드가 바뀌었다.

2017년 미국 할리우드의 유명 영화제작자인 허비 웨인스타인 성추행을 폭로하기 위해 유명 여자 배우들이 소셜 미디어에 #Metoo 해시태그를 다는 것으로 시작된 미투 운동이다. 이후 직장 및 조직에서의 성폭행 및 성희롱 등을 폭로하며 사회현상으로 자리 잡은 미투 운동은 2018년 서지현 검사의 용감한 폭로로 인해 대한민국에서도 큰 반향을 일으켰으며, 사회 각 분야에서 성추행에 대한 고소·고발이 잇따랐다. 이후 사회적으로 성추행, 성희롱에 대한 논의가 활발해졌다.

낯선 대중 앞에 선 강사는 어색한 강의 분위기가 자기 책임인 것 같은 느낌을 받게 된다. 이때 어색한 분위기를 깨고 재미있는 강사가 되고 싶은 욕심에 19금 농담의 유혹에 빠지기 쉬운데, 19금 농담은 대부분 여성을 대상화, 타자화하는 경우가 많으므로 따지고 보면 여성을 대상으로 한 성적인 농담이 많다.

강의를 갔는데, 강의 시작 전 그 회사의 대표가 연설하고 있었다. 자신을 깨어있는 대표라고 생각했는지 짧게 인사만 하고 내려올 생각이었나 보다. 그러면서 연설을 짧게 하겠다며 마이크에 대고 이렇게 말을 했다. "사장의 연설과 여자의 미니스커트는 짧을수록 좋다고 하죠. 저는 짧게 딱 한마디만 하겠습니다." 웃자고 하는 성희롱성 농담의 전형이다.

한 대학교수는 강연하면서 칠판에 '101'과 '111'을 쓴 뒤 남자 교사에게 쉬는 시간에 뭘 했느냐? 고 묻고, '화장실에 다녀왔다.'라고 답하자 칠판에 적힌 곳 중 어떤 곳을 가겠느냐고 물어봤다. 그러면서 '101'의 '0'이 여성의 음부를 뜻한다고 말했다고 한다. 사회적 물의를 일으키고 학교의 명예를 실추시킨 혐의로 국가공무원법에 따라 직위 해제를 당했다. 보면 술자리에서 웃자고 하던 건배사들도 성추행인 경우가 많다. 한 공공기관 간부가 술자리에서 오바마 오빠 바라만 보지 말고 마음대로 하세요 라는 건배사를 외친 적이 있다. 물론 빗발치는 비난 여론에 사임을 당했다.

2020년, 성추행 및 성희롱에 대한 감수성이 어느 때보다 높아진 때다. 물론 상대를 자극하거나 흥분시키려는 목적으로 하지 않았을 테지만 그렇다고 면죄부를 주지 않으니 강단에서 말을 할 때는 각별한 주의가 필요하다.

09

꼰대 인증 키워드
'결혼'

청춘들은 더 이상 남의 시선 때문에 결혼하지 않는다. 결혼은 필수가 아닌 선택이며, 적당한 사람 만나 결혼해서 힘들게 사느니 진짜 괜찮은 사람이 아니면 혼자 사는 걸 선택하는 사람이 더 많아졌다. 젊은 층에 남녀관계에 대해 이야기를 하면서 "결혼해야 행복하다." "저출산 문제가 심각하다." 등의 이야기를 한다면 '꼰대 강사' 소릴 듣기 십상이다. 할리우드 배우 윌 스미스가 말했다. "나도 어릴 적에는 멍청했다. 그러나 그때는 소셜 미디어가 없었다." 이제 강사들이 강단에서 하는 말 한마디 한마디는 페이스북, 유튜브 등의 SNS를 타고 강의 후에도 계속 사람들에게 영향을 미친다. 남녀관계를 다루는 강사일수록 강의에 이런 트렌드를 반영하길 추천한다.

10

연애강사가 갖춰야 할
능력 2가지

　연애코칭을 할　때 필요한 것은 '공감 능력'이다. 본인이 연애를 많이 해봤거나, 연애를 잘한다며 연애코치가 되고 싶다고 찾아오는 사람들이 있다. 그런 사람들에게 하는 말이다. 스포츠계에서는 이런 격언이 있다. "위대한 선수는 좋은 감독이 되지 못한다."

　2003년과 2004년 프리미어리그 최우수 선수 MVP, 2005년, 2006년 프리미어 리그 득점왕을 차지했던 선수. 큰 키 188cm 에도 불구하고 유연성과 스피드를 겸비하여 프랑스의 첫 월드컵 제패에 큰 활약을 한 '티애리 앙리'다. 그런 앙리가 2018년 10월 13일 AS모나코 1군 감독으로 부임했었다. 비록 앙리는 감독 경력이 없었지만, 구단 출신 선수라는 점과 아스널과 잉글리시 프리미어리그 역사상 최고의 공격수로 꼽히는 레전드였다는 점에서 기대가 컸다. 그러나 기대는 곧 실망으로 바뀌었다. 앙리 감독은 모나코에서 20경기 동안 5승 4무 11패라는 성적을 냈고, 리그에서는 2승 3무 7패를 기록했다. 결국, 구단은 앙리 감독을 4개월 만에 전격 경질했다.

　앙리 감독은 선수들이 자신이 지시하는 바를 잘 따르지 못하면 "왜 그걸 못하지?"라고 답답해했다고 한다. 그리고 결국 선수들의 모습이

답답했던 앙리 감독은 선수들에게 공을 빼앗은 후 "내 공 뺏어 봐"라고 말했다고 한다.

반면, 현재 베트남에서 국민 영웅으로 불리는 박항서 감독은 선수 시절 국가대표로 뛴 A매치가 단 1경기에 불과했다. 사실 선수로서의 커리어로 보자면 대단하게 보이지 않을 수도 있다. 실제로 박항서 감독은 한 예능 프로그램에 나와 "저는 정말 축구에 소질이 없어요."라며, "감독이 된 입장에서 선수로서 내 모습을 바라본다면 정말 자질이 없는 선수"라고 냉정한 평가를 한 바 있다. 그러나 박항서 감독은 본인이 레전드급 선수가 아니었기에 우리나라보다 축구 실력이 부족한 베트남 선수들을 이해하고 격려할 줄 알았다.

연애상담을 할 때 중요한 것은 본인이 경험을 많이 해서 정확한 판단을 내리는 것도 중요하지만, 그보다 더 중요한 것은 상담을 의뢰하는 사람의 관점에서 먼저 생각하고 고민하는 것이다. 그런 면에서 나는 "저는 연애를 100번 넘게 해봤어요."라는 사람보다, "저는 연애경험이 매우 많은 건 아니지만, 남의 말을 잘 들어주고 공감할 줄 알아요."라는 사람이 연애상담을 더 잘할 수 있다고 생각한다.

11

'연애강의' 분야의 전망

　세계에서 가장 주목받는 미디어 스타트업인 퀴츠 QUARTZ 의 부편집장으로, 오랫동안 일의 미래를 파헤쳐 온 '새라 케슬러'의 저서 『직장인 없는 시대가 온다』의 부제는 이렇다. "10년 후 세계 인구의 절반이 프리랜서로 살아가게 될 것" 저자는 일의 의미와 형태가 변화하면서 정규직 일자리가 많이 사라졌고, 현재 미국 노동자 3명 중 1명은 프리랜서로 살아가고 있다고 말한다. 이에 따라 현장에서 필요에 따라 사람을 구해 임시로 계약을 맺고 일을 맡기는 '긱 경제 Gig economy'가 가파르게 성장하고 있다. 이런 산업의 구조와 맞물려, AI로 대변되는 기술의 발전속도 역시 무서울 정도다. 이미 고속도로 톨게이트 징수원, 식당 종업원 등이 자동화 기기에 밀려 사라지고 있으며, 마트 계산원이나 자동차 운전기사 역시 앞으로 사라질 직업으로 예상된다.

　그렇다면 이런 산업구조의 변화와 AI의 거친 도전 속에서도 한국고용정보원이 자동화 대체율이 낮을 것으로 보는 직업들은 무엇일까?

1위	화가 및 조각가	9위	공예원
2위	사진작가 및 사진사	10위	예능 강사
3위	작가 및 관련 전문가	11위	패션 디자이너
4위	지휘자, 작곡가 및 연주가	12위	국악 및 전통 예능인
5위	애니메이터 및 만화가	13위	감독 및 기술감독
6위	무용가 및 안무가	14위	배우 및 모델
7위	가수 및 성악가	15위	제품디자이너
8위	메이크업 아티스트 및 분장사		

위에 열거된 직업들의 특징은 무엇일까? 답은 '인간의 감성에 기초한 직업'이다. 반대로 콘크리트공, 정육원 및 도축원, 고무와 플라스틱 제품 조립원처럼 단순 반복적이고 사람들과 소통하는 일이 상대적으로 낮은 직업일수록 자동화 대체 확률이 높은 것으로 나타났다.

그렇다면 직업 사전상 연애코치로 불리는 연애 강사는 과연 어떨까? 대한민국의 인구수는 이미 줄고 있고, 그만큼 결혼하는 커플들의 숫자도 감소하고 있는 것은 맞다. 그러나 '결혼하지 않는다'는 뜻이 '연애하지 않는다'는 뜻은 아니다. 앞서 설명한 것처럼 TV에서는 늘 연애 프로그램이 인기를 끌고 있고, 학생들이 가장 고민하고 관심 있는 것 1위가 바로 연애다. 이를 증명이라도 하듯 대학에서는 연애가 수업으로 등장했으며, 데이팅 앱 시장 역시 나날이 커져만 가고 있다.

마지막으로 요즘 사람들이 연애코칭을 받는 가장 큰 이유는 스마트폰 때문이다. 아이러니하게도 스마트폰이 없던 시절에는 연애코치라는 직업도 없었다. 그때는 사람들이 면대면 커뮤니케이션에 익숙했고, 좋아하는 사람에게 다가가 말로써 마음을 표현하는 것이 부담스럽지만 당연한 일이었다. 그러나 스마트폰이 대중화되면서 사람들은 이제 비대면 커뮤니케이션을 선호한다. 스마트폰 하나면 하루 종일 음식을 배달시키고, 택시 타고, 은행 업무를 보고, 쇼핑하면서도 누군가와 얼굴 보고 대화 한 번 하지 않고 살아갈 수 있는 요즘이다. 그래서인지 데이트 신청도 SNS로 하고, 사귀는 것도 헤어지는 것도 카톡으로 하는 시대다. 타인과 대화하는 것을 어려워하는 시대, 그런 상황임에도 연애에 대한 욕구 자체는 남아있기에 연애강의를 듣거나 상담을 받는 일 역시 증가할 것이다.

12

모든 강사는 '연애강사'다

마지막으로 강의 시장이 바뀌고 있다. '내용'과 '의미'도 필요하지만, 무엇보다 중요한 것은 바로 '재미'다. 김태훈, 김지윤, 김창옥, 김미경 등 현재 대한민국에서 내로라하는 유명 강사들 대부분이 강의주제로 연애 또는 남녀관계를 다룬다. 모두가 공감할 수 있고, 재미있게 들을 수 있는 분야가 바로 '연애'이기 때문이다. 연애코치가 아니더라도 자신의 강의에 남녀관계와 관련된 이야기를 재미있게 녹일 수 있는 강사들이 정글 같은 강의 시장에서 살아남을 가능성이 더 크다. 자신의 강의에 연애를 녹일 수 있다면 강의를 좀 더 재미있게 업그레이드시킬 수 있다.

📖 참고문헌

- 앱애니(App Annie)『구글플레이 10주년 기념 보고서』
- 네이버 지도(https://map.naver.com/)
- 중앙일보. 2019년 03월 10일자『하루에 16번 앱으로 이성 검색』, 신문기사
- 한국일보. 2017년 10월 12일자『대학생 고민 1순위는 취업? 주변관계를 더 걱정했다』, 신문기사
- 울주군청 홈페이지(http://www.ulju.ulsan.kr/index.ulju)
- UPI뉴스. 2019년 02월 18일자『미리 하는 수강신청, 이색강의 광클』, 신문기사
- 오마이스쿨 홈페이지(http://www.ohmyschool.org/index.do)
- 한국고용정보원(https://www.keis.or.kr/search.do)『2013 직종별 직업사전』
- 배달의 민족(http://www.baemin.com/)
- 통계청.『2019 혼인통계』
- 국회예산정책처.『2019 예산안 성인지 예산서 분석』
- 네이버 지식백과(https://terms.naver.com/)
- 한국고용정보원(https://www.keis.or.kr/search.do)『직업별 인력수요 전망』

장한별 —————————————————

- 프로커뮤니케이션 대표
- 한국 강사 플랫폼 & 한강숲(한국 강사들의 성장 숲)운영
- 대구대학교 관광경영학 석사
- 저서 『기적의 7초 고객 서비스』, 『강사 트렌드 코리아 2019』(공저)

Trend

5

커뮤니케이션
COMMUNICATION

커뮤니케이션은 어떤 문화, 조직,
사회에서도 빠질 수 없기에
'커뮤니케이션 강의'
그 자체가 트렌드다

01

커뮤니케이션
강의 시장의 변화

시대와 관계의 변화를 이해해야 커뮤니케이션 강의 트렌드를 주도할 수 있다

커뮤니케이션 강의는 다양한 강의 분야의 총체이자 어느 상황, 어느 순간에도 빠질 수 없는 필수적인 강의 분야다. 그만큼 커뮤니케이션 강의를 하는 강사들은 많다. 하지만 시대나 관계의 변화를 이해하고 니즈의 변화를 반영해 새로운 커뮤니케이션 강의를 하는 강사는 많지 않을 것이다.

시대가 변하면서 기성세대만의 커뮤니케이션 스타일이나 고리타분하고 추상적인 개념의 커뮤니케이션 강의는 더 이상 트렌드에 맞지 않게 됐다. 커뮤니케이션은 환경이 변하고 세대가 변해도 그 변화의 과정 속에서 여전히 이슈이자 인간의 모든 고민의 시작이다. 그에 따라 커뮤니케이션 강의와 관련한 니즈도 다양하게 변화하고 세분화 되어가고 있다. 커뮤니케이션 분야의 강사는 가장 먼저 이러한 변화를 분석하고 새로운 강의 트렌드를 이끌어야 한다. 최근에는 단순히 대화하고 소통하는 것이 목적이 아닌 소통을 통해 업무의 효율이나 관계의 질을 변화시

키기 위한 다양한 세부 역량들을 필요로 하는 강의가 늘어나고 있다.

최근 모 회사에서 강의 의뢰를 받았다. 그곳의 담당자는 사내에서 SNS를 통해 여러 직원이 한 직원을 험담하고 따돌려 분위기가 좋지 않다며 구체적인 상황을 들어가며 커뮤니케이션 강의를 요청해 왔다. 요청 내용 안에는 SNS상의 매너와 직원간의 뒷담화 예방과 관련한 것들이 들어있었다. 이처럼 '커뮤니케이션'이라는 큰 관점의 틀은 변하지 않지만 시대적 변화와 환경의 변화에 따라 커뮤니케이션 강의에 기대하는 바는 더욱 세분화되고 구체적으로 변화하고 있다. 이 같은 변화에 강사들은 어떻게 준비하고 대응해야 할까?

커뮤니케이션은 사람들 간에 서로 정보나 의미를 주고받거나 공유한다는 뜻으로 우리말로는 소통을 말한다. 커뮤니케이션은 결국 사람 간의 관계에서 일어나는 모든 일이며, 우리의 삶 자체라고 말할 수 있다. 이러한 커뮤니케이션을 말할 때 관계는 빼놓을 수 없다. 관계 속에서 커뮤니케이션이 이뤄지고, 관계의 특성에 따라 커뮤니케이션의 방법도 달라진다. 강사는 이러한 특성을 반영해 다양한 관계를 이해하고, 다양한 관계마다 다르게 이뤄지는 다양한 형태의 커뮤니케이션 오류를 세부적으로 파악할 필요가 있다. 큰 맥락에서의 '소통' 내지는 '커뮤니케이션'이라는 틀은 결코 변하지 않는다. 하지만 시대나 관계의 변화에 따라 커뮤니케이션의 방법은 달라지기에 사례를 바탕으로 효과적으로 커뮤니케이션 할 수 있는 구체적이고 실질적인 방법을 강의에 녹여내야 한다. 또한 현장에서 실질적으로 적용하고 행동할 수 있도록 이끌어 주기 위한 동기부여도 가능해야 할 것이다.

구글 트렌드에서 지난 1년간 커뮤니케이션 키워드의 관심도를 살펴보면 편차는 존재하지만 꾸준히 높은 검색 관심도를 나타내고 있다. 즉,

커뮤니케이션은 우리 일상에서 절대 빼놓을 수 없는 부분이며 한 인간이 세상에 태어나서 죽을 때까지 경험하는 모든 삶이다. 그 안에서 우리는 다양한 커뮤니케이션 오류를 겪고 있으며, 그 오류를 수정하고 더 나은 커뮤니케이션을 하기 위해 다양한 단체와 기업이 커뮤니케이션 강의를 요청한다. 세상이 변하고, 환경이 변하고, 사람이 변해가고 있어도 여전히 커뮤니케이션 강의 분야가 변함없는 이슈와 관심이 유지 되고 있는 이유다. 이는 커뮤니케이션 강의 분야 강사에게는 희소식이다. 하지만 커뮤니케이션 전문 강사가 홍수처럼 넘쳐나는 속에서 범람하지 않고 살아남기 위해서는 새로운 커뮤니케이션 트렌드를 이해하고 그에 맞는 역량을 개발해 나만의 생존도구로 삼아야 한다.

커뮤니케이션 강의에 부는 새로운 바람

4차 산업혁명과 맞물려 우리 사회는 점점 사람들 간의 대면소통 공간이 줄어들고 있다. 점원 없는 무인매장이 생겨났고, 의류매장에는 3D 가상 피팅기가 점원을 대신하고, 커피 소비자들은 무인 카페에서 커피를 마시는 상황이 연출되고 있다. 더 이상 소비자들은 직원들과의 불필요한 소통을 할 필요가 없어지고 있는 실정이다.

이렇듯 점점 불필요한 소통을 하지 않아도 되는 현실 속에서 사람들의 소통 능력이나 커뮤니케이션 센스는 과거에 비해 점점 저하되고 있다. 이는 일상생활과 인간관계에 영향을 미칠 뿐 아니라 업무 효율에도 영향을 미친다. 그래서 많은 기업이 커뮤니케이션 강의를 필요로 하고 있고, 커뮤니케이션 강의를 통해 관계 개선과 더불어 업무 능률도 향상되길 기대한다. 따라서 커뮤니케이션 강사는 변해가는 현실과 관계에서 나타날 수 있는 다양한 커뮤니케이션 오류를 점검하고 그에 적합한 솔루션 제공을 통해 현장의 능률을 올려줄 다양한 준비를 해야 한다.

한편 『트렌드 코리아 2018』에서는 긱관계 Gig-relationship 혹은 대안 가족 Alt-family [13]을 소개했고, 『트렌드 코리아 2019』에서는 밀레니얼 Millennials 가족[14]과 나나랜더[15]를 소개했다. 이와 같은 트렌드를 반영해 볼 때 새로운 관계에 대한 이슈는 점차 진화되고, 확대될 것으로 보인다. 새로운 관계가 생겨나고 확대된다는 것은 곧 또 다른 커뮤니케이션의 문제나 이슈가 생겨남을 의미한다. 특히 많은 기업들이 변화되어가는 관계 속에서 조직 내 문화도 변해감에 따라 다양한 커뮤니케이션의 문제를 겪고 있다. 따라서 커뮤니케이션 분야의 강사는 다양하게 진화되고 확대되는 새로운 관계 속에서 발생하는 커뮤니케이션 실패 사례와 성공 사례 등을 연구하고, 다양한 사례에 적용할 수 있는 실질적인 커뮤니케이션 스킬을 연구하고 발전시켜야 한다.

또한 유튜브라는 새로운 커뮤니케이션 매체의 발전은 우리 강사들에게 새로운 영역의 발굴이자 다양한 강의 콘텐츠를 수집할 수 있는 중요한 발판이 됐다. 우리나라뿐 아니라 전 세계적으로 유튜브는 더 이상 트렌드가 아닌 문화이자 삶의 일부가 됐다. 유튜브를 통해 다양한 정보를 얻거나, 모임을 하거나, 하고 싶은 말을 하는 등 다양한 오프라

---

13) 랜선이모, 티슈인맥, 반려식물, 졸혼 등 새로운 가족과 관계의 종류(출처:『트렌드 코리아 2018』)

14) 밀레니얼 세대에 속하는 사람이 결혼해 구성한 가족(출처:『트렌드 코리아 2019』)

15) 남의 시선, 사회의 기준은 중요하지 않고 '나'의 시선이 가장 중요하고 나의 기준이 내 삶을 풍요롭게 만든다고 믿는 이들(출처:『트렌드 코리아 2019』)

인 형태의 관계가 랜선으로 옮겨오게 됐다. 유튜브와 같은 랜선 관계라는 새로운 트렌드가 생겨남으로써 새로운 커뮤니케이션의 형태도 발전하고 있다. 새롭게 발전한 커뮤니케이션 안에서 다양한 문제도 발생되고 있다. 이에 요즘은 '미디어 리터러시' 교육도 발전하고 있다. '미디어 리터러시'란 다양한 매체를 이해하고, 다양한 형태의 메시지를 제대로 이해하고 의사소통할 수 있는 능력을 말한다.

이러한 미디어 리터러시 교육 또한 유튜브와 같은 다양한 커뮤니케이션 매체가 트렌드로 자리 잡음으로써 발생하는 다양한 문제에 대응하기 위한 것이다. 결국 커뮤니케이션 강의를 위해서는 일반적이고 정형화된 소통이나 화법에 초점을 맞춘 강의를 뛰어넘어 새로운 관계 트렌드를 이해한 맞춤 콘텐츠를 준비해야 한다.

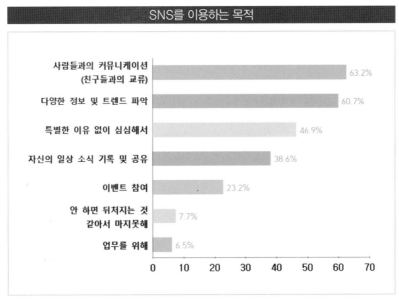

SNS를 이용하는 목적

항목	비율
사람들과의 커뮤니케이션 (친구들과의 교류)	63.2%
다양한 정보 및 트렌드 파악	60.7%
특별한 이유 없이 심심해서	46.9%
자신의 일상 소식 기록 및 공유	38.6%
이벤트 참여	23.2%
안 하면 뒤처지는 것 같아서 마지못해	7.7%
업무를 위해	6.5%

©알바천국

과거에는 매스미디어나 홈페이지, 신문이나 사보 등을 통해 정보를 얻고 커뮤니케이션을 했다. 하지만 이제 더 이상 커뮤니케이션은 대면을 통해서만 가능한 일이 아닌 시대가 됐다. 구인·구직 아르바이트 전문 포털 알바천국이 전국 회원 693명을 대상으로 실시한 'SNS 이용 행태와 활용 현황' 설문조사 결과를 발표했다. 많은 사람들이 커뮤니케이션을 위해 SNS를 활용하고 있다. 인스타그램, 페이스북, 트위터 등 다양한 SNS의 등장과 보편화로 통제할 수 없는 다양한 정보나 담론이 난무하는 시대다. 이러한 SNS상에서는 다양한 사람들이 다양한 주제로 여론을 형성하고 있다. 갑질 논란, 미투 논란 등 SNS를 통해 다양한 형태의 주제들이 이슈화 되었다. 이제 매스미디어의 역할이나 기능조차 페이스북, 트위터, 유튜브, 인스타그램 등이 대신 수행한다. SNS는 더 이상 개인의 경험이나 삶을 공유하는 차원이 아닌 비공식적으로 합의를 도출하는 공론장이 되어 가고 있다. 신입사원 교육에서 기본적인 매너와 소양을 위한 프로그램에 SNS 매너를 포함시키는 것 또한 새로운 커뮤니케이션 매체의 발달로 생겨난 변화다.

SNS 같은 다양한 매체를 통해 발생하는 커뮤니케이션의 오류나 문제를 예방하고 해결하기 위해 커뮤니케이션 강사들은 그동안의 전통적인 방식의 커뮤니케이션 강의를 넘어서 새로운 문화와 새로운 방식을 첨가한 커뮤니케이션 기법을 발전시켜야 한다.

02

변화의 물결 속
커뮤니케이션 강의 트렌드

검색 키워드로 보는 커뮤니케이션 강의 트렌드

커뮤니케이션 강의 관련 상위 월간 검색 수 PC·모바일 키워드를 보면 소통 18,340 , 커뮤니케이션 16,020 , 의사소통 8,510 , 대인관계 7,550 , 말 잘 하는 법 7,070 , 스피치 교육 3,430 , 대화의 기술 3,060 , 대화법 1,650 , 갈등 해결 870 , 커뮤니케이션 스킬 270 순이다.

키워드 검색 수를 통해 커뮤니케이션과 관련해 여전히 사람들은 소통 방법이나 관계를 잘 이어나가는 방법, 말하는 방법 등에 관심과 니즈가 많다는 것을 짐작할 수 있다. 관계가 변화하고 세대가 변했지만 관계와 소통 등과 관련한 주제를 여전히 필요로 한다. 커뮤니케이션 강의를 하고 있는, 혹은 시작하는 강사들에게 희소식이 아닐 수 없다. 커뮤니케이션은 인간이 존재하고 사회가 존재하는 한 어느 순간, 어느 시대, 어느 관계에서도 빼놓을 수 없는 주제다. 다만 환경이 바뀌고 사람이 바뀌고 수단이 바뀔 뿐 여전히 커뮤니케이션이라는 주제는 모든 일상에서 존재하고 필수적인 요소다. 따라서 커뮤니케이션 강의는 꾸준히 지속될 것이고 절대적으로 트렌드를 주도할 콘텐츠임에는 확실하다.

	연관 키워드	월간검색수(PC)	월간검색수(모바일)
1	소통	7,540	10,800
2	커뮤니케이션	6,120	9,900
3	의사소통	4,310	4,200
4	대인관계	3,400	4,150
5	말잘하는법	1,360	5,710
6	스피치교육	2,210	1,220
7	대화의기술	780	2,280
8	대화법	530	1,120
9	갈등해결	460	410
10	커뮤니케이션스킬	240	130

©네이버 광고 – 연관기워드 조회

출간 도서를 통해 본 커뮤니케이션 강의 트렌드

과거에는 소통과 커뮤니케이션 자체에 관한 본질적 차원을 일깨우는 책이 많았다면 최근에는 관계 개선이나 성공을 위한 디테일한 말투나 대화 관련 책이 많이 출간되고 있다. 효과적인 커뮤니케이션을 위한 뜬 구름 잡는 식의 추상적인 내용이 아닌 구체적인 화법이나 기술을 담은 책들이 다양한 콘셉트로 출간되고 있음을 알 수 있다.

이는 단순히 소통이나 커뮤니케이션에 대해 일깨우는 추상적인 차원을 넘어 세부적이고 집중적으로 문제를 해결할 수 있는 기술이나 방법론과 관련한 미시적 차원의 니즈가 많아지고 있음을 짐작케 한다. 따라서 커뮤니케이션이라는 광범위한 주제 안에서 세부적 주제로 대화나 말하기를 집중적으로 트레이닝 하는 강의를 더욱 보충하는 것도 방법 중의 하나다. 소통이라는 큰 틀 안에서 점점 구체적이고 세분화된 콘텐츠를 강화하는 것이 작은 차이로 큰 변화를 가져올 수 있는 좋은 방법 중 하나다.

커뮤니케이션 주제의 출간 도서 ©교보문고, www.kyobobook.co.kr

사람들은 더 이상 커뮤니케이션의 중요성에 대해서 알고 싶지 않다. 이제는 누구나 커뮤니케이션의 중요성에 대해서는 인지하고 있고 효과적인 커뮤니케이션을 위해 다양한 시도를 한다. 하지만 생각보다 잘 되지 않기 때문에 커뮤니케이션 강의의 수요는 여전하다. 가려운 곳을 정확히 파악하고 제대로 긁어주는 역할을 우리 커뮤니케이션 분야의 강사들이 해야 한다. 대단하고 광범위한 차원의 것이 아닌 작지만 현실 적용이 가능한 실천법이나 세부적인 기능을 알려주는 강의가 커뮤니케이션을 제대로 배울 수 있는 강의가 될 것이다.

교육 담당자들이 강의를 의뢰할 때 "그동안 해왔던 뻔한 화법이나 커뮤니케이션 스타일 말고 저희 현장 직원들이 직접 써 먹을 수 있는 것들로 구성해주세요."라고 많이 요청한다. 점점 강의 의뢰 시 요청 사항이 디테일하고 구체적이어서 깜짝 놀랄 정도다. 강의 의뢰 시 받는 요청 사항을 통해서도 알 수 있듯이 더 이상 청중들은 뻔한 커뮤니케이션 강의를 원치 않는다는 것이다. 따라서 커뮤니케이션 강의를 위해서는 좀 더 실질적이고 구체적인 스킬을 연구하고 발전시켜야 함을 알 수 있다.

민간자격증 등록 현황을 통해 본 커뮤니케이션 강의 트렌드

커뮤니케이션 강의에 대한 꾸준한 수요가 있음은 민간자격증 등록 현황을 통해서도 알 수 있다. 한국직업능력개발원 민간자격정보서비스에 의하면 커뮤니케이션 및 소통과 관계관리 관련 민간자격증은 2019년 6월 기준으로 총 147개가 등록되어 있다. 이외에 세부적인 커뮤니케이션 스킬과 관련된 화법이나 스피치 관련 자격증은 총 372개나 등록되어 있다.

이러한 현상은 커뮤니케이션 강의가 모든 관계나 인간의 전 생애에 걸쳐 이루어져야 하는 필수 과목임을 증명해 준다. 살아가면서 겪는 다양한 커뮤니케이션 오류를 수정하고 실패하고 다시 수정하는 과정을 통해 성숙해지고 발전하는 것이 인간이다. 또한 그 과정 속에서 좀 더 나은 삶, 좀 더 나은 인생을 설계해 나간다. 더 나은 삶을 위해서는 반드시 커뮤니케이션의 산을 넘어야 하고 그렇기에 많은 기업이 커뮤니케이션 강의를 찾는 것이다. 기업의 입장이나 사회적 측면에서 보아도 커뮤니케이션 강의는 시대가 변해감에 따라 더욱 그 중요성이 커지고 있고 그만큼 커뮤니케이션 강사들의 강의 기회 또한 증가할 것으로 예측할 수 있다.

기회가 증가한다는 것은 그만큼 우리는 더욱 전문성을 발휘해야 기업이 찾는 강사로 발돋움할 수 있다는 것을 의미한다. 앞으로도 계속해서 커뮤니케이션 관련 전문 자격증은 꾸준히 생겨날 것이고 전문 자격을 취득하는 강사들이 많아질 것이다. 하지만 그 사이에서 좀 더 나은 강사로 자리 잡기 위해서는 자격증 이상의 전문성을 갖춰야 한다.

설문을 통해 본 커뮤니케이션 강의 트렌드

흥미로운 설문조사가 있다. 인터엠디가 의사회원 564명을 대상으로 11월 26일부터 11월 27일까지 '의사가 되고 싶은 수험생에게 선배의사로서의 조언'이라는 주제로 설문조사를 한 결과 의사에 가장 적합한 유형의 사람 _{복수응답} 으로 '의사소통 역량이 뛰어난 사람'이 57%로 가장 높았다.

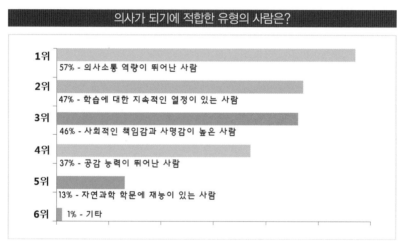

의사가 되기에 적합한 유형의 사람은?

- 1위 57% - 의사소통 역량이 뛰어난 사람
- 2위 47% - 학습에 대한 지속적인 열정이 있는 사람
- 3위 46% - 사회적인 책임감과 사명감이 높은 사람
- 4위 37% - 공감 능력이 뛰어난 사람
- 5위 13% - 자연과학 학문에 재능이 있는 사람
- 6위 1% - 기타

©인터엠디(www.intermd.co.kr)

전문 분야의 지식이나 기술 등이 아닌 의사소통을 1순위로 꼽았다는 것은 굉장히 유의미한 결과다. 의사소통이 뛰어나야 의사에 적합하다는 말은 곧 커뮤니케이션 능력이 의사의 능력임을 반증해준다. 또한 경쟁 사회에서 여전히 커뮤니케이션 능력이 요구되며, 성공이나 업무 효율과 관련해서 커뮤니케이션 강의가 점점 중요해짐을 알 수 있다.

많은 기업이 커뮤니케이션 강의 콘텐츠를 원하는 이유 또한 여기에

있다. 단순히 커뮤니케이션 스킬을 향상시키는 것에서 더 나아가 업무 효율이나 능력을 높이기 위함이다. 이러한 현상은 커뮤니케이션 분야의 강사에게 혹은 커뮤니케이션 강의를 하고자 하는 사람들에게 매우 긍정적인 신호이자 책임감의 신호다. 커뮤니케이션 스킬을 단순히 전달하는 차원을 넘어 업무 효율이나 능력에도 영향을 미칠만한 수준의 강의를 준비해야 하기 때문에 책임감이나 부담은 늘어난다. 하지만 만족스러운 강의 콘텐츠를 제공했을 경우에는 성취감과 함께 전문적인 커뮤니케이션 강사로 인정받을 수 있을 것이다.

조직 내 변화를 통해 본 커뮤니케이션 강의 트렌드

일반적인 기업에서 대리와 사원급인 밀레니얼세대는 자라온 환경의 차이로 인해 기성세대와 많은 점이 다르다. 그들에게 직장은 무조건 헌신해야 할 대상이 아니라 개인의 가치를 실현해가는 곳이다. 회사는 자신과 동등한 계약 관계이며 업무가 중요한 만큼 자신의 삶도 존중받아야 한다. 상사로부터 강압적으로 지시받기보다는 이유나 목적 등을 충분히 설명받고 싶어 한다. 또한 자신만 일하고 상사가 놀고 있으면 공정하지 못하다고 느낀다. 이러한 조직 내 변화는 커뮤니케이션이나 관계 유지에도 변화를 가져온다.

실제로 직장 내 커뮤니케이션 강의 의뢰를 받으면 상사와 부하간의 커뮤니케이션에 있어서 다양한 문제가 있음을 담당자들의 토로를 통해 들을 수 있다. 그래서 직장 상사로서의 커뮤니케이션, 부하로서의 커뮤니케이션 등 직장 내에서 세대 차이로 겪는 다양한 갈등과 커뮤니케이션 문제를 해결하기 위해 강의를 요청해 온다.

따라서 직장 내 커뮤니케이션 강의를 준비함에 앞서 단순한 커뮤니케이션 스킬만이 아닌 세대의 변화와 가치관의 변화 등에 따른 다양한 문제에 관해 깊이 있게 고민해야 한다. 더 이상 단순한 커뮤니케이션 스킬만을 강조하는 강의나 기성세대의 관점과 가치관을 반영한 강의만으로는 효과가 미미하다. 기성세대와 밀레니얼세대의 가치관의 차이에서 오는 다양한 문제점을 수정하고 해결할 수 있는 방법이 선행되어야 커뮤니케이션 스킬도 효과를 발휘할 수 있을 것이다. 이에 밀레니얼세대와 기성세대가 잘 융합하고 상호 존중할 수 있도록 가치관 이해와 존중과 같은 커뮤니케이션 강의 또한 필요하다.

'일' 보다 '사람' 싫어
회사 떠난다.

· 직장인 379명, 자료제공 : 사람인·

| 사람이 싫다 81% | 일이 싫다 19% |

'일과 직장 내 인간관계' 설문조사 ©취업포털 사람인

취업포털 사람인이 최근 직장인 379명을 대상으로 '일과 직장 내 인간관계'에 대해 설문조사한 결과 81%가 일보다 사람 때문에 퇴사를 결심한다고 답했다. 인간관계 스트레스 71.8% 가 업무 관련 스트레스 28.2% 보다 훨씬 심한 것으로 조사됐다.

일상생활뿐만 아니라 직장 내에서도 여전히 인간관계가 큰 이슈 중 하나다. 이는 커뮤니케이션 관련 강의가 꾸준히 성장 가능함을 보여주는 예시이기도 하다. 퇴사를 결심할 정도로 인간관계에서 오는 스트레스가 심각한 수준이라면 커뮤니케이션 관련 강의가 더욱 필요하다는 의미가 될 수 있다. 관계로부터 오는 스트레스를 줄여야 퇴사율도 줄이고 조직 내 업무효율도 높아질 것이기 때문이다. 이에 발맞춰 커뮤니케이션 분야의 강의를 하는 강사들은 더욱 조직의 특성을 이해하고 그들 사이에서 오는 다양한 인간관계 스트레스를 풀어줄 만한 무기를 갖고 있어야 한다.

03

커뮤니케이션 트렌드의 변화 속에서도 변하지 않는 것

새로운 관계의 변화나 다양한 환경적 변화에 의해 커뮤니케이션 강의가 다양하게 진화하고 변화되어 가고 있는 것은 사실이다. 그럼에도 불구하고 변하지 않는 것이 있다. 다양한 변화 속에서 여전히 중요성이 강조되고 필수적으로 뒷받침되어야 하는 것이 바로 '커뮤케이션의 본질'이다. 세상이 변하고 트렌드가 변했다고 해서 커뮤니케이션 그 자체의 본질은 변화하거나 퇴색되지 않는다.

커뮤니케이션은 사람들 간에 서로 정보나 의미를 주고받거나 공유한다는 뜻으로 사람 간의 관계에서 일어나는 모든 일이며, 우리의 삶 자체다. 즉, 커뮤니케이션은 곧 우리 삶이라는 본질 자체는 변하거나 사라지지 않는다. 따라서 환경이나 세대 및 관계가 변해도 반드시 커뮤니케이션이 필요하다는 사실은 변함없는 진리다.

예를 들어 기성세대에서 밀레니얼세대로 세대가 조금씩 바뀌고 있고, 밀레니얼세대의 개인주의가 문화적 가치로 자리 잡고 있다고 해서 단체의 역할이나 중요성이 축소되거나 상호 커뮤니케이션이 중요하지 않은 것은 아니다. '개인주의적 가치관이 곧 타인과의 커뮤니케이션이 필요 없음을 의미한다'라는 논리는 성립되지 않는다. 개인주의적 가치관을 공유하면서도 타인의 개인적인 존재나 가치도 인정하기에 개인주의적 커뮤니케이션이 반드시 존재한다. 따라서 변화된 세대에서 공유하는 그 가치 안에서도 분명 나름의 방식으로의 커뮤니케이션이 필요하다. 커뮤니케이션 분야의 강사는 그 변화된 가치관 속에서 필요한 커뮤니케이션을 연구하고 발전시키면 되는 것이다.

커뮤니케이션은 그 어떤 강의 분야도 포괄할 수 있는 상위 개념이자 전체이며, 우리 삶의 일부가 아닌 우리 삶의 전부다. 그렇기에 커뮤니케이션 강사의 미래는 꾸준히 밝다.

04

커뮤니케이션 강사가
나아가야 할 방향

우리 강의의 목표는 아는 것이 아니라 행동하는 것이다

커뮤니케이션 강의가 꾸준히 수요를 창출하고 있듯 커뮤니케이션 강사 또한 셀 수 없을 만큼 많다. 기존의 커뮤니케이션 강사를 포함해 커뮤니케이션 전문 강사는 아니지만 커뮤니케이션과 관련된 강의를 하는 강사의 수를 포함하면 더욱 많을 것이다. 이렇듯 커뮤니케이션 강의를 하는 강사 홍수 속에서 어떻게 하면 제대로 된 커뮤니케이션 강의를 할 수 있을지, 어떻게 차별화할 것인지에 관해 고민해 볼 시기이다.

다양한 커뮤니케이션 관련 강의를 하면서 깨달은 것은 많은 기업, 많은 사람들이 커뮤니케이션의 중요한 가치나 방법을 몰라서 강의를 듣는 것이 아니라는 것이다. 커뮤니케이션의 필요성이나 가치, 방법론에 대해서는 이미 반복적인 교육을 통해 익히 알고 있다. 물론 실질적인 방법을 잘 모르거나 상호 존중이나 이해가 뒷받침되지 않아 방법을 적용하기 힘든 경우도 있다.

이런 상황을 반영해 볼 때 커뮤니케이션 강의를 할 때 커뮤니케이션 관련 전문 지식만을 전달하려 한다면 백발백중 반응이 좋지 않을 것이다. 시대가 변하고 다양한 기술이나 매체가 발달하면서 커뮤니케이션 강의를 들어보지 않은 사람들도 커뮤니케이션과 관련한 다양한 지식을 갖추고 있는 경우가 많기 때문이다. 예전처럼 강사가 더 이상 단순히 지식을 전달하는 수준에 그쳐서는 안 되는 이유다. 다른 모든 강의가 그렇겠지만, 특히 커뮤니케이션 강의는 아는 것보다 행동하는 것에 초점을 맞춰야 한다.

'커뮤니케이션'이라는 주제에 맞게 강의 시간 동안 충분히 커뮤니케이션 활동을 하며 실질적인 행동으로 이어질 수 있는 다양한 트레이닝 과정이 이뤄져야 한다. 단순한 지식전달 수준인 강사 Lecturer 의 역할이 아닌 퍼실리테이터 Facilitator 의 역할을 담당해야 한다. 일방적인 전달이 아닌 조력자나 촉진자의 역할을 해내야 효과적인 커뮤니케이션 강의가 이루어진다.

이런 이유로 효과적인 강의로 연결하기 위해서 커뮤니케이션 분야의 강사는 지식에만 의존하지 않고 행동을 도와줄 수 있는 다양한 퍼실리테이션 프로그램을 연구하고 개발하는 것도 중요하다. 커뮤니케이션 강의는 이제 단순한 스킬의 수준을 넘어 가치관의 변화와 습관의 변화를 가져올 수 있는 강력한 동기부여가 필요하다. 그 역할을 커뮤니케이션 강사가 책임을 갖고 담당해야 한다.

시대적 흐름을 반영해 새로운 트렌드를 주도하라

시대가 변화함에 따라 단순히 커뮤니케이션 스킬만으로 강의하기에는 자칫 획일적이고 일반적인 강의로 전락할 가능성이 있다. 커뮤니케이션 강사는 정형화된 커뮤니케이션 기술의 차원을 넘어 세대의 특성을 이해하고 그에 맞는 가치관을 바탕으로 강의를 구성해야 한다.

현대 사회는 기성세대와 밀레니얼세대가 공존하며 살아간다. 하지만 기성세대의 관계 특성과 밀레니얼세대의 관계 특성은 확연히 다르다. 밀레니얼세대는 기존의 사고방식에서 탈피해 새로운 방식의 삶을 만들어 간다. 밀레니얼세대에게 관계란 개인의 가치관, 개인의 시·공간, 개인의 삶이 보장된 것이다. 또한 무조건 희생해야 할 것이 아니라 개인의 가치를 실현하고 개인의 행복을 위해 존재하는 것이다. 관계에서 타인과 나는 동등한 존재이며 타인이 중요한 만큼 자신의 삶도 존중받아야 한다.[16] '디지털 네이티브 Digital Natives'인 밀레니얼세대는 인터넷 환경과 디지털 환경에 익숙하고, 기성세대와 달리 SNS, 스마트폰 등을 통해 다양한 정보를 쉽게 접하며 살았다. 이러한 환경에서 자라면서 사람들과 수평적으로 의사소통했던 배경이 사고방식에도 크게 영향을 미쳤다.

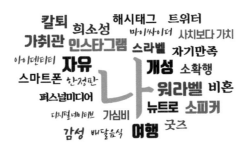

---

16) 개인용 컴퓨터, 휴대전화, 인터넷, MP3와 같은 디지털 환경을 태어나면서부터 생활처럼 사용하는 세대(출처:위키백과)

이에 따라 기성세대와 밀레니얼세대 사이의 다양한 갈등과 커뮤니케이션상의 문제가 발생한다. 특히 기업 내에서 상사와 부하 간의 가치관의 차이로 겪는 다양한 문제로 인해 커뮤니케이션 강의를 의뢰하곤 한다.

이러한 시대적 배경은 커뮤니케이션 강사에게 새로운 차원의 콘텐츠를 준비해야 할 이유가 된다. 일반적인 커뮤니케이션 강의에 다양한 콘텐츠를 추가할 수 있다. 예를 들어 밀레니얼세대와 달리 자존감이 낮은 기성세대의 자존감 회복, 기성세대와 밀레니얼세대의 가치관의 차이를 인정하고 공존하는 방법, 다름을 인정하고 함께하는 삶의 가치에 관한 콘텐츠 등을 추가할 수 있다. 단순한 커뮤니케이션 스킬만으로는 변화가 어려운 시대가 도래했기 때문이다. 가치관이 다른 두 집단이 효과적으로 커뮤니케이션 하기 위해서는 스킬을 강조하기 이전에 근본적인 원인을 분석하고 이해하는 작업이 선행되어야 한다. 커뮤니케이션이 되지 않는 근본적인 원인을 제거하지 않은 채 단순히 커뮤니케이션 스킬만을 강조하는 강의는 자칫 소귀에 경 읽기가 될 수 있다. 커뮤니케이션 부재의 본질적인 원인과 세대 간의 가치관의 차이를 깨닫는 강의를 통해 뼈대를 먼저 구성해야 그다음 단계인 스킬 강의가 효과를 발휘할 수 있다.

커뮤니케이션 강의 분야의 전망

커뮤니케이션 강의 그 자체가 트렌드다

잡코리아는 최근 아르바이트 대표 포털 알바몬과 함께 대학생 2,706명을 대상으로 설문조사를 실시한 결과 '자신은 나홀로족이라고 생각하는가'에 대해 절반 이상인 54.9%가 '그렇다'고 답했다. 또한 인간관계를 서툴게 느낄수록 '나홀로족'이라고 생각하는 비중이 높았다고 말했다. 조사에 참여한 대학생 중 88.3%가 '인간관계에 서툴다고 느낀 적이 있다'고 답했는데, 서툴게 느낀 대학생 중 '나홀로족'이라는 응답이 57.3%로 나왔다. 반면 '인간관계에 서툴다고 느낀 적이 없다'고 답한 대학생 중 '나홀로족'이라고 답한 대학생은 36.4%로 나타났다.

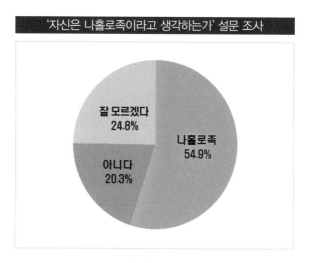

잘 모르겠다
24.8%

나홀로족
54.9%

아니다
20.3%

©잡코리아/알바몬

앞으로 사회에 나가고 기업에 진출할 많은 젊은 대학생들이 인간관계에 서투름을 호소하고 있다. 이러한 현상은 반대로 되짚어 보면 그만큼 커뮤니케이션 강의가 더욱 절실해지고 있음을 보여준다. 인간관계가 서툴다는 것은 곧 커뮤니케이션이 어렵다는 것이고, 커뮤니케이션이 어렵다는 것은 사회에 적응하는 데 문제가 발생할 수 있음을 뜻한다. 사회에 제대로 적응하지 못한다면 기업에서도 제대로 능력을 제대로 발휘하기 힘들 것이고, 결국 기업의 이익에도 영향을 미치게 된다. 따라서 기업의 능률 향상뿐 아니라 개인적인 삶의 질을 위해서 커뮤니케이션 능력은 반드시 요구된다. 이렇듯 커뮤니케이션은 어느 사회, 조직, 문화에서 절대 빼놓을 수 없는 분야다. 커뮤니케이션을 빼고는 모든 인간사를 설명할 수가 없다. 지구가 멸망하고 인간이 사라지지 않는 한 커뮤니케이션은 무한하게 성장가능성이 있는 분야다.

단, 시대나 문화, 환경 등이 변화함에 따라 커뮤니케이션 스타일은 달라질 수 있다. 하지만 다양하게 변화를 거듭할수록 커뮤니케이션 강의를 하는 강사들에게는 유리한 조건들이 생겨난다. 이는 새로운 콘텐츠를 개발하고 새로운 아이디어를 만들어낼 수 있는 좋은 기회가 되고, 다른 강의 기회를 창출하는 데 도움이 된다.

따라서 커뮤니케이션 강의 분야는 무궁무진하게 변화, 성장, 발전을 거듭할 것이다. 특히 세대가 바뀌어가는 이 시점에 더욱 다양하고 새로운 커뮤니케이션 강의들이 창출될 것이고, 새롭게 많은 강사들이 커뮤니케이션 강의 분야에 진입할 것이다. 그 안에서 더욱 가치 있는 강의를 제공하고 성장하기 위해서는 변화에 적응하고 변화를 이해하는 노력을 함께해야 할 것이다.

📖 참고문헌

- 김난도 외 8명, 『트렌드 코리아 2019』, 미래의 창, 2018
- 김난도 외 7명, 『트렌드 코리아 2018』, 미래의 창, 2017
- 구글 트렌드(Google Trends ; https://trends.google.co.kr/trends)
- 네이버 광고(https://searchad.naver.com)
- 한국직업능력개발원 민간자격 정보서비스(www.pqi.or.kr/indexMain.do)
- 알바천국(www.alba.co.kr)
- 잡코리아(www.jobkorea.co.kr)
- 사람인(www.saramin.co.kr)
- 인터엠디(www.intermd.co.kr)
- 교보문고(www.kyobobook.co.kr)

최종엽

- 삼성전자 인사과장 및 PA부장
- 한양대학교 인재개발교육 석사, 평생학습 박사수료
- 잡솔루션코리아 및 카이로스경영연구소 대표
- 경희대학교 겸임교수, 인문학강사, 칼럼니스트
- 대한민국강사경연대회 금상수상
- 대한민국명강사209호, MBC 'TV특강', KBC '화통', CJB '스페셜' 등 여러 매체에서 인문학 강연
- 『원력, 멀리 내다보는 삶』, 『일하는 나에게 논어가 답하다』, 『논어 직장인의 미래를 논하다』, 『블루타임』 등 저서 11권

인문학
HUMANITIES

시민인문학
강의 열풍은 계속된다

01

보통 사람들에게 더 필요한
인문학 강의

교양 있는 사람이란 어떤 사람일까?

"간단합니다. 자신의 말을 하더라도 다른 사람의 기분을 나쁘지 않게 하는 겁니다. 그렇게 말하고, 그렇게 행동하는 겁니다. 그게 교양입니다. 우리가 하지 말아야 할 일이 세 가지입니다. 첫째 예의에 어긋나는 것, 둘째 윤리에 어긋나는 것, 셋째 법에 어긋나는 것입니다. 예의 없이 행동할 때 우리는 '교양 없다'고 말을 하는 것입니다."

고신대 손봉호 석좌교수의 대답이다.[17] 인문학이 필요한 사람은 누구일까? 노숙자들을 갱생시키는 기적을 가져온 인문학 교육 프로그램 '클레멘트 코스 Clemente Course'의 창시자 미국의 쇼리스는 인문학의 필요성에 대해 다음과 같이 말한다.[18]

"부자들은 인문학을 배웁니다. 그런데 여러분들은 인문학을 배우지 못했잖아요? 인문학은 세상과 잘 지내기 위해서, 제대로 생각할 수 있기 위해서, 그리고 외부의 어떤 '무력적인 힘'이 여러분에게 영향을 끼

---

17) https://news.joins.com/article/23498226

18) 고병헌외, 『희망의 인문학: 클레멘트 코스, 기적을 만들다』, 이매진, 2009.

쳐올 때 무조건 반응하기보다는 심사숙고해서 잘 대처해나갈 수 있는 방법을 배우기 위해서 반드시 해야 할 공부입니다.

저는 인문학이 우리가 '정치적'이 되기 위한 한 방법이라고 생각합니다. 제가 '정치적'이라고 말할 때는 단지선거에서 투표하는 일만을 말하는 것이 아닙니다. 이것보다는 좀 더 넓은 의미를 갖고 있는데요, 아테네의 정치가였던 페리클레스는 '정치'를 '가족에서 이웃, 더 나아가 지역과 국가 차원에 이르기까지 모든 다양한 계층의 사람들과 함께하는 활동'이라고 정의했습니다.

부자들은 바로 이런 넓은 의미로 정치를 이해하고 있습니다. 그래서 그들은 무력武力을 사용하지 않고 협상하는 방법을 알고 있습니다. 그들은 잘 살기 위해, 또 힘을 얻기 위해 정치를 이용합니다. 부자는 착하고 가난한 사람들은 못됐다는 말을 하려고 하는 것이 아닙니다. 이 사회에서 잘 먹고 잘 사는 데 필요한 효과적인 방법을 더 잘 알고 있는 이들이 바로 부자들이라는 말씀을 드리려고 하는 것입니다. 진정한 힘, 합법적인 힘을 갖고자 한다면 반드시 정치를 이해해야 합니다. 인문학이 도와줄 것입니다."

공자도 『논어』의 맨 마지막장에서 "예를 알지 못하면 설 수가 없다, 부지례 무이립야 不知禮 無以立也"라 했다.[19] 예의 없이 행동하면 우리 사회에서 사람 노릇하기가 어렵다는 뜻이다. 누군가를 대할 때나 어떤 상황을 처리할 때 무조건 반응하기보다는 심사숙고해서 잘 대처해 나갈 수 있는 방법을 배우기 위해 하는 공부가 인문학이라 볼 수 있다. 그렇

19) 최종엽, 『일하는 나에게 논어가 답하다』, 한스미디어, 2017

기 때문에 인문학은 소수 엘리트의 전유물이 아닌 것이 분명하다. 누구에게나 필요한 것이 인문학이며 부자가 아닌 사람들에게 더욱 필요한 것이 바로 인문학이다. 일반 시민을 대상으로 하는 '대중인문학, 실천인문학, 시민인문학'의 뜨거운 바람은 2020년에도 지속될 것으로 보인다.

02

위기와 열풍이 공존하는
인문학강의

위기와 열풍의 공존 속에서 인문학은 계속된다. 인문학의 위기와 열풍이 공존하는 이유는 인문학에 대한 서로 다른 두 가지 생각 때문이다. 인문학과 인문학 교육, 인문학 강의를 연구하는 연구자들은 이렇게 말한다. 위기를 맞은 인문학은 '대학인문학' 혹은 '강단인문학'이고, 열풍을 일으키는 인문학은 '시민인문학' 혹은 '실천인문학'이라고 한다. 2020년에도 대학인문학의 위기를 바로 피하기는 어려울 것이고, 실천인문학이나 경영인문학을 대변하는 시민인문학은 지속적인 관심을 받을 것으로 기대된다.

구글 트렌드를 통해 시간의 흐름에 따른 대한민국의 '인문학' 키워드 검색으로 관심도를 살펴보면 다음과 같다. 지난 2006년 가을 국내 주요대학의 문과대 교수들은 '인문학 위기'라는 진단을 내렸다. 하지만 아이러니하게도 그 이후 지금까지 인문학에 대한 국민의 관심도는 꾸준하게 증가되어 왔다. '대학인문학'은 위기를 맞았지만 '시민인문학'은 그와 거리가 멀었음을 알 수 있다. 인문학의 관심도가 지속적으로 상승하는 이유는 시민인문학의 관심도의 지속적인 상승 때문으로 분석할 수 있다.

인문학에 대한 관심도 측면에서 보면 2004년 이후 꾸준한 증가세를 보이다 2016년을 기점으로 약간 감소세로 들어섰지만 현재까지 비교적 높은 수준을 유지를 하고 있다. 2013년부터 인문학 관심도가 특히 증가한 이유는 2013년 이후 정부의 문화정책에 힘을 받아 공공기관 공공도서관, 문화재단, 박물관 의 인문학 강좌가 폭발적으로 신설되었던 요인이 크다고 볼 수 있다.

'빅 데이터를 활용한 대중의 인문학 인식 연구' 보고를 따르면 2007년 조사에서는 인문학 강좌에 대한 시민들의 반응은 삶의 의미, 자기 정체성, 교양, 지적 호기심 충족에는 높은 반응을 보였으나 취업, 인간 관계 등 실용적인 항목에 대해서는 비교적 낮은 관심을 보였다. 하지만 2010년 이후 인문학의 실용적 가치에 주목하는 경향이 뚜렷해지면서 일반 대중을 대상으로 하는 실용인문학이 크게 확대되기 시작했다.[20]

20] 박정식외 빅 데이터를 활용한 대중의 인문학 인식 연구, 2016, 글로벌문화콘텐츠(25), 65-80

03

고민 속의 대학인문학

지난 10여 년 동안 대학의 인문학 관련 학과는 14%나 줄었다. 대학인문학 혹은 순수인문학의 위기는 당분간 지속될 것으로 보인다. 쉽게 해결할 수 있는 문제가 아니기 때문이다. 대학인문학의 위기는 1차적으로 상업주의, 실용주의, 물질주의, 시장사회 등과 같은 현대 사회의 특징에서 찾을 수 있다. 실용적 가치가 강조되는 사회적 경향과 함께 대학 구조개혁 평가에서 취업률을 강조함에 따라, 취업에 불리한 인문학은 학과나 전공이 없어지고 있는 실정이다. 또한, 과학기술의 발전이 부각되면서 인문학은 효용성과 중요성이 도전받고 있다. 대학인문학이 사회변화와 요청에 적절히 대응하지 못하고 오히려 인문학의 정체성을 상실함으로써 더욱 심각해졌다고 볼 수 있다.

기업에서는 제품을 잘 만들어 낼 수 있는 기술 혹은 제품을 잘 팔 수 있는 역량이 있는 인재를 원하며 기술이나 서비스로 고객을 만족시킬 수 있는 역량을 가진 재원을 원한다. 그러니 대학에서 순수인문학을 전공한 졸업생들의 갈 곳이 별로 없는 것은 당연한 일인지도 모른다. 취업을 못하니 인문학을 전공하는 학생들의 수는 점점 줄어들고 그런 인문대학은 인문학의 위기라고 난리들인 것이다.

교육부가 대학정보공시 자료를 분석한 결과 대학 구조조정을 통해 인문계열 기초학문학과는 통폐합되고, 자연과학 공학계열 위주로 재편돼 왔다. 2007년 이후 10년 동안 4년제 대학 인문학 관련 학과 수는 1,467개에서 1,259개로 14.2% 줄어들었다. 반면 자연과학은 840개에서 940개로 11.9% 늘어났다. 입학정원도 마찬가지다. 인문사회계열 정원은 2만여 명이 감소했으나 이공계열은 2만여 명이 증가했다. 이는 지난 10년간 4년제 대학에서 이뤄진 인문사회계열 학과 통폐합과 관련성이 높다는 지적이다. 특히 대학이 고등교육 인력을 육성한다는 대학 본연의 목표를 상실하고 취업률에 목매는 취업전담기관으로 전락한 것이 가장 큰 원인으로 지목된다.[21]

대학인문학의 위기는 이미 오래전부터 지적되어왔다. 지난 2006년 가을 국내 주요 일간지에는 인문학 위기라는 기사가 줄을 이었다. 고려대 문과대 교수들은 '인문학의 위기' 타개를 촉구하면서 인문학이 되살아나려면 대학 안에서 글쓰기 혁명이 일어나야 한다고 주장했다.[22]

대학인문학의 위기는 비단 우리나라만의 문제가 아니다. 미국 정치계간지 '아메리칸 어페어스'에 따르면 영국 옥스퍼드 대학은 수백 년 동안 명성을 유지하던 고전 인문학 과정을 실용학위 과정과 비슷한 과정으로 최근 개편했다고 한다. 이는 인문학의 지혜보다는 경영전략에 훨씬 더 관심을 가지는 학문 자체가 아닌 외부적 요인에 의한 것이다.[23]

대학들은 나름대로의 대책을 강구하고 있다. 미국은 이미 주요대학에서 인문사회 전공자를 대상으로 AI 교육을 진행 중에 있고 일본 역

21) http://www.fnnews.com/news/201904161450527715

22) http://www.donga.com/news/article/all/20060919/8352416/1

23) http://www.kyosu.net/news/articleView.html?idxno=43871

시 문과, 이과를 불문하고 모든 대학생이 AI 초급 교육을 받을 수 있는 과정을 운영하라고 대학에 요구하여 초급 수준의 AI를 아는 인재로 키워낸다고 한다. 우리나라도 올해 국내 몇몇 대학에서 AI 대학원이 문을 열릴 계획이며, 각 대학마다 다양한 정책들을 내놓고 있는 상황이기는 하다. 성균관 대학의 경우 2016년부터 모든 학생이 '문제해결 알고리즘', 'SW 코딩'과목 등을 필수 교양으로 듣고 있으며, 인문사회계열 학생을 위한 '인공지능 응용'이라는 강의가 올해 개설되기도 했다.[24]

2020년에도 대학에서의 실험은 계속될 것이다. '대학인문학'의 생존전략을 간절하게 펴나갈 것이다. 대학의 순수 인문학을 고집스럽게 유지하면서 발전을 도모할 수도 있고 방향을 선회하여 인문학도들에게 과학이나 실용을 가르칠 수도 있을 것이다. 그러나 여기에 미국의 세인트존스칼리지 사례는 많을 시사점을 준다.

20C 초중반 미국교육엔 두 개의 교육철학 사조가 있었다. 학생들의 흥미와 자율권을 강조하는 진보주의 사조와 서양의 정신적 도덕적 전통과 문화유산 속에 깃들어 있는, 가장 본질적인 것을 골라 다음 세대에 전수하는 것이 교육의 목적이라고 주장한 항존주의 사조가 그것이다. 현재 세계 최고 대학 중 하나로 꼽히는 세인트존스칼리지라는 미국의 명문대학이 있다. 이 대학의 커리큘럼이 매우 독특하다. 1937년에 설정된 커리큘럼과 현재의 교육과정이 동일하다. 80여 년 전에 정한 인류의 고전들을 지금도 그대로 배우는 항존주의를 고수하고 있는 것이다. 4년간 고전 200권 읽고 토론하는 것이 다인 이 대학이 어떻게 세계 최고 대학 중 하나로 손꼽히게 되었을까?

---

24) http://www.dhnews.co.kr/news/articleView.html?idxno=100207

이 학교엔 철학, 경제학 같은 세부 전공은 없고 학생들은 졸업 때 모두 '인문교양학사' 학위를 받는다. 그러면서도 세계 최고 대학 중 하나로 꼽히는 비결은 200권의 고전이다. 대학 4년간 소크라테스부터 니체까지 오직 책을 읽고 토론하며 에세이를 쓴다. 그럼에도 불구하고 이 학교 졸업생들은 잘 나가는 IT기업부터 의학전문대학원, 로스쿨 등 다양한 분야에 진출한다. 세계에서 가장 모순적인 대학이지만 가장 미래를 내다보는 대학으로 그 방법은 오로지 과거를 깊이 탐색하는 것이었다. 1학년 때는 그리스 로마 고전, 2학년 때는 중세와 르네상스 학문, 3학년 때는 코페르니쿠스부터 과학, 4학년 때는 니체와 같은 근대 철학가 등을 접한다. 훌륭한 책으로 인정받기 위해선 '시간의 시험'을 견뎌야 한다. 100년 이내의 책들이 고전으로 들어오려면 좀 더 기다려야 한다는 것이 이 학교의 지론이다.

이 학교의 카넬로스 총장은 "구글은 10년 동안 어떤 직원들이 높은 성과를 내는지 조사했다. 처음엔 공학적 지식을 가진 인재들이 많을 거라 생각했다. 하지만 결과는 협력적 마인드와 창의성, 소통능력을 갖춘 이들이 더 크게 성공한 것으로 나타났다." 그는 "이런 능력은 오롯이 인문교양교육을 통해 길러지는 역량"이라고 말했다. "과학기술은 매우 중요하지만 그 바탕은 인문학이다. 과학과 기술은 '어떻게 how'에 대한 답을 주지만, 인문은 '무엇 what'을 위한 고민을 하게 해주기 때문이다. 과학에 가치를 부여하고 기술에 영혼을 입히는 것은 인간이다." 라고 말했다.[25]

---

25) https://news.joins.com/article/23145832

04

강의요청이 꾸준한
경영인문학

기업이 원하는 인재는 분명하다. 기술이나 경영전공자라 해도 인문학적 소양을 갖춘 인재를 원하고 있다. 2019년 삼성그룹, 현대차그룹, GS그룹, SK그룹, 은행 등 유수의 국내 대기업들은 인문학 공부를 통해 배양될 수 있는 사고능력이 혁신의 밑거름이 될 것으로 기대하면서 입사시험에 역사 에세이, 한국사, 한국 문화유산, 인문학 등의 문제가 출제됐다. 깊이 생각하고 판단하는 사유능력을 갖춘 인재들이 기업혁신에도 유리할 것이라는 기업의 고민이 서려있다. 신입은 물론 기존 임직원들의 인문학적 소양을 높이는 데도 많은 기업에서 힘을 쏟고 있다. 역사, 예술, 고전강좌 등 협업을 통해 기존의 틀을 깨고 창조적이고 혁신적인 아이디어를 끌어내려는 것을 인문교육의 목표로 삼고 있다.

경영 인문학 business humanities 에 대해 엄길청 교수는 이렇게 말했다. "기능적으로 잘 만든 신발은 인공지능이 만들지만, 정성을 가득 담은 신발은 장인이 만든다. 빈틈없는 바둑은 알파고가 더 잘하겠지만, 고뇌하는 절벽에서 마지막 돌을 던지는 바둑은 인간만이 둘 수 있다. 누가 그 기업에서 어떤 가치로 일하는가? 넓게는 무엇을 위해 일하는가? 진정으로 바라는 가치는 무엇인가? 공감반응이 기업 가치를 주가로 만드는 날이 오고 있다. 기업의 기술진보와 이익 누적은 과연 온 인류에게 복음 같은 소식이 되고 있는가 하고 이제 그들의 집단지성은 고뇌해야 한다."

'콜라 같은 MBA, 사골 국물 같은 인문학 고전'이란 말이 있다. 경영난제의 갈증을 단시간에 해결해주는 시원한 콜라 같은 MBA가 있다면 체력과 내성을 강화시켜주는 은근한 사골 국물 같은 인문학 고전이야말로 장기적인 조직 발전을 위해 꼭 필요한 과정이라는 말이다.

대부분의 기업 경영자들은 조직 내 많은 리더를 두고 싶어 한다. 또한 조직의 많은 사람들이 리더가 되고 싶어 한다. "제대로 된 리더십은 MBA프로그램보다 고전 속에 있다." 24권의 인문학 고전을 사례로 들어 제대로 된 리더십을 밝히고자 했던 『인문학 리더십 The Greats on Leadership』의 저자인 조슬린 데이비스의 말이다.[26] 리더 혹은 리더십을 말하는 인문학이 많다. 목표달성을 위해 적극적이고 올바른 영향력을 미치는 리더가 되기 위해서는 인문학이 주는 통찰이 무엇보다 필요하다는 것이 리더의 경영인문학이다. 다른 사람을 이해하는 능력이 인문학으로부터 나오기 때문이다.

물론 이런 경영인문학이나 리더인문학을 비판하는 소리도 적지 않다. 『인문학의 거짓말』의 저자 박홍규는 이렇게 말했다. "소수를 위한 CEO교양, 경영인문, 임원고전이니 하는 상업인문학은 그야말로 귀족인문, 강자인문, 사치인문이며, 대학에서 인문학과가 폐지되는 소동을 보면 우리의 인문이 얼마나 낮은 수준인지, 우리의 교양이 얼마나 천박한지를 알 수 있으며, 인간이 인간을 특히 소수 인간이 다수 인간을 지

---

26) 조슬린 데이비스, 『인문학 리더십(The Greats on Leadership)』, 반니, 2016

배하고 차별하고 배제하는 비민주적 사상을 인문이라고 할 수 없다"[27]

하지만 기업과 조직은 사람이 중심이며 그 사람을 어떻게 움직일 수 있는가에 끝없는 관심을 가지고 있기 때문에 경영인문학의 열풍은 쉽게 사라지지 않을 것이다. 탁월한 기업가의 한 사람이었던 삼성 창업자인 이병철 회장은 1980년대 중반에 출간된 그의 자서전인『호암자전』에서 이렇게 말했다. "가장 감명을 받은 책, 혹은 좌우에 두는 책을 들라면 나는 서슴지 않고 논어라고 말할 수밖에 없다. 나라는 인간을 형성하는데 가장 큰 영향을 미친 책은 바로 이 논어이다. 나는 경영에 관한 책에는 흥미를 느껴본 적이 별로 없다. 내가 관심을 갖는 것은 경영의 기술보다는 인간의 마음가짐에 관한 것이다."[28] 성공한 기업의 창업가로서 그 누구보다도 경영의 기술을 갈구했을 것이라고 생각하지만, 그는 경영의 기술 보다는 사람의 마음가짐이 더 중요하다는 것을 간파하고 있었고 그 인간의 마음을 움직일 수 있는 강력한 지혜가 논어에는 수없이 많다는 것을 실증으로서 기록하고 있다.

이공계를 선호하는 기업일수록 인문학 강의는 더 필요하다. 2017년 국내 4대 그룹의 신입사원 중 인문계 비율을 살펴보면 삼성과 LG는 15%, 현대차는 20%, SK는 30%의 비율을 보였다. 대학졸업자 비율을 살펴보면 이과의 경우 전체 졸업자의 40%를 차지하지만, 유명 대기업 공채에서 80%의 합격자를 배출했다. 문과 및 예체능의 경우 60%를 차지하지만, 20%의 합격자를 내어 전체적인 비율을 통해 문과의 취업률이 낮을 수밖에 없다는 것을 알 수 있다. 현재 우리나라 대학의 인문계

---

27) 박홍규,『인문학의 거짓말』, 인물과 사상사, 2017

28) 이병철,『호암자전』,나남, 2014

대 자연계 재학생 비율은 6 : 4 정도지만 졸업생들의 선호도가 높은 국내 몇몇 대기업의 인문계 대 자연계 재용 비율은 2 : 8 정도로 자연계 출신의 비율이 월등히 높다. 이 수치는 대학과 기업 간의 미스매치를 극명하게 보여준다.

2018년 취업포털 인크루트 조사에 따르면 하반기 신입사원 채용 계획이 있는 기업의 절반 이상이 이공계 전공자를 선호한다는 조사 결과가 나왔다. 반면 인문계열 선호도는 공학 전공자보다 2배 이상 낮았다. 기업에서 가장 선호하는 지원자의 전공으로 공학 계열을 꼽은 응답자는 전체의 53.6%에 달했다. 그다음이 인문계열 20.2% 로 공학계열 선호도가 2배 이상 높았다. 상경계열 15.2% , 의약계열 4.5% , 자연계열 3.3% , 교육계열 1.5% 순이었다. '전화기 취업에 강한 전기전자·화학공학·기계공학 전공 ', '인구론 인문계 졸업생 90%가 논다 ' 등의 신조어가 나올 정도로 취업 시장에서 이공계 선호 현상이 점점 더 뚜렷해지고 있다고 인크루트는 설명했다. 최근 많은 기업들이 신입사원 채용 시 '인문학적 소양을 중시한다'고 밝히고 있으나, 정작 인문학과를 우대하는 기업은 소수에 불과했다.[29]

2018년 말에 한국교육개발원에서 공개한 '2017년 고등교육기관 졸업자 취업통계조사'에 따르면 학제별 취업률은 대학 62.6%, 전문대학 69.8%, 일반대학원 77.7%, 산업대학 67.6%, 기능대학 79.5%, 교육대학 72.9%, 각종학교 56.4%로 평균 66.2%로 나타났다. 계열별로는 의약계열 82.8%, 공학계열 70.1%, 교육계열 63.7%, 예체능계열 63%, 사회계열 62.6%, 자연계열 62.5%, 인문계열 56.0% 순으로 뒤를 이어 인문계열의

---

29) http://kma.or.kr/usrs/eduRegMgnt/eduRegMgntForm.do?p_ctgry_id=323

취업률이 의학공학계열에 비해 15% 이상이나 적은 최하위를 보였다.

경영인문학의 주제는 리더십을 중심으로 개혁, 교류, 인성, 전략, 삶의 지혜, 위기관리, 소통의 주제를 두루 다루고 있다. 경영인문학과 관련된 강의주제 사례를 들어보면 다음과 같다.

- 손자병법 전략과 리더십
- 부국강병의 실용 리더십 관자
- 집중조명 개혁과 중흥의 군주 정조
- 교류를 통해 세상을 품은 리더십
- 인성시대 공자에게 배우는 리더의 길
- 인생을 내 것으로 만들기 위한 소크라테스의 질문들
- 우리 역사에서 배우는 리더십
- 손자병법 전략과 리더십
- 태평양 전쟁에서 배우는 전략적 통찰
- 사기(史記)에서 배우는 파워리더십
- 리더의 자기 혁신 우리 역사에서 배우는 리더십
- 삼국지 리더십과 삶의 지혜
- 제자백가에게 배우는 워라밸 리더십
- 왕들의 책에서 배우는 리더학
- 전쟁의 역사와 승자의 조건
- 집중조명 이순신의 위기관리
- 우리 역사에서 배우는 리더십
- 사기(史記)에서 배우는 파워리더십
- 한양 도성길에서 만나는 리더의 마음가짐
- 손자병법 전략과 리더십
- 제자백가에게 배우는 워라밸 리더십
- 서촌 전통에서 배우는 혁신
- 노자 · 장자(老莊)에게 배우는 조용한 리더십
- 수요일에 만나는 지혜의 향연
- CCO와 함께하는 인문 독서클럽
- 정동 근현대사를 통해 보는 리더십성찰
- 서촌, 전통과 혁신에서 배우는 창조리더십
- 북촌 건국운동에서 배우는 리더의 전략과 선택
- 건축에서 배우는 리더의 소통과 사고의 혁신
- 논어에서 배우는 리더의 길
- 리더와 함께하는 논어

05

인문학강의 대표 트렌드는
시민인문학

2020년 실용인문학은 더욱 확대될 것으로 예측된다. 순수인문학 연구를 넘어 인문학의 실용단계를 연구하고 있는 대학이 늘어나고 있다. 쉽게 이해되고 삶에 도움을 주는 실용 인문학이 대학을 중심으로 팽창하고 있다. 의미 없이 죽음을 맞이하는 문화를 바꾸려 하는 죽음학, 행복에 대한 체계적이고 정확한 지식을 연구하는 서울대 행복연구센터의 행복학, 숭실대 한국문예연구소의 아리랑학, 전국 100여 개 대학 이상에서 운영 중인 응용인문학 혹은 실용인문학이라고 불리는 문화콘텐츠학 등 다양하다. 지방의 모 대학은 기초학문으로서 인문학의 연구와 발전이 중요하지만, 모든 대학이 기초학문에 매달릴 필요는 없다는 근거로 철학과를 문화기획학과로 바꾸면서 성공적으로 정착한 경우도 있다.

강원대 인문과학연구소의 '치유의 인문학' 연구보고를 통해 실용인문학의 한 단면을 살펴볼 수 있다. 국민 소득이 어느 정도 올라가면서 물질은 풍부해졌지만, 스트레스와 갈등 또한 늘어난 우리 일반 시민들은 웰빙과 힐링에 관심이 많아졌다. 10여 년 전부터 인문학이 치유와 힐링에 관심을 가졌고 문학치료학회, 철학 상담치료학회, 독서치료학회, 인문치료학회 등이 등장했다. 이는 바로 시청, 구청, 평생교육기관 등의 주도하에 복지관, 도서관, 문화원 등에 치유, 힐링, 상담 관련 인문학 프로그램으로 연결되었다.

문학 중심의 한국시치료학회, 한국이야기치료학회, 한국문학치료학회, 한국독서치료학회 등이 이미 활동 중이며 국내의 몇몇 대학원에서는 문학치료 전공을 운영하고 있다. 역사학 중심으로는 역사적 트라우마를 치료하는 인문학이 연구되고 있으며, 한국철학 상담치료학회 중심의 철학 상담치료 또한 진행되고 있다. 이미 많은 대학에서 철학 상담치료자격증을 부여하는 프로그램도 운영하고 있다.

인문학의 실용적 가치에 주목하는 경향이 뚜렷해지면서 일반 대중을 대상으로 하는 실용인문학이 크게 확대되기 시작했다. 실용인문학은 지적 만족감이나 돈을 버는 데 도움이 되겠지만, 인간의 삶에 대한 본질적인 질문을 막는다는 이유로 이를 비판하는 목소리도 적지 않다. 발전된 기술로 인한 삶의 편리성은 좋아졌지만 개인주의, 집단이기주의, 부정부패, 무질서, 희망 없는 삶에 대한 돌파구로서 인문학 확산 및 인문정신 강화가 나타나고 있는 현상으로 삶에 대한 치유인문학이 점점 성장하고 있다고도 볼 수 있다.

대학인문학은 대학의 구조조정과 취업의 어려움 속에서 생존의 위기에 빠져들고 있는 반면 대학 밖의 시민인문학은 활발하다. 인문학 도서 시장의 열기, 다양한 계층을 대상으로 한 시민 인문학 강좌, 방송 팟캐스트 등 대중매체에서의 인문학 강좌 등 천정환의 연구 '인문학 열풍에 관한 성찰과 제언'에 따르면 시민 인문학은 다양한 기관에서 주도적으로 진행되고 있다. 먼저 지자체와 지역문화재단, 도서관, 박물관 주관의 인문학 강좌다. 시민인문학은 2013년 이후 정부의 문화정책에 힘을 받아 공공기관에 인문학 강좌가 폭발적으로 신설되었다. 이에 지자체도 가세하여 책 읽는 도시, 인문학도시를 표방했다. 공공기관 시민인문학 주요강의로는 인문독서 아카데미, 생활 속의 인문학, 그리스 로마 신화 등이며 주요 강사로는 대체로 유명강사들을 초청하고 있다.[30]

다음으로 공공기관 주관의 인문학 강좌를 들 수 있다. 인문학 대중화 사업에 치중하고 있으며 강사진은 유명 대학교수와 전문 연구자들로 구성한다. 예를 들어 성균관대 유교문화연구소와 서울시 종로구가 함께 진행하고 있다. 강의 주제로는 대학연의, 한중록, 운현궁 등과 같은 주제들이다. 주로 수강료가 무료라는 특징이 있다. 또한 자발적 시민인문학으로 볼 수 있는, 각종 단체에서 열리는 인문학 아카데미와 소외계층 대상의 인문학 강좌가 있다. 기업과 대학에서 기업고위직을 대상으로 하는 CEO인문학도 진행 중이다. 은행이나 백화점 등에서도 강좌가 많이 진행된다.

인문학을 전공하지는 않았지만 각 분야 출신의 학자들이 모여 쓴〈미래 인문학 트렌드, 2016년〉에는 음식인문학, 치유인문학, 경제인문학, 의료인문학, 영상인문학, 빅데이터인문학, 진화심리학, 생명인문학, 신경인문학, 디지털인문학 등의 10가지로 구분을 해 놓았다.[31]

그들은 이렇게 주장을 했다. "음식인문학은 한 사회의 역사와 문화의 변천을 들여다보는 중요한 매개가 된다. 치유인문학 역시 마찬가지로 근심걱정을 끼고 사는 인간에게 인문학이 치유와 무관하다면 그것

---

30) 천정환, 인문학 열풍에 관한 성찰과 제언: 시민인문학 강좌를 중심으로, 2015, 영미문학연구회.
31) 박정식외, 빅데이터를 활용한 대중의 인문학 인식 연구, 2016, 글로벌문화콘텐츠(25), 65-80

이 오히려 이상한 일이다. 경제학 속에 숨어있는 사람의 삶을 무게감 있게 받아들이라는 경제인문학, 질병과 함께 몸의 문제를 풀면서 가야 할 삶의 여정에 꼭 필요한 과학으로서의 의료인문학, 보는 이미지는 물론 듣는 이미지까지 포괄하는 영상인문학, 방대한 양의 데이터를 어떻게 해석하고 적용하느냐에 따라 데이터의 가치나 사회에 미치는 영향력이 달라진다는 빅데이터인문학, 과학의 성과와 더불어 발전해가고 있는 현재의 과학이자 미래의 인문학인 진화심리학, 디지털 기술이 학자들의 연구 도구에 그치는 것이 아니라 연구를 질적으로 변화시킨다는 디지털 인문학"의 미래가 온다는 것이다. 아니 이미 그중 일부는 우리 곁에 와 있다.

인문학이 필요한 시민이 점점 늘고 있다. 2020 인문학의 열풍은 실천인문학 혹은 대중인문학으로 부를 수 있는 시민인문학에 있다. 대중 속에 깊이 파고들어 인문학적 담론을 구성하고 사람 사이의 대화를 주도하는 학문으로 우리 국민 전체가 진정한 의미에서 인문적으로 사유하고, 교양 있는 시민이 되는 일이 바로 시민인문학이 가야 할 길로 많은 사람들이 보고 있다.

개인주의와 상업주의가 만연할수록 더 나은 인간의 삶과 사회에 대해 끊임없이 질문하고 해답을 추구하는 인문정신이 더욱 필요하다. 또한 급변하는 사회 속에서 변화에 유연하게 적응하고 어려움을 극복하기 위해서도 인문학적 지식과 사유가 필요한 것이다. 이런 논의에 비추어 보면 대학의 순수인문학보다는 실천인문학인 시민인문학이 인문정신을 더 잘 구현한다고 볼 수 있다고 학자들은 말하고 있다.[32]

---

32) 김시천외, 『미래인문학 트렌드』, 아나로그, 2016

한국전쟁 이후 지난 70여 년의 대한민국은 그야말로 역동의 시기였다. 1953년 1인당 국민소득 67달러로 세계에서 가장 가난한 국가로 출발했다. 1960년대까지만 하더라도 아프리카 국가들보다 가난했던 우리나라는 불과 30여 년 만인 1994년 1인당 국민소득 1만 달러를 돌파했다. 한국경제는 이후에도 무서운 속도로 성장했다. 2007년 1인당 국민소득 2만 달러를 돌파했고 2018년 3만 달러를 넘어 경제선진국 대열에 올랐다. 이로써 한국은 인구가 5,000만 명 이상이면서 1인당 국민소득이 3만 달러를 넘은 '30-50클럽'의 일원이 되었다. 일본이 1992년 최초로 가입했고 미국 1996년 영국 2004년 독일 2004년 프랑스 2004년 이탈리아 2005년 등이 뒤를 이어 세계 7번째 국가가 되었다.

하지만 2019년 유엔이 발표한 세계행복보고서에 따르면 우리나라의 행복지수는 10점 만점에 5.9점을 받아 54위에 랭크되었다. 기대 수명 9위, GDP 11위, 1인당 국민소득 27위로 상위권에 올랐지만 인생선택 자유도 144위, 부정부패 100위, 사회적 지원 91위로 좋은 점수를 받지 못했다. 국민소득 3만 불 시대에 우리가 살고 있음에도 행복하지 못하다는 것을 대변하고 있다. 특히 '당신의 인생에서 무엇을 해야 할지 선택하는 자유 정도에 만족하느냐'는 세부 질문에 가장 취약했다. 인생선택자유도에서는 144위였다. 핀란드가 연속 1위를 차지했고 덴마크, 노르웨이, 아이슬란드, 네덜란드, 스위스가 뒤를 이었으며 아시아 국가 가운데는 타이완이 25위에 올라 가장 순위가 높았고 싱가포르 34위, 태국 52위를 기록했다.

아버지의 부와 권력이 자식의 인생을 좌지우지하는 현실에, 대학입시가 인생의 순위를 결정하는 방향타가 되고 취업이 인생의 질을 정하는 결정타가 되기에, 아직도 수많은 젊은이들이 노량진 공무원 학원에

매달릴 수밖에 없는 현실인지도 모른다. 취업과 결혼 또한 정해진 커리어를 따라 살아가게 하는 큰 요인으로, 선택의 자유가 없는 인생을 살아가야 하는 오늘의 현실을 보여준다. 그동안 우리는 인문학을 챙겨볼 여유가 별로 없었다. 전쟁의 잿더미 속에서 세계 10위권의 경제 강국으로의 변화가 어디 그렇게 만만한 일이었던가. 경제개발이라는 기치 아래 과학과 기술에 몰입하지 않을 수 없었다. 기술 인력이 상한가를 칠 수밖에 없었고 대학의 기능도 거기에 따라갈 수밖에 없었다. 정보통신과 과학기술의 혁명이 중시되던 사회에서 인문학의 쇠퇴는 어쩌면 당연한 것이었다. 우리는 행복을 빵과 바꾸어 버린 모양이 되었다. 돈을 갖게 되었지만 행복을 얻지는 못했다. 자살하는 사람들은 많아지고 우울증을 앓는 사람들이 늘어나며 출산율은 세계 최저를 기록하게 되었다. 언제부터인가 그 저점으로부터 인문학의 미풍이 일어나게 되었다. 자유롭게 살아가는 방법이 궁금했고 행복하게 살아가는 방법을 찾기 시작했으며 잘 산다는 것의 의미를 되새기기 시작했다.

평생학습중심 인문학의 수요와 공급은 점점 커지고 있다. 인문학 수요가 커짐에 따라 실용인문학을 강의하는 강사 또한 증가하고 있다. 기업 관리자, 경영자 중심의 경영인문학의 수요 증가와 함께 전국의 평생교육기관에서 진행하고 있는 인문학 강의 역시 꾸준하게 증가하고 있다. 인문학의 발굴과 번역, 해석과 같은 전문분야의 연구는 당연히 전문 학자들의 몫이지만 그것을 필요성에 따라 정리해 효과적으로 전달하는 것은 강사들의 몫이다. 아직 인문학 강사의 빈익빈 부익부 현상은 여전하다. 인문학 전문가가 아닌 강사의 강의는 편협한 시각을 양산할 수 있다는 부정적인 시각이 분명히 있는 것도 사실이다.

06

대표적인
시민인문학 프로그램과 강의

교육부, 문화체육관광부 등 정부기관에서는 시민을 위한 인문학 프로그램을 활발히 진행하고 있다. 대표적인 시민 인문학 프로그램으로는 교육부 산하 한국연구재단의 인문도시 지원 사업, 문화체육관광부의 길 위의 인문학 등이 있다.[33]

인문도시 지원 사업

2018년 선정과제 기준 신규 7개, 지속 과제 16개로 총 23개의 지역에서 실시되고 있으며, 지역을 기반으로 장기적인 관점에서 지역 관련 학문 개발 및 지자체와 연계한 프로그램을 실시하며, 지역 내 인문역사 문화 자산을 통합적으로 연계하여 지역의 인문학적 브랜드를 살릴 수 있는 강좌, 체험, 축제 등의 프로그램을 실시하는 사업이다. 특히 10월 중에 1주일 동안 집중적으로 프로그램을 진행하는 기간인 '인문주간'을

---

33) 노영희외 ,인문학 프로그램의 이용자 만족도 조사 연구, 2019

운영하여 '축제' 형식의 행사가 사업의 주요 구성 요인 중의 하나로 포함되어 있어, 사업의 궁극적인 목표를 '인문학을 기반으로 인간다움을 회복하고 인간다운 삶을 구현, 지역 및 국가정체성 확립, 사회통합, 건전한 시민정신 배양, 전통문화의 계승·발전, 경제적 이익 창출 등'으로 제시하였다.

길 위의 인문학

길 위의 인문학은 문화체육관광부가 도서관과 박물관의 지원을 위해 운영하고 있는 사업의 일환이다. 도서관 길 위의 인문학의 경우 공공도서관을 기반으로 지역주민 대상 인문학 강연과 관련 역사·문화 탐방 체험 연계 프로그램을 운영하는 것을 중점적으로 진행하고 있으며, 박물관 길 위의 인문학은 현장 속의 인문학, 생활 속의 쉬운 인문학 캠페인을 통해 유물과 현장, 역사와 사람이 만나는 인문학의 새로운 학습의 장을 마련하고, 교과 과정과 연계, 박물관별 창의적 교육프로그램을 통해 청소년들의 인문학 의식을 고취하며 역사의식 함양을 목적으로 운영되고 있다

원활히 운영되고 있는 도서관의 '길 위의 인문학'은 각 도서관을 거점으로 한 인문학콘텐츠를 운영하여, 지역 인문 활동의 활성화·대중화를 이끌고 있다. 한국도서관협회를 주관 기관으로 하여 운영되고 있는 도서관의 길 위의 인문학의 경우, 인문 관련 강연과 현장 탐방 체험활동을 연계한 '자유기획' 사업, 학교의 자유학년제와 연계한 도서관 협업 인문프로그램인 '자유학년제' 사업, 참여자 중심의 인문 독서활동인

'함께 읽기', 참여자 중심의 인문 글쓰기 프로그램인 '함께 쓰기' 등, 네 가지 유형으로 추진되고 있다.

시민인문학 강의와 강사

노영희 외 2인의 '인문학 프로그램의 이용자 만족도 조사 연구'에 의하면 인문학 강좌 및 체험에 대한 참여도를 높이고, 인문학 강좌를 확산하기 위해 선호하는 인문학 주제에 대해 조사한 결과, 역사 주제가 26.62%로 다른 인문학 주제보다 가장 높은 선호도를 보이고 있는 것으로 나타났다. 이 외에도 프로그램 참여자들은 예술 21.58%, 문학 20.14%, 철학 15.83%, 전통문화 14.39%, 기타 1.44% 등의 순으로 선호하고 있었다. 기타 의견으로는 최근 국제적 인기인 아이돌그룹의 UN 연설과 같은 사회적 이슈를 다루는 주제나 전반적으로 다양한 방면에 대한 인문학 주제를 선호하는 것으로 나타나, 시민들의 인문학 범위에 대한 인식은 기존의 문학·사학·철학, 이 밖에 예술, 전통문화를 넘어서 더 광범위한 영역까지 포함되어 있는 것으로 파악되었다. 뿐만 아니라 인문학 수업에서 희망하는 강의 방식을 조사한 결과, 강연 강좌 35.97%, 각종 문화체험 공연 35.25%, 토론회 콘서트 19.42%, 답사 9.35% 순으로 나타났다.

또한 인문학 프로그램을 선택할 때 중요시 하는 요소에 대해 분석한 결과, 프로그램의 종류 내용 와 프로그램 강사의 질이 평균 4.25, 4.23 순으로 전체 문항 가운데 4점 이상으로 나타나 상당히 중요하게 인식하고 있는 것으로 나타났다. 성별에 따라 분석해보면, 여성의 경우 프로그램 강사의 질이 평균 4.25로 가장 높게 나타나 프로그램 선택 시 중요한 요소였으며, 남성의 경우 프로그램 종류 내용 가 평균 4.33으로 가장 높게 나타나 프로그램 선택 시 가장 중시하는 요소인 것으로 나타났다.

　연령에 따라 분석해보면 10~20대는 프로그램의 종류 내용, 프로그램 강사의 질이 각각 평균 4.35로 프로그램 선택 시 가장 중시하는 요소인 것으로 나타났으며, 30~40대는 프로그램의 종류 내용 가 평균 4.35, 50대 이상은 프로그램 강사의 질이 평균 4.25로 각 연령대에서 가장 높게 나타나 프로그램 선택을 위해 가장 중시하는 요소인 것으로 나타났다.

07

학자와 강사는 다르다

학자와 강사는 영역이 다르다. 인문학을 전문적으로 연구하는 학자와 인문학을 응용하고 현장에 쉽게 적용하는 역할을 담당하는 인문학 강사는 그 역할이 다르다. 학자는 단 한 문장 혹은 토씨 하나를 분석, 고증, 증명하는데 전력을 다해야 하지만 인문학 강사는 그것을 가지고 어떻게 현실에 적용하고 삶에 응용할 수 있는지를 알림에 전력을 다해야 한다. 인문학 강사는 같은 인문학을 강의하지만 다르게 해야 한다. 오래된 고전을 강의하든 문학이나 역사를 강의하든 학자나 강사의 입장이 아닌 청중의 입장에서 강의해야 한다.

"자연과학자는 '자연'에 대해서 말하기 때문에 그가 어떤 인간인가는 문제 되지 않을 수 있지만, 인문학자는 인간에 대해 말하기 때문에 대개의 경우 우선 그가 어떤 인간인가가 문제가 되지 않을 수 없다. 그래서 인문학은 어려운 학문이다." 서울대 백종현 교수의 말이다.

인문학 강사는 인문학적 삶이 동반되어야 떳떳하게 말할 수 있게 된다. 많은 강사가 인문학을 강의할 수는 있지만 많은 강사가 인문학적 삶을 살고 있는 것은 아니다. 그래서 인문학 강의는 쉽지 않다. 하지만 누구나 인문학 강사가 될 수 있다. 특히 인생의 전반전을 마치고 인생 후반전을 준비하고 살고 있는 사람이면 더욱 인문학 강사로의 길이 유리하다. 시간은 좀 걸리겠지만 인문학적 삶을 살고 싶다면 누구든 인문학 강사가 될 수 있다.

전자공학 전공의 엔지니어였던 저자는 논어 論語 와 같은 고전에는 관심조차 없었다. 나름 21세기 첨단을 걷었던 반도체 엔지니어에게 '논어와 같은 것', 혹은, '인문학 같은 것'은 중요한 관심사가 아니었다. 20여 년 직장생활을 마치고 40대 중반 명예퇴직이라는 이름으로 회사를 나와서 쉰 살이 넘어서야 우연한 기회에 논어를 알게 되었다. 점심 산책을 하면서 천자문을 외우고, 저녁 운동을 하면서 논어에 나온 어구를 외웠다. 논어를 전문적으로 연구하는 학자도 아니고, 논어를 완벽하게 알지도 못하지만 제법 즐겨 쓰는 어구가 꽤 생기면서 읽을수록 새롭게 다가오는 논어의 매력에 빠져들고 말았다. 반도체 엔지니어로 살아온 내가 논어를 나름 이해했다면 세상 누구라도 그것이 가능할 것이다.

저자는 지금 인문학 강사로 살고 있다. 퇴직 후 인사컨설팅 펌을 경영하면서 서서히 인문학에 관심을 가지게 되었고 낮에는 회사에서 일을 하면서 밤에는 인문학 논어를 읽었다. 읽고 싶어 읽는 논어는 나에게 자유를 주고 상상을 주고 행복을 주었다. 인문학 논어가 어렵기는 하지만 불가능하지는 않았다. 나이 오십에 천자문을 새롭게 외우고 논어를 읽기 시작한 지 10년이 지났다. 논어의 고수를 찾아가 배우지는 않았지만 책을 읽고 생각하고 쓰면서 10년이 지나고 보니 1년에 100회 이상 강연을 하는 인문학 강사가 되었다. 인문학 강의로 한국강사협회애서 매년 진행하는 전국명강사대회에 참석하여 금상을 받고 대한민국 명강사 209호로도 인정을 받았다.

나이 마흔에, 쉰에 혹은 예순에 인문학을 시작하는 사람들이 많아지고 있다. 혼자 공부를 하는 사람들도 많고, 여럿이 모여 함께 공부를 하는 그룹들도 많아지고 있다. 인생의 중심에 서서 혹은 인생 2막을 계획하면서 인생다운 인생을 살고 싶어 인문학에 관심이 있다면 누구든 인문학을 시작해도 좋은 시대라 생각한다. 어떤 이는 인문학을 공부하면서 행복을 찾고 어떤 이는 인문학을 공부하면서 인문학 강사가 될 수도 있다. '2020 인문학 바람'의 중심은 분명 그들이 될 것이다.

08

인문학강의 분야의 전망

 인문학에 대한 사람들의 관심은 2004년 이후 꾸준한 증가세를 보이다 2016년을 기점으로 주춤한 추세지만 비교적 높은 관심수준을 유지를 하고 있다. 삶을 살아감에 있어 기초적인 교양과 어떤 상황을 만났을 때 잘 대처해나갈 수 있는 방법이 인문학 속에 있다면 인문학은 소수 엘리트 혹은 부자들의 전유물이 아닌 보통 시민들에게 더 필요한 것일 수 있다. 2020년에는 이 시민인문학 관련 강의가 더 뜨거워질 것으로 예상한다.

 이미 오래전부터 지적되어왔던 대학인문학 혹은 순수인문학의 위기는 2020년에도 지속될 것으로 보인다. 쉽게 해결될 수 있는 문제가 아니기 때문이다. 사람경영이 무엇보다 중요한 기업에서의 경영인문학은 계속 지속될 것이다. CEO 혹은 경영리더 중심의 인문학 강의에서 일반 직원중심의 인문학 강의로의 확대가 예측된다. 이공계를 선호하는 기업일수록 인문학 강의는 더 필요하기 때문이다. 현재 대학의 인문계 대 자연계 재학생 비율은 6 : 4 정도지만 국내 주요 대기업의 인문계 대 자연계 채용 비율은 2 : 8 정도로 자연계 출신의 비율이 월등히 높은 것을 감안하면 더욱 그렇다. 경영인문학 강사진은 주로 대학의 인문학 교수나 방송 등으로 유명세를 탄 일부 전문가들이다. 그것은 그동안 기업의 경영인문학 강의가 핵심 경영진들 위주였기 때문에 그랬지만, 인문학 강의가 일반 직원들에게 확대가 되고 있기 때문에 기업 경력이 있는 전문가들의 강의 수요가 더 늘어날 것으로 예상된다.

2020 인문학의 열풍은 시민인문학을 중심으로 확대될 것이다. 우리나라는 기대수명, GDP, 1인당 국민소득 등이 상위권에 올랐으나 인생선택 자유도, 부정부패, 사회적 지원제도는 거의 꼴찌를 달리는 행복하지 못한 사회에 살고 있다. 개인주의와 상업주의가 만연할수록 더 나은 인간의 삶과 사회에 대해 끊임없이 질문하고 해답을 추구하는 인문정신이 더욱 필요하다.

인문학 강의의 성패는 강의 방법에 달려 있다고 해도 과언이 아니다. 동일한 내용으로도 인문정신 함양에 성공할 수도 있고 실패할 수도 있기 때문이다. 삶의 의미와 가치에 대해 비판적 성찰을 할 수 있는 강의가 되기 위해서는 더 많은 노력과 연구가 필요하다. 강의 일변도로 진행하는 진행 방식에서 독창적인 인문학적 담론을 생산하는 강의가 되어야 한다. 웃기는 강의 보다는 재미있는 강의가 되어야 한다. 이론적인 강의보다는 실생활에 적용 가능한 성과를 내는 강의여야 한다. 시민인문학을 강의하는 강사는 본인 스스로 인문학적 삶을 살도록 노력해야 한다. 사람들 앞에서 말로만 떠드는 강사가 아닌 실제의 삶에서도 강사 스스로의 말대로 살아가고 있다는 것을 직간접적으로 보여야 한다.

📖 참고문헌

- 고병헌 외, 『희망의 인문학: 클레멘트 코스, 기적을 만들다』, 이매진, 2009
- 교육철학연구 제39권 제2호 The Korean Journal of Philosophy of Education, 2017
- 김시천 외, 『미래인문학트렌드』, 아나로그, 2016
- 노영희 외, 인문학 프로그램의 이용자 만족도 조사 연구, 2019
- 박정식 외, 빅데이터를 활용한 대중의 인문학 인식 연구, 2016, 글로벌문화콘텐츠(25)
- 박홍규, 『인문학의 거짓말』, 인물과사상사, 2017
- 이병철, 『호암자전』, 나남, 2014
- 조슬린 데이비스, 『인문학 리더십(The Greats on Leadership)』, 반니, 2016
- 천정환, 인문학 열풍에 관한 성찰과 제언: 시민인문학 강좌를 중심으로, 2015, 영미문학연구회
- 최종엽, 『일하는 나에게 논어가 답하다』, 한스미디어, 2017
- 한국교육개발원, '2017년 고등교육기관 졸업자 취업통계조사'
- https://www.data.go.kr
- https://datalab.naver.com/
- https://www.dhnews.co.kr/news/articleView.html?idxno=100207
- https://www.donga.com/news/article/all/20060919/8352416/1
- http://www.fnnews.com/news/201904161450527715
- https://www.kyosu.net/news/articleView.html?idxno=43871
- https://news.joins.com/article/23498226
- https://news.joins.com/article/23145832
- https://kess.kedi.re.kr
- https://kma.or.kr/usrs/eduRegMgnt/eduRegMgntForm.do?p_ctgry_id=323
- https://trends.google.com/trends/?geo=US

최창수 ———————————————————

- 조직활성화 전문 강사
- 인재센터(성장의뜰)대표, 강의력발전소 소장
- KMA한국능률협회 겸임교수
- 조직활성화 분야 19년간 약 1,200회 강의, 감성조직활성화 찾아가는 뮤지컬 〈아버지〉 개발 및 진행, '팀워크리더십' 과정 개발 및 강의
- '60분 강연마스터' 대표코치, '글놀이 : 프리라이팅' 과정 대표 코치
- 레크리에이션 지도자 1급

Trend

7

—

조직활성화
GROUP ACTIVATION

기업은 언제나 새로운
조직활성화 강의를 찾는다

최근 기업 경영의 환경이 급속도로 변화하고 있다. 국제 정세의 변화와 치열하게 펼쳐지고 있는 기업 간 경쟁, 인공지능 AI 의 발달로 인한 문명의 변화 등이 스타트업이나 중견기업, 대기업의 경영 환경에 큰 영향을 끼치고 있다.

시대적 변화에 발맞춰 기업은 직원들의 교육에도 변화를 준다. 20년간 기업교육 강사로 활동하면서 가장 크게 느끼는 변화는 교육 시간이 단축되고 있으며 시간이 단축된 만큼 기업은 짧은 시간에 교육 니즈 Needs 이상의 효과를 얻기 위해 보다 더 임팩트 있는 교육 프로그램을 설계하고 있다는 점이다.

그 결과 기업의 교육담당자는 외부교육을 진행함에 있어 이전의 교육과는 다른 차별화된 교육을 찾고 있으며, 보다 전문적이고 인지도가 높은 강사에게 강의 기회를 제공한다. 이는 곧 강사들에게 더 새롭고 임팩트 있는 새로운 교육 프로그램을 개발하도록 하는 자극이고, 짧은 시간에 강력한 임팩트를 주고자 더욱 깊이 학습 및 개발하고 적용하면서 강사 스스로 성장하는 계기가 되고 있다.

이는 곧, 스스로 성장하지 않으면 이제 기업교육 시장에서 강사로 활동하기가 어려워지고 있다는 말과 같다. 하지만 시대가 아무리 급변하고 있다 하더라도 기업교육 프로그램 중에서 지속될 수밖에 없는 프로그램이 있다. 대표적인 프로그램이 바로 조직활성화 강의이다.

본문에서는 최근 조직활성화 강의에 있어 기업과 교육담당자들이 추구하는 교육 니즈의 트렌드와 현재 역동적으로 진행되고 있는 조직활성화 강의에는 어떠한 것들이 있는지 살펴보고, 앞으로 새로운 트렌드에 맞추어 가져야 할 조직활성화 강사로서의 역량 및 조직활성화 강의의 미래 트렌드에 대해 기술하고자 한다.

01

조직활성화의 정의 및
조직활성화 강의 니즈(needs) 트렌드

조직활성화의 정의

조직활성화에 대한 트렌드를 다룸에 앞서 조직활성화란 무엇인지에 대해 먼저 살펴볼 필요가 있다. 경총 노동경제연구원의 연구위원이자 인적자원 팀장인 김환일 연구원의 '일본 기업의 최근 조직활성화 방안과 과제'를 보면 일본에서의 조직활성화에 대한 정의를 다양하게 다루고 있다.

조직활성화란 조직의 활동력을 적극화하고, 활력있게 하는 것을 목적으로써, 조직편성을 합리화하여 활동하기 쉽고, 다른 한편으로 행동과학의 제성과를 활용한 각종의 시책에 의해 조직 성원의 활동력을 강화하는 것이다. 또한 일경련 홍보부의 '인사·노무용어사전'에서는 조직활성화는 조직에 활력을 부여하고, 그 활동을 활발히 하는 것이라 정의하고 있다.

이에 김환일 연구원의 정의에 따르면 조직활성화란 개개인의 능력 _{잠재적 능력을 포함}이 최대한으로 발휘되고, 최대한으로 발휘된 에너지가 조직 가운데에서 상승효과에 따라 강화되며, 조직목적에 공헌하고 있는 것과 같은 조직상황을 구축하는 것이라 말하고 있다.

시대가 아무리 급변하더라도 조직활성화 교육은 반드시 필요하다. 기업이 생존을 넘어 성장을 이루기 위해 핵심가치를 수립하고, 비전을 세우고, 목표를 세우고, 프로세스를 수립하고, 제품을 개발하고, 시장을 확보하는 등의 활동을 해 나간다 하더라도 결국 그 중심에 사람이 있기 때문이다.

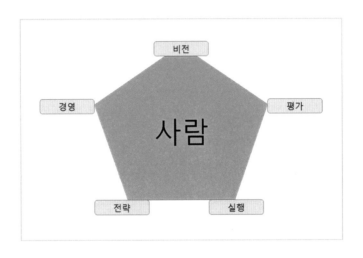

그렇기에 조직 구성원들이 가지고 있는 개개인의 능력이 최대한으로 발휘될 수 있도록 하여 그것이 곧 개인과 조직의 시너지 상승효과로 이어질 수 있도록 하기 위해서는 어떻게 조직을 활성화할 것인가라는 질문을 끊임없이 던지고 또 던져야 한다. 그리고 그 질문의 답 중 하나가 바로 전사 조직원이 한곳에 모여 팀워크를 다지고 함께 소통하고 공감하며, 의지를 다지는 시간, 즉, 조직활성화 프로그램을 운영하는 것이다.

빌 비숍의 〈관계우선의 법칙〉에 따르면 기업을 긍정적으로 변화시키는 작업을 돕기 위한 8가지 전략 중의 세 번째로 "팀워크를 통해 시스템과 전략을 통일시켜라"를 강조하고 있다. 하지만 오늘날 대부분의 기업에서는 팀워크를 구축하는 데 어려움이 크다.

가장 큰 세 가지 이유의 첫째는 기업 전체의 전략적 초점이 가치와 고객이 아닌 제품과 시장, 매출에 맞춰져 있다는 것이다. 둘째 이유는 직원들의 지적 수준과 아울러 사회적 만족도 및 삶의 만족도 추구에 대한 의식이 높아지고 있다는 것이다. 셋째는 팀워크 활성화 및 조직활성화 프로그램에 대해 단순한 이벤트성 활동으로 여기는 경우가 많다는 것이다.

조직활성화 강사로서 강의하고자 한다면, 어떤 강의 프로그램을 운영하든 이 세 가지 이유를 역으로 분석하여 교육에 접목시키고자 하는 노력이 필요하다. 가려운 이 부분을 긁어 줄 수 있다면 어쩌면 최고의 조직활성화 강사가 될 수도 있을 것이다.

반대로 기업의 교육 담당자는 어떻게 조직원들의 의식을 한 곳으로 끌어모을 수 있을 것인가, 더욱 높아지고 있는 직원들의 일과 회사에 대한 의식을 만족시킬 수 있을 것인가, 어떻게 하면 이벤트가 아닌 진정한 조직활성화 교육 프로그램을 운영할 수 있을까에 대해 고민하고 있다는 말이 될 것이다.

조직활성화의 강의 니즈(Needs) 트렌드

그렇다면 최근 조직활성화 강의를 진행하는 데 있어 기업이 원하는 니즈의 트렌드 변화는 무엇일까?

첫 번째 가장 큰 트렌드의 변화는 조직활성화 프로그램 강의 시간의 단축이다. 2000년대 초반까지만 해도 2박 3일 또는 1박 2일, 시간으로 치면 약 14시간에서 20시간에 이르는 긴 시간을 유명한 조직활성화 프로그램 교육 기관을 통해 과정을 진행하고는 했었다. 그 예로 대표적인 프로그램에는 [유답], [나비], [세븐헤빗] 등이 있었으며, 이러한 프로그램은 전사 조직활성화 프로그램으로 전국적으로 강의를 진행하며 승승장구했었다. 하지만 주 5일 근무제가 본격적으로 도입되면서 상황이 달라지기 시작했다. 주 5일 근무제는 2002년 10월 국회에 제출되었으며, 노사간의 의견 합의가 이루어지며 2003년 9월 15일 공포되었고, 2004년 7월부터 단계적으로 시행에 들어갔다. 이전까지만 해도 월요일부터 수요일, 목요일부터 토요일까지의 3일간 교육 과정이 가능했다면 주 5일 근무제가 시행되면서 3일 과정 자체가 어렵게 된 것이다. 이는 곧 1박 2일 집체교육에도 영향을 끼치기 시작했고, 그 결과 이제는 조직활성화 프로그램은 최대 1일 8H과정으로 운영되고 있다고 해도 과언이 아닐 것이다.

교육 시간이 짧아지다보니 이 짧은 시간 동안 기업이 원하는 교육 니즈 이상의 결과를 끌어내기 위해 교육담당자들은 더욱 프로그램 선별에 신중을 가하게 되었고, 조직활성화 프로그램에 대한 공부에도 더욱 심혈을 기울이게 된다.

이에 두 번째로 큰 트렌드의 변화가 자연스럽게 다가온다. 두 번째 변화는 보다 새롭고 보다 다이나믹하며 교육 니즈까지 만족시킬 수 있는 프로그램을 찾는다는 것이다. 짧게는 2시간에서 보통은 4시간, 길게 진행될 경우 최대 8시간이라는 짧은 시간 동안 원하는 교육 니즈를 충족시키려다 보니, 보다 전문화된 조직활성화 강사를 선호하게 되었으며, 빠르게 변해가는 트렌드의 흐름에 직원들이 익숙해지면서 프로그램 선별 시 과거에 했던 것, 유사한 것 등을 제외한 새롭고 신선한 것 위주로 먼저 검토하는 경향이 짙어졌다. 즉 새롭지 않으면 기업과 교육 담당자에게 어필하기가 쉽지 않다는 말이다. 때문에 조직활성화 프로그램을 운영하는 강사는 매 순간 창의적이어야 하며, 새로운 강의 콘텐츠를 발굴하는 노력을 게을리해서는 안 된다.

세 번째로 말하고 싶은 트렌드의 변화는 교육 담당자 스스로가 공부하고 노력하여 새롭고 참신한 프로그램을 진행한다는 것이다. 이 경우 외부강사는 그다지 필요치 않을 수 있으며, 때로는 전문 프로그램이나 강사보다도 더 높은 교육적 효과를 만들어내기도 한다.

정리하면, 주 5일제 시행에 이어 이제 주 52시간 근무제가 본격화되면서 향후 조직활성화 프로그램에 대한 교육 시간은 더욱 짧아질 것이기 때문에 보다 더 임팩트 있으면서 교육 니즈를 확실하게 해소시켜 줄 수 있는 프로그램이 교육 시장에서 각광 받게 될 것이다.

02

조직활성화 강의 트렌드

조직활성화 강의에 대한 기업의 니즈가 달라지고 있는 만큼 실제 조직활성화 강의를 진행하고 있는 기관이나 강사들의 트렌드도 많이 달라지고 있다. 현실적으로 이러한 변화에 따라가지 못하고 기존의 방식을 고수하게 된다면 이는 곧 기업교육 시장에서 잊혀지는 불상사를 초래할 수도 있을 것이다.

먼저, 과거 90년대 후반부터 현재까지의 조직활성화 강의의 변화를 살펴보자. 90년대 후반부터 2000년대 중반까지 국내 교육 시장에서 가장 활발하게 진행되었던 교육 프로그램 중 대표적인 것으로는 [유답]과 [세븐헤빗] 등이 있었다. 물론 이 외에도 다양한 프로그램들이 있었지만, 개인적 생각으로는 위 두 프로그램의 아성은 요즘 말로 넘사벽이라 해도 과언이 아니었다.

유답은 데이비드 홉킨스 박사가 저술한 『의식혁명』에 담긴 '의식레벨 17단계'를 통해 인간의 부정적 의식과 긍정적 의식의 차이를 설명하고, 긍정적인 조직, 상생하는 조직, 소통과 공감을 이루어 가는 조직을 만들기 위해 무엇을 생각하고 실천해야 하는지에 대해 체험, 연극관람, 게임 등을 기반으로 다이나믹하게 전달해주었던 프로그램이다.

아울러 세븐헤빗은 스티븐 코비의 『성공하는 사람들의 7가지 습관』

을 바탕으로 첫째, 자신의 삶을 주도하라. 둘째, 끝을 생각하며 시작하라 비전. 셋째, 소중한 것을 먼저 하라. 넷째, 승-승 원원 을 생각하라. 다섯째, 상대를 이해하고 난 뒤 이해시켜라. 여섯째, 시너지를 내라! 일곱째, 끊임없이 쇄신하라의 내용을 체계적인 교육프로그램으로 구성하여 전달했던 최고의 과정 중 하나였으며, 현재도 다양한 곳에서 이 과정을 진행하고 있다.

비록 유답과 세븐헤빗 등이 약 20년의 시간 동안 교육 시장에서 운영되고 있다 하더라도 과거의 영광에 비하면 현재는 그들의 시장이 매우 축소되고 있는 것 또한 현실이다.

이제 2000년대 중후반을 살펴보자. 이 당시 기업에서 가장 많이 진행했던 조직활성화 프로그램은 회사에 관련된 정보나 이슈 등을 재미있게 풀어보는 〈도전골든벨〉, 극기와 도전정신 함양을 위해 진행했던 〈해병대캠프〉, 팀워크 향상을 위한 프로그램으로서 가장 인기 있었던 〈도전 99초〉, 정신적인 부분에서의 또 다른 성장을 만들어낼 수 있었던 〈임종체험〉, 자연 속에서 함께 뛰며 동료애를 함양할 수 있었던 〈서바이벌 게임〉 등이 있다.

물론 위에서 언급한 프로그램들은 지금도 진행하고는 있다. 주목할 점은 위 프로그램이 교육 시장에서 최고의 전성기를 누렸던 기간이 길어야 3년~5년 남짓이었다는 점이다. 유답이나 세븐헤빗 등의 프로그램이 7~10년 정도 전성기를 누린 것과 비교하면 그 기간이 약 절반 정도로 줄어들었다는 점에 주목할 필요가 있다.

2010년대에 들어서면서 조직활성화 강의에 문화와 스포츠가 본격적으로 접목되기 시작했다. 대표적인 예가 바로 뮤지컬과 컬링이다. 과거에 역할극을 교육 프로그램으로 진행하거나, 실제 연극배우들이 교육

현장으로 찾아가 이벤트성으로 연극을 보여주는 형식으로 조직활성화 강의를 진행하면서 조직원들의 사기 증진 및 소통과 공감을 이끌어내고는 했었다. 그러던 것이 2010년대에 접어들면서 보다 더 활발하게 진행되기 시작했다.

짧게는 하루 과정으로 실제 뮤지컬 배우들이 교육 현장에 직접 찾아가 공연을 보여주고, 노래와 춤, 연기 지도를 통해 교육생들이 한 편의 공연을 직접 만들어 보는 과정으로 진행되기도 하며, 사내로 초빙되어 몇 주의 과정 진행을 통해 직원들이 직접 배우로 출연하여 완성도 높은 뮤지컬 작품을 무대에 올리기도 한다.

최근에는 2018 동계올림픽에서 컬링이 대 국민적 관심과 큰 호응을 이끌어낸 것을 기점으로 실내에서 동료들과 함께 컬링을 직접 체험해 보고 이를 통해 즐겁고 유쾌한 시간, 함께 팀워크를 다지는 시간을 만들어내기도 한다.

어디 그뿐인가? 플로리스트가 예쁜 꽃을 한가득 가지고 교육장을 방문하여 교육생들이 꽃을 가지고 직접 꽃바구니, 꽃목걸이, 꽃모자 등을 만들며 소통과 공감의 시간을 갖기도 하고, 바리스타가 여러 도구들을 가지고 교육장을 방문하여 커피를 소재로 소통과 공감의 시간을 만들기도 한다. 또한, 와인전문가가 교육장을 방문하여 와인을 소재로 직접 와인을 마셔보며 소통과 공감, 아울러 직원들간의 매너와 에티켓 함양을 위한 교육을 진행하고 있다.

이것이 곧, 조직활성화 강의 트렌드를 매우 강하게 보여주고 있는 현상이다. 『인적자원관리전략 김남민 저』에 따르면 HRD의 패러다임의 변화를 훈련 중심의 HRD에서 학습 중심의 HRD로, 그리고 성과 중심의 HRD로 변화하고 있다고 설명한다. 그런데 여기서 한 걸음을 우리는 더 내딛고 있다.

모든 것이 디지털화 되어가고 있기에 오히려 역으로 인간 내면을 바라보고자 여기는 인문학이 중요하게 여겨지기 시작했으며, 교육대상자는 일방적 교육이 아닌 교육 과정 중에 스스로 자신의 경험을 표현하고 싶어 하고, 직접 교육 과정에 참여하기를 원한다는 것이다. 즉, 교육대상자의 성질이 학습자에서 참가자로 바뀌어 가고 있는 것이다. 관점의 프레임을 어떻게 갖고 있느냐는 매우 중요한 부분이다.

강사가 교육 대상자를 학습자로 여기고 강의를 시작한다면, 강의 내내 교육 대상자는 학습자로 남겠지만 참가자로 여기고 강의를 시작한다면, 그 교육은 일방적 교육이 아닌 함께 만들어 가는 교육 시간이 될 것이다. 이는 조직활성화 프로그램을 운영하고 강의하는 데 있어 매우 중요한 관점이다.

조직활성화 트렌드	
첫째	조직활성화 과정의 진행시간 축소
둘째	다양한 분야의 접목
셋째	학습자가 아닌 참가자로서의 변화

조직활성화 강의의 최근 트렌드는 첫째, 조직활성화 과정의 진행 시간이 점점 짧아지고 있다는 사실을 인지해야 한다. 보통 2시간에서 6시간 사이로 프로그램들이 많이 운영되고 있음을 알아야 한다. 둘째, 문화와 스포츠 등의 다양한 분야가 조직활성화 강의에 보다 더 적극적으로 접목되고 있다는 것을 느껴야 할 것이며, 셋째로, 교육 대상자는

더 이상 학습자이길 원하지 않으며, 참가자가 되길 원한다는 것이다.

그렇다면 트렌드 변화에 맞추어 조직활성화 강사로서 어떻게 강의를 구성하고, 어떠한 기법으로 강의를 진행해 나가야 할까!

03

새로운 트렌드에 맞추어
역량 변화를 시도하는 강사 트렌드

한국경제신문에서 발간된 도서 『4차 산업혁명 why』에 따르면 제4차 산업혁명 시대의 교육 시스템 프레임에 대해 교사들은 더 이상 지식을 전달할 필요가 없다고 말한다. 다양한 방향으로 자기 주도적 학습을 진행하는 역진행 학습 방법은 교사가 지식 정보를 전달하지 않고 학습 계획서를 작성하지도 않으며 교단에서 강의도 하지 않는다. 그 대신 교사는 학습 시 오감을 활용한 다각도의 관찰을 하며 추가 도움이 필요한 학생에게 코치이자 안내자 역할을 해준다고 말하고 있다.

또한 교사의 역할에 대해 기존 교사는 Teacher이자 지식 교육 전달자였다면 4차 산업혁명 시대의 교사는 코칭, Mentor, 교육 Guider의 역할로 전환될 것이라 말한다.

더구나 디지털화가 더욱 가속되어 가고 있기에 앞서 언급한 바와 같이 인간 내면을 더욱 바라보는 인문학적인 요소도 가미가 되어야 할 것이다. 이에 앞으로 조직활성화 강사가 가져야 할 역량을 크게 세 가지로 나누어 말할 수 있다.

　첫 번째는 Fun! 즉 조직활성화 교육을 진행함에 있어 재미있게 진행할 수 있는 능력이며, 두 번째는 Emotion! 즉 감동을 전해 줄 수 있는 능력을 갖춰야 하며, 마지막으로 세 번째는 Knowledge! 즉 콘텐츠 속에 지적 정보를 삽입하여 전달할 수 있는 능력이다.

　과거에는 Fun, Emotion, Knowledge 중의 한 가지 능력만 갖추고 있어도 강의하는 것이 가능했다면 앞으로는 이 세 가지를 동시에 갖추지 않는다면 점차 교육 시장에서 잊혀질지도 모른다. 그렇기에 조직활성화 강사는 매 순간마다 이 FEK의 세 가지 요소를 키워가기 위해 연구하고 적용하고 스스로 피드백하는 PDS Plan, Do, See 즉 계획, 실행, 평가의 사이클을 적용해야 한다. 그렇다면 FEK의 세 가지 역량을 어떻게 향상시켜 갈 수 있을까?

Fun 역량 트렌드!

조직활성화 분야에서 인기 많은 강사일수록 Fun 역량이 매우 높다는 것을 볼 수 있다. Fun 역량이 높은 강사들과의 인터뷰를 통해 Fun 역량 강화를 위해 시도하고 있는 방법에 대해 들을 수 있었다. 그들은 Fun의 역량을 키우기 위해 세 가지의 방법을 제시한다. 하나, 게임 기법에 대해 끊임없이 연구하여 자기 것으로 만들어야 한다고 강조한다. 조직활성화나 팀워크 관련 강의에서 게임은 필수적 요소이다. 학습자는 다이나믹한 게임 등을 통해 재미를 느끼게 되고 그 결과 몰입도를 끌어올릴 수 있다.

한국교원대학교 백영균 교수의 게임기반학습 Game Based Learning 활성화의 전제조건에 대한 고찰 정보과학회지, 24 ②, 45-50 에 따르면 게임기반학습이 갖는 효과에 대해 이렇게 정리하고 있다.

첫째, 게임은 다양한 교육적 기능을 제공한다. 예를 들면 교수, 탐구, 기능실습, 오락, 그리고 태도 변화와 같은 것들이다. 둘째, 게임 활동 속에서 학습자들은 상호 대인관계를 파악할 수 있으며, 그렇게 함으로써 전략적 맥락 strategic context 속에서 협력하고 경쟁하면서 행동하도록 격려되어지고, 게임 후 의미있는 토론을 지속할 수 있다. 셋째, 게임은 학습을 위한 흥미유발 도구가 될 수 있다. 게임에는 흥미를 일으키는 요소, 게임을 하도록 하는 목적, 그리고 동기유발 요소로 인해 게임 속에 자신을 몰입시킴으로서 높은 학습 동기를 유발할 수 있다.

이에, 조직활성화 과정을 진행함에 있어 다이나믹한 게임을 진행할수 있다는 것은 조직활성화 강사로서 엄청난 무기가 되는 것이다. 그렇다면 게임을 가장 쉽고 재미있게 배울 수 있는 통로는 어디일까? 저자는 그 해답을 레크리에이션 기법에서 찾기를 권한다.

현재 Fun의 역량을 통해 조직활성화 분야에서 이른바 잘 나가는 강사치고 레크리에이션을 배우지 않은 이는 매우 드물다. 저자 또한 레크리에이션 1급 지도자 자격증을 보유하고 있으며, 20대 때 레크리에이션 강사로서 활동하면서 쌓은 노하우 덕분에 조직활성화 강의를 진행함에 있어 학습자에게 더욱 재미있는 프로그램을 제공할 수 있었다.

레크리에이션 기법은 일반적으로 사단법인 세계레크리에이션협회 http://www.creckorea.or.kr/ 에서 진행하는 프로그램을 통해 학습할 수 있으며, 자격증 취득도 가능하다. 다만, 명심해야 할 것은 수많은 게임기법 등을 배우더라도 자신의 것으로 만들지 못 한다면, 조직활성화 강사로서 좋은 평가를 받을 수 없다는 점이다. 하여, 어떤 게임 기법을 학습하더라도 수십 번 이상의 게임 진행 연습을 통해 온전한 내 것으로 만들어야 하며, 그 안에 자신의 색깔을 담는 노력을 기울여야 할 것이다.

Fun의 역량을 키우기 위한 두 번째 방법은 재미있는 멘트의 개발이다. 이를 위해서는 끊임없는 시도와 관찰 속에서 자신만의 재미있는 멘트를 만들어가야 한다. 조직활성화 강사로서 Fun의 역량을 갖추기 위해 개그 트렌드에 대해 깊은 관심을 가질 필요도 있다.

TV에서 방송하는 개그 프로그램을 시청하면서 방청객들의 웃음 포인트를 캐치해 보는 것도 도움이 되며, 일상생활 속에서 주변에 있는 사람을 웃게 만들기 위해 재미있는 멘트를 끊임없이 시도해 보는 것도 매우 중요한 방법이다.

내가 어떤 포인트에 어떤 멘트를 시도했을 때 주변의 사람들이 웃는지를 관찰하고, 웃음 포인트를 찾게 되면, 지속적으로 멘트를 사용하면서 익숙해진다. 그리고 익숙해진 멘트를 강의에 삽입해 보면서 청중의 반응을 살펴 변화를 주는 시도를 통해 언제 어디서 어떤 대상을 만나도 웃음을 전할 수 있는 나만의 웃음 포인트가 만들어질 것이다. 이러한 웃음 포인트가 쌓이면 쌓일수록 조직활성화 강의에 있어 Fun의 요소를 더욱 충족시키는 긍정적 결과를 이끌어 낼 수 있다.

Fun의 역량을 키우기 위한 세 번째 방법은 망가지는 용기를 갖추는 것이다. 조직활성화 강의의 성공과 실패는 첫 인사에서 좌우되는 경우가 매우 높다. 짧은 시간 안에 교육 니즈를 충족시키는 강의를 진행하기 위해서는 최대한 빨리 학습자와 강사 사이의 벽을 허무는 것이 중요하다. 그리고 벽을 허무는 가장 쉽고도 빠른 방법은 강사 스스로가 고급스럽게 망가지는 것이다. 학습자는 교수자 강사 가 적정한 선에서 망가지는 용기를 보여주면 무장해제가 되어 강사에게 마음을 열게 된다. 중요한 것은 너무 가볍지도, 너무 무겁지도 않은 적정선에서 고급스럽게 망가지는 방법일 것이다.

Emotion 역량 트렌드!

조직활성화 강의 분야의 탑강사들은 다음으로 Emotion, 즉 감동을 줄 수 있어야 한다고 말한다. 그들은 감동을 줄 수 있는 강의 역량 향상 기법으로 다음의 두 가지를 제시한다. 첫 번째는 스토리텔링 기법을 장착하는 것이며 두 번째는 내레이션 기법이다.

타인에게 인위적으로 감동을 전하는 것은 절대로 쉬운 것이 아니다. 따라서 조직활성화 강사는 학습자의 심장을 어택할 수 있는 Emotion Skill을 갖춰야 하며 대표적인 방법 중 하나가 바로 스토리텔링 기법이다.

스토리텔링이란 스토리 Story 와 텔링 Telling 의 합성어로서 상대방에게 알리고자 하는 바를 재미있고 생생한 이야기로 전달하는 방법을 말한다. 스토리텔링을 잘하기 위해서는 목소리에 감정을 실어 전달하는 능력과 표정 연기 및 내용과 감정에 따른 손과 발, 몸동작에 대한 연구를 깊이 해야 한다.

스토리텔링 기법을 키울 수 있는 가장 좋은 방법은 연극을 관람하면서 배우들을 관찰하거나 실제 연극의 배우로 참여해 연기를 배워보는 것이다. 이를 통해 대사에 어떻게 감정을 삽입하는지, 표정과 손동작, 몸짓 등을 어떻게 만들어 가는지를 배울 수 있으며, 조직활성화 강의에 접목하여 보다 높은 감동을 학습자에게 전달할 수 있는 힘을 키울 수 있다.

내레이션이란 보통 영화나 연극, 드라마, 다큐멘터리 등에서 장면 등에 넣는 해설을 가리킨다. 조직활성화 강의를 진행하다 보면 좋은 글 등을 통해 청중에게 감동을 전하기도 하는데, 만약 이때 그냥 국어책 읽듯이 좋은 글을 읽는다면 학습자의 감동은 크게 반감되거나 아예 감동을 느끼지 못할지도 모른다. 하지만 만약 내레이션 기법을 연구 및 훈련하여 역량을 갖추고 있다면 좋은 글 하나를 낭독함으로써 감동 그 이상의 감동과 의미 부여가 가능해진다. 이때 만약 장문의 글을 암기하여 내레이션 한다면 청중이 느끼는 감동은 더욱 증가할 것이다.

Knowledge 역량 트렌드!

마지막으로 FEK의 Knowledge, 즉 강의 안에 학습자의 지적 욕구를 충족시키기 위한 깊은 지식을 삽입하는 기법은 끊임없는 학습과 적용에서 향상된다. 조직활성화 강의를 진행함에 있어 깊은 지식이 더해진다면 교육의 질은 더욱 높아지고 청중의 만족도도 크게 향상된다. 물론, 과정 특성상 전문적 지식을 깊이 다룰 수는 없다. 하지만 게임 중심의 학습을 진행하면서 중간중간 전문적 지식을 간결하게 전달한다면 학습자는 자신들이 하고 있는 체험 학습의 의미에 대해 더욱 깊이 생각하게 될 것이다. 이는 곧 강의의 질을 높이게 되며 교육의 만족도로 이어진다.

지식을 삽입하는 기법을 향상시키는 방법은 오로지 배우고 또 배우는 것이다. 특히 조직활성화 강사는 행동심리학에 대해 깊이 공부할 필요가 있다. 조직활성화 강의에서 대부분의 이론적 배경은 행동심리학에서 나온다고 해도 과언이 아니기 때문이다. 아울러 조직행동론이나 교육심리학에 대해서도 꾸준하게 학습해야 하고 이 외에 경영과 관련한 전반적인 지식을 쌓아가는 것에 노력해야 한다. 직접 쌓은 지식은 절대 배신하지 않는다. 배우고 PPT로 강의 페이지를 만들어 활용하다 보면 단순히 재미와 감동만을 전하는 조직활성화 과정이 아닌 지식콘텐츠도 함께 전할 수 있는 양질의 강의가 이루어질 것이다.

Fun, Emotion, Knowledge의 세 가지 역량과 아울러 조직활성화 강사로서 인문학적 깊이를 더할 수 있다면 더욱 퍼펙트한 조직활성화 강사가 될 수 있을 것이다. 앞서 언급한 바와 같이 시대가 더욱 디지털화되어 가고 있기에 인간 내면에 대한 성찰을 이끌어내는 인문학의 중요성이 더욱 강해지고 있다.

인문학적 깊이를 더할 수 있는 가장 좋은 방법은 독서와 글쓰기이다. 책 속에는 세 가지의 보물이 있다. 지식의 보물, 경험의 보물, 지혜의 보물이다. 책을 통해 지식을 얻을 수 있으며, 책을 통해 타인의 경험을 얻을 수 있으며, 책을 통해 배운 것을 실천으로 옮긴다면 삶의 지혜까지도 얻게 되는 최고의 보물이다. 이것이야말로 독서의 힘인 것이다.

또한 글쓰기를 꾸준하게 하다 보면 내가 가진 지식의 한계를 알게 되면서 더욱 성장하는 계기가 만들어지고 생각을 글로 옮기다 보면 더욱 깊이 생각하고 고찰하게 되어 생각이 깊어지고 넓어지는 효과를 보게 된다. 이는 곧 강사가 표현하는 말에 진정성이라는 엄청난 힘을 키워주게 된다.

이제 기업교육 현장에서의 강사는 지식 교육 전달자에서 교육 가이드로서의 역할로 변화하고 있다. 청중은 학습자가 아니라 참여자이길 원하며, 보다 더 새롭고, 재미있고, 감동적이면서 지적 욕구를 충족시켜주는 프로그램과 강사를 원하고 있다. 보다 재미있게, 보다 감동적으로, 지식의 전달을 통해 보다 높은 질 Quality 의 강의를 하자! 이 중 하나만이라도 만족시킬 수 있다면 조직활성화 강사로서 좋은 평가를 받을 수 있고 두 개를 만족시킬 수 있다면 훌륭한 강사라는 말을 듣게 될 것이며, 세 가지를 다 만족시킬 수 있다면 퍼펙트한 조직활성화 강사로서 기억될 것이다.

04

트렌드를 따라갈 것인가
vs 트렌드를 만들 것인가

**강사로서 나만의 무기(차별화된 콘텐츠)가 있다는 것은
매우 중요하다**

색깔의 시대가 왔다. 자신의 일에서 남들이 내지 못하는 나만의 색깔을 갖고 있는 것과 그렇지 못한 것의 차이가 분명하게 나타나는 시대에 우리는 살고 있다. 조직활성화 강사로서 생존을 넘어 성장하려면 자신의 분야에서 독특한 나만의 색깔로 승부수를 걸어야 할지도 모른다. 그래서 중요한 것이 바로 도전이다.

시장을 창조하자!

우리는 인간이기에 무에서 유를 만들어 내지 못한다. 인간이 할 수 있는 창조는 기존의 유와 또 다른 유를 합쳐 새로운 유를 만들어 내는 것이다.

십여 년 전 프리랜서 강사로 활동한 지 얼마 되지 않을 무렵 생계의

위협을 느낀 나는 약 3개월간 SECOM이라는 보안업체에서 일을 했었다. 그 당시 정말 독하게 뛰었던 것 같다. 매일 10층 이상의 고층 빌딩을 20여 개를 올라갔다 내려왔다 타고 다니면서 악착같이 영업을 했다. 그 결과, 꾸준함의 힘이었는지 일을 한 지 한 달도 채 안 되어 14건의 계약을 맺었다. 처음 SECOM 영업을 하면서 첫 달에 14건의 계약은 신기록이었다고 한다.

첫 월급 봉투를 받으면서 얼마나 뿌듯했는지 모른다. 그러나 뿌듯함도 잠시 나는 궁금해지기 시작했다. 회식자리에서 계약도 몇 건 하지 못한 선배의 수입이 14건이나 계약한 나의 수입을 뛰어넘은 것이다. 너무나 궁금했다. 그러던 어느 날, 그 선배와 같이 영업을 하러 간 자리에서 나는 그 비결을 알 수 있었다. 이 선배는 고객을 만나 단지 SECOM만을 영업한 것이 아니었다. 보통 SECOM 계약을 하는 경우 신규 매장이나 새로 오픈한 음식점, 슈퍼, 사무실 등이 많다. 새로 오픈하는 곳에서는 보안만 필요한 것이 아니었다.

예를 들면 정수기, 카드단말기, 화재보험 등이 필요할 것이다. 그 선배는 SECOM 계약이 끝난 후 고객과 신뢰를 쌓아가면서 넌지시 정수기 또는 카드단말기, 화재보험 등을 이야기하며 상품을 같이 판매하고 있었다. 화재보험의 경우 열심히 공부해서 자격까지 갖춘 상태였다. 망치로 머리를 한 대 맞은 기분이었다. 그리고 깨달았다. 세상에 팔 것은 많다. 단지 내가 몰라서 못 팔고 있었을 뿐이란 것을!

강의도 마찬가지가 아닐까! 집을 깨끗하게 정리정돈 해주면서 행복을 주는 정리정돈전문가에게 직장인들을 위한 강의 기회가 주어진다면? "일하는 공간이 정리정돈이 되면 일의 능률이 오른다"로 강의가 진행되면 될 것이다. 그래서 우리가 주목해야 할 것이 바로 융합 트렌드이다.

05

융합 콘텐츠로 승부하는
강사 트렌드

융합이란 서로 다른 종류의 것들이 녹아서 서로 구별이 없도록 하나로 합하여지거나 그렇게 만드는 것 또는 둘 이상의 요소가 합쳐져 하나의 통일된 감각을 일으키는 일을 의미한다. 융합을 하지 않으면 정리정돈전문가는 수많은 집들을 돌아다니며 가정집을 대상으로만 사업을 해나갈 것이다. 정리정돈전문가로서의 지식과 노하우를 사무실오피스 정리와 융합하면 새로운 시장이 만들어지는 것이다.

다시 말해 자신이 가진 능력과 개인을 합쳐 새로운 융합의 시장을 만드는 것이다.

나의 경우 내가 가진 강사로서의 능력과 노하우에 뮤지컬을 융합하여 새로운 조직활성화 프로그램을 만들어냈다. 이것이 바로 융합인 것이다. 이것이 가능하려면 관점의 전환이 필요하다. 사물을 보든, 사람을 보든, 사건을 접하든, 어떤 지식을 섭렵하든 항상 나에게 질문을 던져보자! 내가 하고 있는 강의와 이것이 만나면 어떤 새로운 융합이 만들어질까? 라는 질문을 말이다.

인간은 신神이 아니다. 無에서 有를 창조해 내지 못한다. 인간이 만들어 내는 모든 창의적 창조적 산물은 모두 기존의 有에서 새로운 有

로 개선 또는 발전시킨 것이다. 그 어떤 위대한 발명품도 무에서 발생하지 않았다. 나무와 나무의 마찰을 통해 불을 일으킨 것처럼, 떨어지는 사과를 보며 발견된 만유인력의 법칙처럼, 전기가 필라멘트를 통과하면서 받게 되는 저항을 통해 열과 빛이 생성되는 것을 발견하여 만들어진 에디슨의 전구처럼 우리가 사용하는 위대한 문명들은 모두 조합, 즉 융합을 통하여 만들어졌다.

조직활성화 프로그램에 뮤지컬을 융합

내가 숨 쉬며 살아가고 있는 이 모든 공간에서 지금도 수많은 융합 상품들이 날개 돋친 듯 팔려나가고 있다. 커피와 우유를 융합하여 카페라떼라는 상품이 판매되고 있고, 복사기와 팩스가 융합되어 나와 있으며, 전화기와 인터넷이 융합하여 스마트폰을 사용하고 있고, 연극과 심리치료를 융합하여 심리치료 역할극이 진행되고 있으며, 애니메이션과 놀이터가 융합되어 키즈방이 생겨났다.

어쩌면 이 세상은 융합의 세상인지도 모르겠다. 새로운 강의 콘텐츠도 마찬가지이다. 기존의 것과 새로운 것을 합치면 융합인 것이다. 그래서 융합 전략 중에 가장 중요한 것이 바로 관점의 전환이다. 모든 것이 다 융합의 소재임을 반드시 인지해야 한다. A4 종이 한 장도 강의 소재가 될 수 있으며, 수건 한 장도 강의 소재가 될 수 있다.

비눗방울 놀이도 강의 소재가 될 수 있으며, 꽃꽂이, 그림그리기, 메이크업, 경락마사지, 한의학, 양학, 만보걷기, 춤, 신문지, 화이트보드, 카메라, 강의장 주변의 산책로, 날씨, 그날의 뉴스 등 모든 것이 다 조직활성화 강의의 콘텐츠이다. 그러기 위해서 조직활성화 강사는 일상의 모든 것을 접할 때 강의 소재로 접근하는 삶의 습관을 가져야 한다. 7살 된 딸아이와의 놀이에서도 나는 강의 소재를 찾는다. 아이 동화책을 읽어 주면서도 강의 소재를 찾는다. 그리고 융합한다. 처음 융합했을 때는 너무나 어설프고 유치할 수도 있다. 그러나 계속해서 진행하다 보면 어설펐던 강의 콘텐츠가 점차 익숙해지면서 개선되어감을 발견할 수 있을 것이다. 다이아몬드의 가치는 가공 후에 빛나는 것처럼 내가 지금 융합을 통해 발견한 강의 콘텐츠 또한 어떻게 가공하느냐에 따라 가치가 달라질 수 있다.

"이 세상에 융합하지 못할 것은 없다. 단지 내가 안 하고 있을 뿐! 다른 강사들의 강의 콘텐츠를 부러워하지 말고, 내 삶 속의 소재를 찾아 강의와 융합하면 나 또한 나만의 빛나는 조직활성화 강의 콘텐츠를 소유하게 될 것이다."

06

변화 속에서도 자신만의 색을 유지하는 강사 트렌드

유재석 씨가 손석희 씨의 스타일로 강의를 한다면 어떻게 될까? 반대로 손석희 씨가 유재석 씨 스타일로 강의를 한다면? 또 다른 예를 생각해보자! 유병재 씨가 김제동 씨와 같은 스타일로 예능에 출연한다면 대중의 호감도는 어떻게 될까? 반대로 김제동 씨가 유병재 씨의 스타일로 예능에 출연한다면 또 어떠한 반응을 대중에게서 얻어낼 수 있을까?

개인적으로 수많은 방송인 중에 유재석 씨가 참 대단하다는 생각을 한다. 물론 그러한 경지에 오르기까지는 수많은 실전경험이 있었기에 가능하겠지만, 유재석 씨를 보면 어떠한 곳에 데려다 놓아도 그 모든 것을 자신의 색깔로 소화해 낸다. 엄청난 능력이 아닐 수 없다. 대부분의 사람들은 프로그램 안에서 프로그램의 색깔에 자신의 색깔을 맞추지만 유재석 씨는 예능이면 예능, 시사면 시사, 시트콤이면 시트콤 자신의 색을 명확하게 표현해낸다. 아마도 유재석 씨는 자신이 좋아하고, 즐겁고, 잘하는 것을 명확하게 알고 있기에 그 색을 더 빛나게 살리는 법까지도 체득하고 있는 듯하다.

강의도 마찬가지다. 사람마다 가지고 있는 기질과 성향이 다 다르기에 강의를 풀어내는 스타일도 다 다를 수밖에 없다. 내가 가지고 있는 기질과 성향은 유재석 스타일인데 손석희 스타일로 강의를 한다면? 나는 논리를 통해 지식을 전달하는 강의일 때 몸에 딱 맞는 옷을 입은 느낌인데, 돌격대장 스타일의 강의를 하게 된다면?

아마도 청중은 금방 느낄 것이다. 이 사람은 프로가 아니구나 하고 말이다. 내가 좋아하는 강의스타일, 내가 스스로 즐거워할 수 있는 강의내용의 구성, 내가 잘하는 강의 운영 방법 등을 찾아내어야 한다.

수년째 일요일 저녁 안방을 즐겁게 해주고 있는 예능프로그램 중에 〈복면가왕〉이 있다. 복면가왕 역사상 가장 많은 9연승을 일구어냈던, 음악대장 하현우 씨를 보자! Don't Cry, 매일매일 기다려, 걱정말아요 그대, Lazenca, Save Us 등 9연승이라는 엄청난 기록을 세울 동안 다양한 장르의 노래를 가왕전에서 불렀다. 복면가왕에서 음악대장의 노래를 들어 본 사람들은 알 것이다. 물론 국가스텐 하현우라는 사람의 노래 실력이 너무나 뛰어나기에 가능했던 부분이지만, 우리가 주목할 부분은 그 어떤 음악장르도 자신의 것으로 소화해 내는 능력이다. 복면가왕이든 불후의 명곡이든 경연프로그램에서 가수가 다른 이의 노래를 자신의 색으로 완벽히 소화해내면 심사단과 방청객, 시청자 모두가 감탄하고 박수와 갈채를 보낸다.

강의하는 강사도 마찬가지이다. 그 어떤 주제를 가지고 강의를 하더라도 절대 자신의 색깔을 잃어버려서는 안 된다. 그 어떤 주제의 강의이더라도 자신의 색깔로 표현해내는 힘을 키워야 한다. 그러기 위해서 가장 중요한 것은 누누이 강조하지만 가장 자신 있게 강의할 수 있는 나만의 강의 색깔을 정확하게 찾아서 스스로 강하게 인식하고 있어야 한다.

뛰어난 강의력을 갖추고 있는 강사들은 누구누구가 강의를 잘한다고 해서 모방을 하지는 말라고 말한다. 그들은 연습하는 동안에는 처음에는 모방도 괜찮은 방법이지만, 절대로 실전에서는 타인의 색깔을 나의 색깔인 것처럼 어색한 옷을 입고 강의하는 우를 범하지는 말아야 할 것이라고 말한다. 그렇다면 나의 강의 색깔을 찾아내려면 어떻게 하면 될까? 해답은 관찰이다. 내가 나 스스로를 관찰하는 것이다. 가장 자연스러우면서도 청중 앞에서 자신있게 자신의 생각과 강의내용을 풀어낼 수 있는 그 순간을 포착해서 그때 내가 어떠한 색깔로 강의하고 있었는지를 찾아내는 것이다.

"색깔은 그 사람의 가치 Value 이다. 한두 번의 관찰과 탐색으로는 찾기 어려울 것이다. 시일이 조금 걸리더라도 절대로 중도포기하지 말고 스스로를 집중관찰하여 나만의 자신 있는 강의 색깔을 찾아내야 청중이 감동 그 이상의 것을 느끼고 가져갈 수 있는 진정한 명강사가 될 수 있을 것이다."

07

적극적 콜라보레이션(Collaboration)을
실현시키는 강사 트렌드

최근 강의 현장에서 다양한 방법으로 콜라보레이션이 진행되고 있다. 강사와 강사 또는 프로그램과 프로그램 간의 효과적인 콜라보레이션을 통해 교육적 효과를 높여가고 있는 것이 트렌드로 다가오고 있으며, 이와 같은 콜라보레이션 강의 시장은 더욱 확대될 것으로 예측된다. 이에 조직활성화 강사로서 보다 더 적극적으로 콜라보레이션을 찾아 나설 필요가 있다. 모르고 있었지만, 내 곁에는 엄청난 보석들이 알아주기를 바라면서 기다리고 있었다. 조금만 관심을 가지고 시선을 돌려보면 엄청난 능력자들이 곁에 있는 것을 찾을 수 있을 것이다.

1992년, 내 나이 17살, 고등학교 1학년이었던 그때! 가난했던 집안 형편으로 인해 학업을 잠시 뒷전으로 미루고 저녁마다 아르바이트를 해야 했다. 사실 이렇게 가난한데, 하루 먹고 살기도 힘든데 공부를 해서 뭐하나 하는 생각을 하기도 했었다. 그래서 더 돈을 벌고 싶었는지도 모른다. 아르바이트 장소는 서울의 종로2가 사거리 근처였다. 가장 사람이 많이 다니는 번화가였던 이곳에서 저녁마다 리어카를 끌고 나와 짝퉁테이프를 판매하는 아르바이트였다. 나름 목이 좋아 장사가 잘 되는 편이었지만, 사장의 욕심으로는 더 매출을 올리지 못하는 내가 못마땅해 보였나 보다. 매일 새벽, 장사가 끝날 때마다 열심히 안 했다는 등 이것 밖에 못하냐는 등 잔소리를 퍼부어댔다. 그냥 그만두면 되었는데, 뭔 자존심인지. 1일 평균 매출 30만 원을 달성하기 위해 어떻게 하면 좋을까를 고민하고 또 고민했었다 이때 당시 길보드 즉 길거리 짝퉁테이프의 가격이 1,000원에서 신곡은 최대 2,500원 정도였다. 그때 바로 근처에서 장사하시는 분들이 눈에 들어왔다. 한 대는 먹거리, 즉 오뎅과 떡볶이, 김밥 등을 판매하는 리어카였고, 한 대는 여성용 악세사리 등을 판매하는 리어카였다.

'따로 떨어져 있는 리어카 들을 보기 좋게 붙여서 장사하면 어떻게 될까?'

각각의 리어카 사장님들에게 의견을 말하고 며칠만 모여서 해보자는 것에 동의를 얻었다. 따로 떨어져서 장사하던 리어카들 4~5대가 뭉치니 웬만한 상권 저리가라로 보였다. 적어도 우리 눈에는 말이다. 시너지는 금방 나타났다. 음식을 먹으며 음악을 듣고, 테이프를 구매해 갔으며, 반대로 좋은 음악을 담은 테이프는 없는지 구경하다가 음식 또는 악세사리 등을 같이 구매해 가는 손님들이 늘어났다. 그리고 매출은 약 1.5배의 상승이라는 결과로 나타났다.

혼자가 어렵다면 함께 하는 방법이 있다. 그러나 많은 사람들이 여러 가지 부정적 상황이 오지는 않을까 지레 겁먹고, 시도조차 하지 않은 채 혼자서 독불장군식으로 일을 해 나가는 경우가 많다.

실제로 조직활성화 강의에 연극, 뮤지컬, 마술, 숲 체험, 여행 등의 프로그램을 콜라보레이션하여 강의를 진행하고 있는 것을 볼 수 있으며, 지금 이 순간에도 많은 곳에서 색다른 콜라보레이션이 시작되고 있을 것이다.

나 혼자 할 수 없다면 포기할 것인가! 아니면 내가 할 수 없는 부분을 채워 줄 누군가를 찾아 더 높은 가치를 만들어 낼 것인가! 내가 할 수 없는 것은 할 수 있는 사람이나 프로그램을 찾아 콜라보레이션하면 된다. 그리하면 새로운 콘텐츠가 만들어지고 새로운 강의 상품이 만들어질 것이다.

융합전략	
첫째	모든 것이 융합의 소재이다
둘째	절대로 나의 색깔을 잊지 말자!
셋째	할 수 없다면 할 수 있는 사람과 융합하라.

08

조직활성화
강의 분야의 전망

조직활성화 프로그램의 2020 트렌드 – 성과지향형 조직활성화 프로그램을 준비하자!

기업은 왜 조직활성화 프로그램을 운영하는가? 우리는 이 질문에 대해 매우 깊이 생각해야 한다. 단지, 구성원들의 사기 증진을 위해서, 또는 팀워크 향상을 위해서, 소통과 공감의 문화를 만들기 위해서, 즐거운 일터를 만들어 가기 위해서 등의 답이 떠오른다면 어쩌면 본질을 잊고 있는 것일 수도 있다.

조직활성화 프로그램이 필요한 가장 큰 이유는 성과라는 것을 명확히 인식해야 한다. 경쟁은 더욱 치열해질 것이며, 시장은 더욱 세분화되어 갈 것이다. 이는 곧 경영자의 입장에서는 매 순간이 위기의 순간이라는 말과 같다. 더욱 치열하게 생존과 성장 사이에서 부딪히고 일에 몰입해야 할 금쪽같은 시간에 직원들을 한두 명도 아니고 수십 명씩 워크샵을 보낸다는 것은 경영자의 입장에서는 엄청난 투자를 하고 있다는 것을 가슴 깊이 명심해야 한다.

조직활성화 프로그램이 필요한 이유는 교육에 참여한 교육생들이 조직의 미션과 비전, 핵심가치를 더욱 명확하게 이해하고, 내가 몸담고 있는 조직의 생존과 성장을 위해 더욱 높은 성과를 내기 위한 에너지를 얻기 위함이다. 그 어떤 새로운 트렌드가 오더라도 성과라는 본질은 변하지 않는다는 것을 알아야 한다. 이를 바탕으로 조직활성화의 2020 트렌드를 정리해보면 다음과 같다.

첫째, 조직활성화 프로그램이 운영되는 시간은 더욱 줄어들 것이다. 그렇기에 조직활성화 프로그램을 운영하는 강사는 1.5시간, 2시간, 4시간의 세 가지 시간대별 프로그램을 준비하는 것이 좋다.

둘째, 시간이 짧아지는 만큼 더욱 재미있는 프로그램을 찾게 될 것이다. 여기서 재미란 단순히 웃고 즐기는 것을 의미하는 것이 아니다. 교육 참가자들이 짧은 시간이지만, 자신도 모르게 단숨에 몰입하여 언제 끝났는지도 모를 정도로의 몰입감 높은 프로그램을 의미한다.

셋째, 감동이 없는 조직활성화 교육은 단순한 이벤트에 지나지 않음을 명심해야 한다. 성과는 조직 구성원들의 가슴에서 시작된다. 아무리 성과 시스템이 잘 구축되어 있고, 훌륭한 상품이 출시되고, 시장분석 등이 이루어지고 있다 하더라도 이를 운영하는 것은 사람이다. 즉, 교육 참가자들의 심장을 어떻게 움직일 수 있는가에 따라 교육의 성과도 달라진다는 것을 뼛속 깊이 인식해야 한다.

넷째, 지식 콘텐츠가 담겨 있어야 한다. 조직활성화는 웃고 즐기는 한마음 레크리에이션 시간이 아니다. 조직을 활성화시켜 더욱 높은 성과를 창출해 내기 위해 운영하는 교육 프로그램임을 명확하게 인식해야 한다. 그렇기에 운영하고자 하는 조직활성화 강의에 교육 참가자들이 믿고 신뢰할 수 있는 교육적 콘텐츠가 녹아 들어가야 한다.

마지막으로 목표지향적 조직활성화 프로그램을 찾게 될 것이다. 목표지향적이라는 것은 곧 성과지향이라는 말과 같다. 조직활성화 프로그램을 통해 느끼게 될 모든 것들이 목표와 성과에 긍정적 영향을 미칠 수 있는 프로그램을 개발해야 할 것이며 이를 중심으로 강의해야 할 것이다.

내가 어떻게 만들어가느냐에 따라 새로운 조직활성화 프로그램이 만들어질 수 있다. 누군가가 만들어 놓은 트렌드에 발맞춰 따라가는 것도 방법이겠지만, 트렌드를 주도할 수 있는 새로운 상품을 시장에 내놓는 것도 좋지 않을까? 그러기 위해서 우리는 2020을 바라보면 안 된다. 아무리 새롭고 혁신적인 교육 프로그램도 알려지기까지는 일정 기간이 소요되기 때문이다.

2021년을 위해 준비하자! 새로운 프로그램으로 조직활성화 교육 시장을 주도하고자 한다면 2021년을 바라보고 지금부터 준비하고 개발하여 2020년에 시험운영해보고 개선해 나가야 한다. 내 주변에서 일어나고 있는 모든 일들이 엄청난 교육 히트 상품이 될 수도 있다. 그렇기에 재미와 감동, 지식콘텐츠, 성과지향이라는 네 가지 조건을 토대로 개발하고 운영해 보고 개선해 나가면서 나만의, 나만이 할 수 있는 조직활성화 프로그램을 갖춰 보길 바란다.

📖 참고문헌

- 김환일 경총 노동경제연구원 연구위원 연구논단
  [일본 기업의 최근 조직활성화 방안과 과제]
- 빌 비숍 [관계 우선의 법칙], 경영정신, 2001
- 스티븐 코비 [성공하는 사람들의 7가지 습관(The 7habits of highly effective people)] 김영사, 2017
- 김남민 [인적자원관리전략], 이룸나무, 2012
- 김영재/김성국/김강식 [신인적자원관리] 탑북스, 2010
- 유영만 [수업체제설계 : 탐구논리와 실천논리] 교육과학사, 2010
- 유은숙, 최재용 외 8명 [4차 산업혁명 why], 한국경제신문i, 2018
- 한국교원대학교 백영균 교수의 게임기반학습(Game Based Learning) 활성화의 전제조건에 대한 고찰(정보과학회지, 24(②, 45-50)
- 데이비드 홉킨스 [의식혁명]. 판미동, (원제: Power vs. Force, 초판 1995, 개정판 200②
- 박성숙/황호영/이경근/전명숙/채준호 [디지로그시대의 인적자원관리], 박영사, 2012

위현정

- 꿈잡고교육연구소 이사
- 크리앙트레 연구회 공동대표
- 성균관대학교 글로벌창업대학원 창업컨설턴트 전공 석사(재학),
  연세대학교 경영전문대학원 MBA(경영학 석사)
- 경기도 교육청 학생상담, (재)군포문화재단 교육협력지원센터 학교연계사업 강사,
  학부모진로코치 강사, 전)경기도 고학력 고숙련 취업지원사업 강사
- 전)경기교육주민참여위원회 평생직업교육분과 위원
- 강의 '4차산업혁명과 미래직업', '리더십', '기업가 정신', '창업' 등

Trend

8

—

진로 : 청소년 진로

YOUTH CAREER PATH

'나'를 공부하는 즐거운 자유학기제,
공부하는 강사가 만든다

"선생님, 미니언즈가 제 눈앞에 실제로 있는 것 같아 너무 신기해요."
"오~ 오~ 진짜 롤러코스터를 탄 것 같아요. 앗! 어지러워요!"

살짝 흥분된 목소리가 곳곳에서 새어나오는 이곳은 공연장도 아니고 놀이공원도 아닌 교실이다. 홀로그램 전문가, 증강현실 엔지니어와 같이 4차 산업혁명과 관련된 다양한 직업 탐색과 체험활동이 진행되고 있기에 학생들의 눈빛은 더욱 초롱초롱하다. 학교에서 수업 중에 스마트폰은 사용할 수 없지만 이 시간만큼은 예외이다. 저마다 유튜브에서 검색한 다양한 영상을 직접 만든 교구를 활용하여 눈앞에서 직접 구현해 보며 기술의 원리를 이해하고 배운다. 엎드려 자는 학생은 찾아보기 힘들다. 이것은 대한민국 학교 진로교육의 모습이다. 그리고 그 변화는 지금도 계속되고 있다.

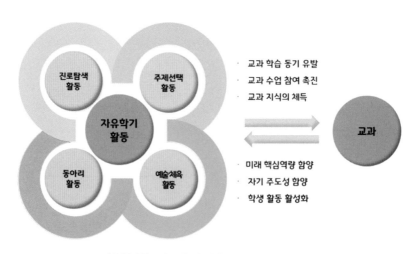

자유학기활동의 교육적 의미 ©한국교육개발원, 2017

책으로만 배우던 진로 수업은 진로체험 주간 초등 과 자유학기제 중등를 통해 직접 '해 보는' 체험 중심의 수업으로 학교 안팎에서 다양하게 진행되고 있다. 자유학기제 전면 도입 4년 차를 맞는 지금은 청소년 진로 강사의 강의 분야 확대 및 강의 기회 증가라는 폭발적 성장을 넘어서 안정기에 접어들고 있다고 본다.

　교육부는 자유학기제에 대해 '나를 공부하자'라는 슬로건을 내걸고 '나'는 학생, 교원, 학부모 모두를 포함한다고 하였지만, 추가로 끊임없이 공부하고 연구하는 청소년 진로 전문 강사도 포함되어야 한다고 생각한다. 특히 4차 산업혁명이 교실에 미치는 변화는 초·중·고교 현장에서 강의하는 강사들에게도 직접적인 영향으로 다가왔으며 그 변화에 대응하고자 끊임없이 공부하고 연구를 통해 다양한 진로교육 콘텐츠를 개발함으로써 자유학기제를 비롯한 진로교육의 성장에 한 축을 담당했다고 볼 수 있기 때문이다.

01

직업세계의 변화를 읽으면
강의 주제가 보인다

경기도 소재 S중학교는 1학년 9개 학급에 대해 핀테크 전문가, 프로파일러, BIM 빌딩정보모델링 디자이너, 화훼 전문가, 사물인터넷 개발자, 캘리그라퍼, 업사이클 디자이너, 네일 아티스트, 홀로그램 전문가에 대한 직업 탐색 및 체험활동 프로그램을 운영하면서 학생들을 대상으로 자신의 흥미를 고려하여 사전에 직업을 선택할 수 있게 함으로써 흥미와 적성의 매치를 찾아볼 수 있는 기회가 되도록 하였다. 이러한 방식은 학생 개개인의 진로 성장에 긍정적인 영향을 줄 수 있기에 많은 학교에서 택하고 있으며 진로체험활동에 대한 만족도 또한 높은 결과로 이어지게 하는 요인이 된다. 세종시 소재 D중학교는 〈4차 산업혁명 시대의 직업의 변화와 준비〉라는 제목의 강의 후 미래직업 분야인 나노로봇, 홀로그램, VR 체험 프로그램을 운영함으로써 미래 사회의 주요 기술을 주제로 직업세계의 변화에 대한 학생들의 이해도를 높이고 인식을 확장시키고자 했다.

이처럼 자유학기 활동 프로그램은 미래를 살아갈 수 있는 힘이 되는 핵심역량을 기르는 것에 중점을 두고 있다. 2016년 다보스포럼에서 4차 산업혁명이 화두로 등장한 이후로 많은 분야에서 그러하듯이 교육계에서도 패러다임 시프트가 시작되었다. 특히 진로탐색 활동의 경우 개별 학생 하나하나의 역량을 길러주는 프로그램으로 수요자의 희망을 반영할 수 있도록 선택의 폭을 넓혀줄 수 있어야 하기 때문에 학교에서 진로 전문 강사들을 필요로 하고 있다. 게다가 자유학기활동은 방과 후 수업이 아닌 정규수업이기 때문에 더욱 전문성과 자격이 요구된다. 청소년 진로 전문 강사로서 자신의 강의 영역을 찾고, 그 역할을 잘 수행하기 위해서는 먼저 학교 진로교육의 체계를 알고 특히 진로탐색 활동 유형별로 각각의 세부 영역 콘텐츠를 진로교육의 목표에 맞게 구성하는 것이 중요하다.

진로탐색 활동 유형		
활동유형	프로그램 영역	프로그램 주제
자기이해 활동	진로심리검사 및 활용 활동	개인별 진로설계를 지원하기 위한 종합적인 진로심리검사 후 그 결과해석, 상담 및 활용을 하는 활동
	다양한 활동을 통한 자기이해	진로카드를 활용한 자기이해, 자기 광고하기, 가치관 경매, SWOT 설계 등 다양한 활동을 통해 자신을 이해하는 활동
	공동체 안의 자기 이해	모둠별 활동, 인성관련 활동, 멘토링 등을 통해 바람직한 대인관계를 익히고 공동체 안의 자기를 이해하는 활동
진로학습 (교과연계)	나의 발견	삶, 진로, 직업의 의미를 이해하고 나의 특성을 탐색하여 나에게 적합한 장단기 진로를 탐색하는 활동
	직업세계의 이해	직업세계의 다양성과 미래의 직업세계에 대해 알아보고 직업과 관련된 편견 및 고정관념을 극복하는 활동
	진로탐색	중학교 이후의 교육경로를 탐색하고 잠정적인 진로에 관한 정보와 다양한 직업인의 역할모델 분석을 통하여 성공적인 직업생활을 위한 조건을 알아보는 활동
	진로의사결정 및 계획	중학교 이후의 구체적인 진로계획의 수립 및 진로계획 실천과 평생학습의 의미 이해 활동
진로체험	현장직업체험형	관공서, 회사, 병원, 가게, 시장과 같은 현장 직업 일터에서 직업 관련 업무를 직접 수행하고 체험하는 활동
	직업실무체험형	직업체험을 할 수 있는 모의 일터에서 현장 직업인과 인터뷰 및 관련 업무를 직접 수행하고 체험하는 활동
	현장견학형	일터(작업장), 직업관련 홍보관, 기업체 등을 방문하여 생산 공정, 산업 분야의 흐름과 전망 등을 개괄적으로 견학하는 활동

활동유형	프로그램 영역	프로그램 주제
진로체험	강연형 · 대화형	기업 CEO, 전문가 등 여러 분야의 직업인들의 강연(대화)을 통해 다양한 직업세계를 탐색하는 활동
	학과체험형	특성화고, 대학교(원)를 방문하여 실습, 견학, 강의 등을 통해 특정 학과와 관련된 직업 분야의 기초적인 지식이나 기술을 학습하는 활동
	진로캠프형	특정 장소에서 심리검사 · 직업체험 · 상담 · 멘토링 · 특강 등 종합적인 진로교육 프로그램을 경험하는 활동
진로 포트폴리오	나의 생애설계	자신의 미래모습을 상상하거나 본받고 싶은 롤모델을 찾아 구체적으로 생애설계를 하기 위한 활동
	나에게 맞는 진로탐색	자신의 적성(흥미)과 직업, 주변 사람들의 추천직업, 희망직업과 진로 계획, 진학하고 싶은 학과 등의 자료를 조사하여 자신에게 맞는 진로를 탐색하고 선택하는 활동
	나의 진로활동과 성취	지금까지의 교육활동(진로체험, 봉사, 학업, 독서 등) 중 자신이 관심 있는 분야의 내용을 기록하는 영역으로 각종 작품, 자격증, 대회 참가 및 수상경력, 학업능력 등을 포괄적으로 증빙할 수 있는 자료 수집 및 제작 활동

©교육부 (2017)

　우리는 최근 몇 년간 강의 콘텐츠 측면의 많은 변화가 있었던 영역에 주목할 필요가 있다. 4차 산업혁명의 변화 속에서 미래 사회를 대비한 교육의 변화 방향을 특히 반영하는 영역으로 '직업세계의 이해'와 '진로체험'이 해당된다. 『한국직업사전』에 따르면 2017년 말 기준, 우리나라의 직업 수는 1만 2천여 개이고 직업명 수는 1만 6천 개에 달한다. 2012년부터 2017년까지 최근 5년간 증가한 직업 수와 직업명 수는 2003년부터 2012년까지 10년간 증가한 직업 수의 두 배에 달한다. 급격한 사회의 변화 속도만큼이나 직업세계에서도 새롭고 다양한 변화가 계속되고 있음을 의미한다.

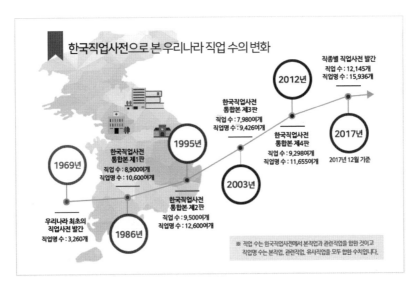

한국직업사전으로 본 우리나라 직업 수의 변화 ©워크넷

게다가 4차 산업혁명 기술의 등장으로 신新 직업이 생겨나고 기존의 일자리에도 변화가 일어나게 되면서 직업세계에 대한 이해의 필요성이 높아짐에 따라 다양한 직업에 대해 탐색할 수 있는 프로그램으로 구성되어 운영되고 있다. 이때 개별 직업들을 탐색하는 것으로 그치지 않고 자신의 흥미와 적성을 찾아보는 진로체험활동으로 연계된다.

02
매력적인 '체험활동'을 고민하라

청소년 진로 분야의 트렌드가 현재도 '체험', 향후에도 '체험'으로 예측되는 것은 다음의 분석 자료들을 통해서이다.

구체적으로 청소년의 학교 진로활동을 들여다보자. 2015년부터 2017년까지 중·고등학생의 학교 진로활동별 참여율 변화 추세를 보면 중학생의 경우 '진로체험' 참여율이 2015년 대비 2017년이 12.8%의 증가를 보였고, 고등학생의 경우 '진로 동아리' 참여율이 2015년 대비 2017년이 8.2% 증가했다.

학교 진로활동별 학생 참여율 변화(중·고등학생) (2015~2017년)(단위:%)						
학교 진로활동	중학생			고등학생		
	2015년	2016년	2017년	2015년	2016년	2017년
『진로와 직업』 수업	87.7	88.4	91.4	84.3	83.7	84.6
진로심리검사	78.1	79.8	85.3	80.7	82.3	83.0
진로상담	59.7	64.8	63.3	59.8	67.6	62.0
진로체험	74.2	79.9	87.0	68.4	73.6	73.5
진로동아리	31.6	42.2	44.3	38.7	51.0	46.9
교과 수업 중 진로탐색	-	80.6	79.3	-	76.0	69.6

※ ①'참여율'은 예(참여해 봤다.)라고 응답한 학생의 수와 비율임. ②'교과 수업 중 진로탐색' 항목은 2015년에 조사되지 않음. ⓒ교육부·한국직업능력개발원 (2015, 2016)

즉, 청소년 진로교육은 체계에 있어서 큰 변화는 없으나 세부 영역이 4차 산업혁명과 교육정책에 따라 변화를 요구하고 있음을 알 수 있다. 체험이나 동아리는 직접 경험하며 해 보는 것이다. 즉, 다양한 선택권이 주어지고 그 속에서 스스로 선택한 것을 경험하고 배움으로써 능동적이고 적극적인 자세로 자신의 진로설계에 주도성을 갖게 해 주는 활동이다. 이는 기업들의 체험 마케팅 성공사례를 보아도 알 수 있다.

기업들이 '체험'을 통해 고객들의 감각이나 감성을 자극하는 경험을 제공함으로써 마케팅의 효과를 톡톡히 보듯이 진로 교육에 있어서도 '진로체험'은 다른 진로활동보다도 학생들이 주도적으로 참여할 수 있고 글이 아닌 경험을 통해 얻는 현장감 있는 진로 정보가 된다. 그래서 보다 실질적이고 구체적으로 자신의 진로를 설계하는 데 도움이 된다.

2017년도 진로교육센터에서 실시한 초·중등 진로교육 현황조사에서 중학생을 대상으로 한 설문조사 결과를 살펴보자. 학교 진로활동 중에서 진로체험은 「진로와 직업」 수업 다음으로 높은 빈도로 참여가 이루어졌고 만족도와 향후 참여 희망 응답에 있어서도 가장 높은 결과를 보였다. 미래 교육에 적극적으로 대응하기 위해서는 수요자 중심 교육이 필요함을 이미 교육계에서는 인식하고 추진하고 있는 사항이다. 그래서 2018년의 경우 초·중·고교 모두 진로교육 예산이 증가했고 그중에서 진로체험에 가장 많은 예산을 투입했었다. 진로체험 교육은 올해와 내년에도 트렌드를 계속 이어나갈 것이다. 그래서 청소년 진로 전문 강사들은 이러한 변화의 큰 흐름 속에서 자신이 무기로 삼을 수 있는 세부 영역을 보다 전문화시킬 필요가 있다. 많은 강사들 속에서 자신만의 특화된 영역, 자신만의 차별화된 콘텐츠를 갖는 것은 경쟁력을 갖기 위한 필수 조건이기 때문이다.

학교 진로활동별 참여 현황 및 만족도, 향후 참여 희망 (중학생)(단위:%)

학교 진로활동	참여 현황		만족도	참여 희망
	빈도	비율	평균	비율
『진로와 직업』 수업	8,581	91.4	3.64	59.0
진로심리검사	8,005	85.3	3.81	71.3
진로상담	5,938	63.3	3.85	69.4
진로체험	8,168	87.0	3.85	84.4
진로동아리	4,154	44.3	3.87	55.4
교과 수업 중 진로탐색	7,446	79.3	3.73	58.1

※ ①'참여 현황'은 예(참여해 봤다.), 라고 응답한 학생 수와 비율임. ②'만족도'는 1점(매우 불만족)~5점(매우 만족)의 리커트 척도로 응답한 결과의 평균임.
©2017년도 진로교육센터 초·중등 진로교육 현황조사

진로체험은 또 다시 다음의 6가지 유형으로 나뉜다. 직업인 특강·멘토, 현장 견학, 현장 직업체험 실제 직업체험, 직업 실무체험 모의 직업체험, 학과 체험, 진로 캠프로 나뉜다. 학교 현장에서 학생들은 어떤 진로체험활동을 많이 하고, 또 좋아할까? 한국직업능력개발원의 『2017년도 초·중등 진로교육 현황조사 보고서』에 따르면 중학생은 ① 직업인 특강·멘토 73.6% ② 현장견학 73.0% ③ 학과체험 54.7% 의 순으로 참여했지만 정작 자신의 진로에 도움이 된다고 응답한 것은 ① 진로캠프 ② 직업 실무체험 모의 직업체험 과 학과 체험 순이었다. 고등학생 역시 ① 직업인 특강·멘토 74.8% ② 현장견학 50.8% ③ 학과체험 45.6% 순으로 참여했지만 도움이 된다고 응답한 것은 ① 직업 실무체험 모의 직업체험 ② 진로캠프 ③ 현장 직업체험 실제 직업체험 순이었다. 응답 결과를 통해 청소년 진로교육은 이미 언급한 대로 체험활동이 대세가 될 것임을 다시 한 번 확인할 수 있다.

요즘 청소년들의 특징으로 무기력함을 손꼽지만, 무언가가 자신의 흥미를 고려한 재미가 느껴지는 요소를 갖고 있다면 관심과 몰입으로 이어진다. 몰입은 무언가에 흠뻑 빠져 있는 심리적 상태 칙센트 미하이, 2010 로 태도를 형성한다. 그래서 학교 현장에서의 모의 직업체험활동은 직업군별, 분야별 또는 테마별 직업에 대해 학생들의 흥미유형, 직업 관심도 등에 따라 선택하도록 하는 것이 중요하다. 직업실무체험은 교실 속에서 본인이 택한 직업에 대해 탐색해 보고, 그 직무 또는 관련된 활동을 직접 해 봄으로써 자신의 흥미와 적성을 발견, 매치하는 과정이다. 앞서 예를 들었던 학교에서처럼 강의 주제를 구성하고 각 직업별로 직업 탐색 후 관련 기술 또는 직무를 체험해 볼 수 있는 활동으로 수업 운영을 한다. 『트렌드 코리아 2019』에서도 도심 속 체험 카페와 체험형 전시 공간 등의 등장을 소개하며 체험 공간이 진화하는 트렌드를 보이고 있다고 했다. 이는 체험이 주는 만족감과 효과로 인해 따라오는 변화이며 진로교육에 있어서도 '체험활동'이 지속적인 트렌드를 유지할 것으로 예상하는 이유이기도 하다.

그렇다면 직업체험활동 강의에서 놓치지 말아야 할 것이 있다면 무엇일까 생각해 본다. 교육부가 발표한 '2018년 초·중등 진로교육 현황 조사'에서 청소년이 가장 선호하는 직업 순위를 살펴보면 11년간 부동의 1위를 지켰던 교사가 초등학생 희망직업에서 2위로 내려갔다. 전체로 보아도 유튜버 인터넷방송진행자, 뷰티 디자이너, 연주·작곡가, 컴퓨터 공학자 등 희망직업이 이전보다 다양해지고 구체화되었다. 이것은 학생들이 진로설계에 있어 다양한 직업들을 탐색하고 있음을 의미하며 그만큼 새롭고 흥미로운 직업에 대한 관심과 정보 요구를 뜻한다고도 본다. 바로 이러한 변화가 청소년 진로 전문 강사들의 강의 주제이자 콘텐츠가 될 수 있다.

여기에서 독일의 사례를 잠시 살펴보자. 독일의 진로체험 프로그램으로 대표적인 것을 꼽으라면 걸스데이 Girls' Day & 보이즈데이 Boys' Day 가 있다. 이 프로그램의 목적은 직업을 선택할 때 성 역할에 대한 고정된 생각과 선입견을 없애고 자신의 흥미와 적성에 맞는 직업과 관련된 교육 훈련을 선택할 수 있도록 하기 위함이다. 즉, 걸스데이 Girls' Day 에는 이공계와 융합 STEAM 분야의 진로체험을, 보이즈데이 Boys' Day 에는 교육, 사회, 보건복지 분야의 진로 체험을 함으로써 여성과 남성의 성 역할 고정관념과 선입견을 갖지 않고 다양한 분야를 경험하는 기회를 갖도록 하는 것이다. 단순히 체험하는 것에 그치지 않고 성평등 의식까지 제고할 수 있는 의미가 더해진 프로그램으로 향후 우리가 나아가야 할 방향이라고 보여진다.

03

청소년 진로전문 강사에게
'직업정보'는 필수이자 무기

청소년들의 진로 관심사는 국내 도서 판매량을 통해서도 알 수 있다. 2019년 4월 기준으로 교보문고 국내도서 중 청소년 진로 분야 판매량을 살펴보았다. 베스트셀러 100권 중 직업 직업정보, 롤모델, 직업카드 관련 도서가 62%, 진학 특목고, 영재고, 과고 등 입시관련 및 대학, 학과 전공 소개 관련 도서가 20%, 진로설계 관련 도서가 18%를 차지했다. 이는 자유학기제를 통해 다양한 직업 탐색과 진로체험활동을 하면서 예전에 비해 자신의 진로에 대해 보다 적극적이고 주도적으로 관련 정보를 탐색하고자 하는 학생들이 증가했다고 볼 수 있다.

진로 전문 강사는 넘쳐나는 정보의 홍수 속에서 최신의 정확한 직업 관련 정보를 무기로 삼아야 한다. 교사를 대상으로 한 조사 결과에서도 학교 진로교육의 활성화를 위해 전문성 있는 인력 확보와 역량 강화를 최우선으로 꼽은 만큼 진로 전문 강사로서 변화하는 직업세계에 대한 올바른 이해를 바탕으로 빠르고 정확한 정보를 수용자의 눈높이에 맞게 전달하는 것은 기본이다. 그래서 각각의 직업 프로그램을 담당하는 강사들은 해당 분야의 전공자 또는 자격을 보유한 전·현직 직업인으로서 전문성과 신뢰성을 갖추어야 하며 성인을 대상으로 하는 강사들과는 달리 아동 및 청소년을 교육할 수 있는 인성과 자질이 매우 중요하게 여겨진다는 점도 유념하는 것이 좋다. 기본에 충실하자. 그리고 시대마다 인기 있는 직업이 다른 것은 그 시대의 사회·문화적 배경이 반영되기 때문이라는 것을 기억하자. 트렌드를 알면 강의 주제 선정은 어렵지 않다.

04

학교 밖도 '체험', 체험이 대세이다

지금까지는 학교 정규과정으로써 진행되는 진로체험활동에 대한 분석이었다. 그렇다면 학교가 아닌 외부에서의 진로활동은 어떻게 이루어지고 있을까? 2017년 초·중·고등학생 자녀를 둔 학부모를 대상으로 한 설문 조사에서 20% 이상이 자녀의 외부기관 진로활동 참여 경험이 있는 것으로 응답했고, 그중 가장 높은 진로활동 참여유형으로는 초등학생은 52.8%, 중학생은 48.3%가 직업체험을 꼽았다. 학교는 물론 학교 외부에서의 개인적인 진로활동 모두 체험의 형태가 높은 비율을 보인다는 것은 경험을 통해 자신의 흥미와 적성을 파악하는 것이 청소년들의 자기주도적인 진로탐색에 도움이 되고 있다는 것을 의미하기도 한다. 다만, 고등학생의 경우는 초·중학생에 비해 진학 및 진로설계가 구체화되는 시기로 이미 진로가 결정된 경우도 많기 때문에 직업체험의 비중이 다소 낮고 직업인 특강 멘토링의 참여가 높은 것으로 나타났다고 본다.

진로활동 참여유형	초등학생 학부모	중학생 학부모	고등학생 학부모
참여경험 있음	21.0	21.9	20.5
진로심리검사	33.2	43.7	43.0
진로상담(직업, 진학, 취업)	18.7	39.0	38.4
직업인 특강 멘토링 (강연형, 대화형)	17.5	40.0	44.5
현장견학	44.9	47.5	42.0
직업체험 (직업 실무체험 및 현장 직업체험)	52.8	48.3	34.9
학과체험	9.6	24.2	31.4
진로캠프	14.6	27.8	23.1
기타	1.5	0.7	2.0

자녀의 외부 기관 진로활동 참여 경험 및 유형(단위:%)

©통계청

중학생들이 자신의 진로에 가장 많은 도움이 된다고 응답한 진로캠프를 살펴보자. 많은 교육관련 업체들이 체험·캠프 프로그램을 운영하고 있는데 400만 명의 학부모 회원을 보유하고 있으며 15,721개교가 연동된 아이엠스쿨 어플리케이션의 체험·캠프 섹션 정보를 통해 트렌드를 분석해 보고자 한다. 먼저 학교 외부에서의 진로활동 중 방학 기간을 이용하여 참여할 수 있는 유형으로 진로캠프가 있다. 진로캠프는 일일형이나 숙박형 등 운영형태는 다양하지만 비교적 긴 시간으로 운영되며 테마별로 다양한 프로그램을 경험해 볼 수 있어서 최근 많은 학부모들이 자녀들을 참여시키고 있다.

올해 여름방학에는 미래직업캠프, 창의과학캠프, 진로적성캠프, 융합과학교실, 창의융합영재캠프, 창업 워크숍 캠프, 캠퍼스 멘토링 등의 테마가 주를 이루고 있고 특히 서울대, 연세대, 고려대, 카이스트 등 국내 명문대학의 캠퍼스에서 진행되는 캠프들이 눈에 띈다. 국내 유명

교육 업체인 K사를 비롯해 Y사, H사 등도 드림 멘토링 캠프, STEAM 캠프, 창의융합캠프 등을 운영할 계획이다. 캠프의 테마가 과학이나 IT 분야에 집중되어 개설되는 것을 통해 진로교육에 있어 4차 산업혁명과 관련된 분야가 학부모와 학생들의 높은 관심을 받는 것을 보여준다. 그 이외에도 3D 직업체험 패키지, 항공우주, 로봇과 인공지능 등 4차 산업혁명의 핵심 기술을 주제로 체험하는 프로그램이 다수 운영될 예정이다.

중학생들이 자신의 진로에 많은 도움이 된다고 두 번째로 높은 응답을 한 외부 기관 진로활동으로는 직업 실무체험 모의 직업체험 이다. 앞서 언급한 진로캠프와 같이 교육 관련 업체들이 운영하는 프로그램을 비롯해서 각 지역에 소재한 진로직업체험 지원센터에서도 학교 연계사업은 물론 상설 직업체험 프로그램 등을 진행하고 있다. 다양한 분야의 진로 전문 강사들이 활동할 수 있는 곳이기 때문에 관심 있는 기관에서 현재 진행하고 있는 진로 프로그램을 통해 자신의 강의 분야와의 적합성을 고려해 볼 수 있을 것이다. 17개 시·도에서 자유학기제 지원으로 최우수상을 받은 서울 용산구 진로직업체험지원센터의 경우 청소년들의 구체적인 적성과 목표 발견, 직업 탐색의 기회를 제공하기 위해 진로 특강과 전문 직업인으로 구분하여 진로 강사를 모집하였다. 지역별 또는 진로직업체험 지원센터별로 차이는 있을 수 있으나 대체적으로 비슷한 모집분야와 자격요건을 충족해야 하므로 기준으로 삼고 강의 분야와 역량을 갖출 수 있도록 준비하는 것이 필요하다.

진로직업체험지원센터 강사 모집 예시		
구분	진로특강	전문직업인
모집분야	관내 중·고등학생 대상 진로 대강의(1회기 100명 이상/회기당 2교시) – 동기, 세계시민성, 4차산업혁명과 미래인재, 글로벌 인재, 직업세계 알기	관내 초·중·고등학생 대상 직업인과의 만남(직업 특강), 진로체험(직업특강+직업체험) 등
자격요건	· 진로특강 5년 이상 경력 보유자 · 중·고등학생 대상 대강의(100명) 경력보유자 · 진로 관련 강의 경력 보유자	- 청소년 강의 경력 보유자 - 직업인과의 만남 : 직업이 되는 과정, 직업인이 하는 일 등 - 진로체험: 직업인과의 만남+직업체험

©용산구 진로직업체험지원센터 미래야 홈페이지

진로체험활동에 대한 꾸준한 수요가 있음은 민간자격증 등록 현황을 통해서도 알 수 있다. 한국직업능력개발원 민간자격정보서비스에 의하면 2019년 4월 기준으로 총 516개의 진로 분야 민간자격증이 등록되어 있다. 자유학기제는 2013년 4월, 42개의 시범운영 학교에서 시행되었다. 그 해 진로분야 민간자격증 수를 살펴보면 전년 대비 7개에서 31개로 4.4배 증가했고, 2016년 전국의 모든 중학교에서 전면 시행됨에 따라 해마다 약간의 차이는 있지만 80~100여 개에 달하는 진로분야 민간자격증이 등록되었다. 이렇게 진로분야 민간 자격 시장의 폭발적인 성장이 있었던 배경에는 교육부의 진로교육 정책과 더불어 트렌드로 자리 잡은 진로체험에 대한 학부모 및 학생들의 수요가 있었다고 본다.

진로교육은 전 생애에 걸쳐 이루어지는 평생학습이다. 살아가면서 소중하지 않은 순간이 있을까마는 특히 초·중·고등학생 시기의 진로 개발은 내가 어떻게, 어떤 모습으로 살아갈지를 배움을 통해 자기 주도적으로 준비하고 성장해 나가는 시기로 매우 중요하다. 더욱이 요즘 같이 졸업 후는 물론 30대가 넘어서도 계속되는 진로 고민으로 인해 발생되는 엄청난 사회적 비용 측면에서 보아도 청소년 진로교육은 그 중요성이 날로 커지고 있고 그만큼 진로 전문 강사들의 위상이 높아지고 강의 기회 또한 증가할 것으로 예측할 수 있다.

05

문제 해결자를 만드는
창업 체험교육이 늘고 있다

　학생들이 모둠으로 둘러앉아 보드게임을 하고 있다. 때로는 즐겁게 웃다가도 사뭇 진지한 표정으로 게임판과 카드를 들여다본다. 스타트업 기업들의 사례를 보드게임으로 접해보면서 그 기업이 마주했던 문제점에 대해 아이디어를 서로 나누어 보고 새로운 문제해결방법들을 찾아본다. 이론으로 듣기만 한다면 이러한 흥미와 관심은 이끌어내기가 쉽지 않았을 것이다. 대한민국은 지금 창업 열풍이다. 특히 정부 주도의 다양한 창업 지원 정책은 창업 생태계를 구축해 나감으로써 창업을 육성하고 사회 문화적 지원과 인식의 변화를 가져다주고 있다. 이에 발맞추어 청소년 진로교육에 있어 또 하나의 새로운 교육과정으로 '창업·기업가 정신 진로 교육프로그램'이 있다. 그동안은 관심 있는 일부 교사 중심의 연구회나 학생 동아리 형태로 이루어졌다고 볼 수 있다. 왜냐하면 우리나라는 창업을 청년기 이후에 하는 것이라는 사회적 인식이 크게 자리 잡고 있기 때문이다. '창업에 대한 기회 인식 지수'가 12.7%로 OECD 회원국 중 33위로 최하위에 머물렀다는 것이 이를 설명한다. 그래서 17개 시·도 교육청 및 한국청년기업가정신재단의 주최로 2015년부터 매년 '대한민국 청소년 창업경진대회'가 열렸지만 '청소년 기업가체험 프로그램 YEEP '을 통한 일부 학교의 동아리 참여가 대부분이었다. 하지만 자유학기제 활성화와 더불어 4차 산업혁명 시대에 요구되는 인재 양성을 위해 기업가 정신 교육과 창업체험교육의 중요성에 대한 목소리가 커지면서 교육 정책에도 변화가 일어났다.

교육부는 2018년 5월부터 초·중·고등학생의 창업체험교육의 전국적 확산을 목표로 몇 가지 정책을 추진하고 있다.

초 · 중등 학생 창업체험교육 활성화 추진방향	
추진전략	세부 추진과제
1. 학교 창업교육 기반 조성	①YEEP 온라인 플랫폼 운영 및 참여 학교 지원 ②학교 수업 기반 창업체험교육 콘텐츠 개발 ③창업체험교육 교사 연구회 및 연구(시범)학교 운영 지원
2. 창업체험교육 지원 인프라 확대	①스타트업 인프라 활용 창업체험교육 콘텐츠 개발 · 운영 ②스타트업 캠퍼스 창업체험센터 운영 및 지역 센터 운영 지원 ③가상 진로체험 콘텐츠 개발 미래 진로탐색 프로그램 운영
3. 지속 가능한 창업체험 교육 지원 생태계 조성	①청소년 창업경진대회 및 창업체험교육 우수사례 공모전 개최 ②창업체험교육 지원 협력체계 구축 ③관련 정책연구 및 진로교육 콘텐츠 개발 지원

©교육부. 4차 산업혁명 시대 기업가정신 함양을 위한 2018년「초·중등 학생 창업체험교육 활성화」사업 운영계획

그리고 교육부의 창업체험교육 정책과 더불어 중소벤처기업부와 창업진흥원에서는 '2019년 청소년 비즈쿨 지원사업' 대상 495개교를 선정했다. 올해 예산은 76억 원으로 학교당 최대 1억 원까지 기업가 정신 캠프, 기업가정신 교재, 창업동아리 운영 재료비, 체험활동비, 전문가 강사비 등에 지원을 한다. 메이커 스페이스와 연계하여 체험과 실습 중심의 교육을 통해 아이디어를 직접 실현해 보는 활동을 경험하게 되며 그 과정에서 생길 수 있는 실패와 두려움을 도전정신으로 극복하고

혁신을 일으킴으로써 문제 해결자로서의 자신을 발견하는 것이 창업체험교육의 가치이다. 따라서 창업체험교육은 학생들이 창의적이고 개방적인 사고를 할 수 있는 분위기와 환경을 조성해 주고 적극적으로 참여할 수 있도록 수업을 구성하는 것이 중요하다. 교사나 강사가 주도하는 강의형 방식보다는 학생중심교수법 Learner-centered teaching 과 팀 기반 학습법 Team Based Learning 등 참여를 이끌어 낼 수 있는 효과적인 교수법을 찾아 적용하는 것도 성공적인 프로그램 진행을 위한 노력 중 하나일 것이다. 자유학기제 시행으로 청소년 진로 전문 강사들의 강의 영역이 보다 확대되고 다양해졌듯이 기업가 정신 교육과 창업체험교육은 또 다른 기회가 될 수 있을 것이다. 이미 일부 지역의 진로교육지원센터에서는 학교연계사업으로 청소년들이 다양한 체험과 활동을 할 수 있는 프로그램들을 새롭게 기획하여 운영하면서 교육부의 정책에 빠르게 발맞추고 있다.

진로교육지원센터 학교연계사업 예시	
프로그램	내용
기업가 정신	기업가정신, 비즈쿨, 창업 교육
미래 DIY	메이커 기본 교육, 메이커 실습 교육
스피치	커뮤니케이션, 스피치, 인성 리더십 교육
꿈 잡(Job)아라	신직업 소개 및 직업모의체험 교육
창의력 놀이터	교구를 통한 창의수학 교육
자기탐색 장단맞춤	퍼실리테이션을 통한 자기이해 및 탐색

©꿈이지 군포시 교육협력지원센터

상기 프로그램들은 개별로 운영이 되고 있지만 내용적인 면에서 보면 연계성이 높다. 다양한 직업세계에 대한 이해를 바탕으로 기업가 정신, 메이커를 통한 창업체험을 팀으로 함께 하며 그 과정에서 필요한 의사소통방법이나 인성 리더십 등을 배운다. 학생 주도의 토론에 기반한 프로젝트 수업으로 진행되기 때문에 강사는 활동별로 적절한 교수법을 적용할 수 있어야 한다.

06

호모 파베르,
메이커로 거듭나다

　머릿속에서 생각한 것들을 직접 만들어서 눈앞에서 결과물을 볼 수 있고, 그것을 만드는 방법과 함께 인터넷에 공유하는 운동이 생활 속에서 일어나고 있다. 바로 메이커 운동이다. DIY Do It Yourself 가 하나의 문화로 자리잡은 지는 꽤 많은 시간이 흘렀다. 미국에서는 1950년대부터, 우리나라에서는 1988년부터 DIY 상품이 출시되었다. DIY가 단순하게 취미 생활로 시작되었다면 기술의 발전과 ICT Information and Communications Technologies 분야의 성장은 메이커 Maker 를 등장시켰다.

　즉, 인간의 본질을 물건을 만들고, 이것을 만들기 위해 도구를 사용하는 것이라고 보는 호모 파베르 Homo Faber 에서 발전하여 DIY 문화가 생겨났고, 새로운 산업혁명을 맞이하며 자신의 상상을 창의적으로 만드는 활동을 하는 메이커가 등장한 것이다. 메이커에 대한 다양한 정의가 있지만, 우리나라에서는 "디지털 기기와 다양한 도구를 사용한 창의적인 만들기 활동을 통해 자신의 아이디어를 실현하는 사람으로서 함께 만드는 활동에 적극적으로 참여하고, 만든 결과물과 지식, 경험을 공유하는 사람"으로 정의 내린다.

　이러한 메이커의 등장은 전 세계적으로 메이커 운동으로 확산되고 있고 미래 역량을 갖춘 창의적인 인재를 육성하기 위한 교육 방법으로 주목받고 있다. 메이커 교육 Maker Education 이란 자율성·공유·협력에 기초해 제품의 기획·제작·완성까지 모든 과정을 학생이 스스로 판단하며 이끄는 프로젝트 교육이다. 앞서 언급한 창업체험활동과 더불어 메이커 교육에는 공유와 협업을 통한 적극적인 문제해결능력을 기를 수 있는 요소가 많다. 강원도 소재 S중학교의 경우 발명교육 연구학교로 3D 프린터를 활용할 수 있는 메이커실을 보유하고 있다. 드론 제작 및 메이커스 대회 참여, 스마트 팜 제작과 작물 재배 및 판매라는 두 가지 프로그램 종료 후 학생들에게 인터뷰를 한 결과, 목표 의식과 도전 정신을 가질 수 있었고 실패를 극복하는 방법을 직접 경험해 봄으로써 성취감과 자존감을 높일 수 있었다고 한다.

메이커 스페이스는 3D 프린터와 같은 장비를 갖추고 있기 때문에 모델링 한 것을 직접 출력할 수 있는 실습형 교육이 이루어진다. 그곳에서 진행되는 교육 프로그램들은 미세먼지 측정기, 음성인식 RC카, 공기 청정기 만들기 등 매우 다양하며 장비 교육과 모델링 교육 후 직접 제작하는 것으로 수업이 진행된다. 융합형 인재를 육성하는 것이 4차 산업혁명의 과제이다. 메이킹과 창업활동을 연계한 진로체험교육이야말로 지금 이 시대에 요구되는 가장 핫한 강의 트렌드일 것이다. 판교 스타트업 캠퍼스는 중앙창업체험센터로써 초·중·고 학생을 대상으로 한 기본 및 심화 프로그램과 초·중·고 교원ㅈ, 교원 전문직 및 관계자를 대상으로 한 기본 프로그램을 운영하고 있는데 교육 내용을 통해 현재의 창업체험교육의 방향을 읽을 수 있다. 조금 전 언급한 것과 같이 4차 산업혁명을 주도하는 핵심 기술을 이해하고 체험해 보며 기업가 정신과 메이킹을 직접 경험할 수 있는 교육내용으로 구성되어 있다.

구분	대상	내용
스타트업 캠퍼스 창업체험센터 프로그램 개요		
기본 프로그램	초·중·고 학생 (4시간)	· 스타트업 캠퍼스 투어 · 4차 산업혁명 시대와 기업가 정신 관련 사례 · 메이커 스페이스를 활용하여 프로토타입 제작
심화 프로그램	중·고 학생 (6시간)	· 스타트업 캠퍼스 투어 · 4차 산업혁명의 이해 · 인공지능(AI)서비스 및 가상현실(VR) 체험 · 나만의 서비스/제품 기획
기본 프로그램	초·중·고 교원(장) 교원 전문직 및 관계자 (6시간)	· 스타트업 캠퍼스 투어 · 창업체험 프로그램 활용 우수사례 공유 및 활용 방안 · 특강(스타트업 및 창업현장 전문가 특강을 통해 기업가 정신의 개념 및 핵심역량 이해) · 창업체험교육 모듈형 콘텐츠 체험 및 적용방안

©한국청년기업가정신재단

07

진로강사의 좋은 친구,
K-MOOC

청소년 진로교육 전문강사로서 눈여겨봐야 할 정보로 K-MOOC를 들 수 있다. K-MOOC Korean Massive Open Online Course 는 대학의 우수 명품강좌를 일반 국민이 언제, 어디서나, 누구나 무료로 수강할 수 있는 서비스로써 2015년 10월부터 시작하여 현재 총 523개 강좌를 제공하고 있다. 청소년의 경우 지적 호기심과 지적 역량을 채우면서 미래 진학 및 생애 진로 탐색에 유용하게 활용할 수 있다. 또한 대학 입시의 학생부종합전형에서 자기소개서 등에 진로탐색의 '동기부여 요소'로 삼을 수 있는 유용한 강좌들이 풍성하기 때문에 동아리 활동에서도 주제 선정이나 주제 연구 프로젝트 진행에 있어서도 좋은 정보를 습득할 수 있다는 점에서 중·고등학생에게 인기가 많다. 일부 학교 교사들 역시 토론식 수업이나 프로젝트 학습에 자료로 활용하고 있어서 K-MOOC에 개설된 강좌들을 보면 강의 트렌드를 읽어내는 데 도움이 될 것이다.

2019년 2월 교육부에서는 한국형 온라인 공개강좌 K-MOOC 기본계획을 발표했고 신규강좌 선정결과를 5월에 발표했다. 특히 올해 선정된 신규강좌는 4차 산업혁명 및 직업분야의 핵심기술을 체계적이고 심충적으로 학습할 수 있는 내용으로 구성되었기 때문에 다양한 강의 주제를 통해 트렌드를 파악할 수 있을 것이다. K-MOOC는 개별강좌는 직업교육 11강좌, 한국학·국가정책수요 사회적 경제·창업 5강좌, 자율분야 20강좌 등 총 36개 강좌가 선정되었고 특히 직업교육 분야 강좌에는 조명 디자인, 외식산업인터넷마케팅, 아이돌봄 베이비시터, 폐기물 관리, 사회복지사 등 다양한 분야의 직업 실무능력을 키울 수 있는 강좌들이 선정되었다. 또한 묶음강좌는 4차 산업혁명 2묶음, 전문인력양성 3묶음으로 총 5묶음 23강좌가 선정되었다. 현재 개설되어 있는 묶음강좌와 2019년 신규로 선정된 묶음강좌의 주제를 비교해 보면 트렌드의 변화를 읽을 수 있다. 신규 선정 묶음 강좌에서는 전문인력양성분야에서 스타트업 창업이 새롭게 눈에 띈다. 특히 4차 산업혁명과 관련한 창업 역량 개발을 중심으로 구성된 교육과정을 통해 미래인재로 자라날 청소년들에게는 어떠한 주제의 강의가 적합할지 고민해 보는 것도 좋겠다.

2019년 6월 현재 수강 가능한 묶음 강좌			
구분	기관명	묶음강좌명	세부강좌수
1	성균관대학교	4차 산업혁명의 스마트카, 핵심기술의 이해	5
2	한국과학기술원	클라우드 기반 소프트웨어 엔지니어링	5
3	서울과학기술대학교	Advanced Robotics	4
4	서울대학교	빅데이터와 인공지능	5
5	세종사이버대학교	블록체인	4

©교육부

구분	분야	기관명	묶음강좌명	세부강좌수
1	4차 산업혁명 분야(2묶음)	고려대	ICBM+AI 기술과 사회적 함의	4
2		대구가톨릭대	사물인터넷(IoT)과 함께하는 빅데이터	5
3	전문인력 양성분야 (3묶음)	서울디지털평생교육원	글로벌 무역·물류 전문인력	4
4		성균관대/비즈컴퍼스/ 벤처창업진흥협동조합/ 온스타트업연구소	4차 산업혁명과 세상을 바꾸는 스타트업 창업	5
5		장안대	전문 스타일리스트 양성과정	5

ⓒ교육부

기업들의 사회공헌활동을 통해서도 청소년 진로체험교육의 중요성과 발전 방향을 찾을 수 있다. 전국 경제인 연합회에서 '2018 주요 기업의 사회적 가치 보고서'를 통해 기업들의 신규 사회공헌 프로그램 트렌드를 스타트업 Startup, 여성 Woman, 사회통합 Integration, 교육 Teaching, 소통 Communication, 힐링 Healing 으로 스위치 S.W.I.T.C.H 라고 명명했다. 그중 교육 T 에서는 진로 탐색, 4차 산업 융합교육 등 아동 및 청소년 교육 지원이 눈에 띄는 추세이다. 예를 들어 LG는 한국과학기술원 KAIST 와 한국외국어대학교와 함께 다문화 가정 청소년들을 대상으로 창의적 인재 및 창의 문화 확산을 위해 국내외 메이커 페스티벌에 참가하고 있다. 특히 '영 메이커 페스티벌'은 국내 최대 규모의 메이커 행사이자 참여형 융합 과학 축전으로 LG의 6개 계열사의 기술 특징을 활용하여 청소년들에게 신기술을 체험하게 할 수 있는 프로그램까지 운영한다.

SK텔레콤 중부 인프라 본부의 경우 초등학생 대상 코딩교육 프로그램을, 삼성물산의 대표 사회공헌사업인 '주니어 물산 아카데미' 프로그램은 학생들의 직업 체험과 진로 개발을 위한 '메이커 교육'을 주요 콘

텐츠로 하여 자사의 사업 아이템인 건축 건설부문, 무역 상사부문, 의류 패
션부문, 테마파크 리조트부문 등을 학습 소재로 활용한다. 한화 사회봉사
단도 청소년 진로 워크숍을 통해 미래설계능력향상과 직업현장체험을
지원하고 있다. 현대차는 아예 교육부와 업무협약을 체결해 2016년부
터 자유학기제 특화 진로 프로그램인 '미래 자동차 학교'를 수년간 진행
해 오고 있는데 증강현실을 이용한 AR 자동차 만들기 및 레이싱 게임
체험 등 자동차 산업 내의 다양한 직업을 탐색하고 체험하는 알찬 콘
텐츠로 구성되어 학생들의 높은 만족도를 보이며 교육부 장관상을 받
기도 했다.

Lecturer Trend Korea

트렌드 집합소인
교육 박람회를 찾는 강사가 되자

교육현장의 변화를 보고 미래교육의 방향을 내다볼 수 있는 기회를 찾고 싶다면 교육박람회에 관심을 가져보는 것이 좋다. 대한민국 교육박람회는 교육부 및 19개 시·도 교육청 등 관련 기관의 후원으로 매년 진행된다. 2018년과 2019년은 "교육이 미래다 Education, Key of the future "라는 주제로 행사가 열렸다.

2018년 1월에 개최되었던 15회 박람회에서는 체험&참여 행사로 SW/코딩 캠프, 3D프린팅 체험관, 진로 상담/컨설팅관, 잡트레이닝 교육 등이 열렸고, 2019년 1월에 개최된 16회 박람회에서는 로봇과 함께하는 미래체험, VR스포츠 및 교육체험관, 에듀트렌드 쇼케이스관, 코딩 등 4차 산업혁명에 대비하는 교육 주제를 중심으로 체험이 운영되었다.

한편 2019년 2월에 개최된 초등교육 박람회에서도 교육정보관과 교육체험관으로 나누어 특히 SW코딩, 드론, VR체험, 3D프린터, 학습용 보드게임, 메이커 교육 등 다양한 놀이와 체험의 기회를 제공함으로써 학생들이 자신의 관심 분야에 몰입할 수 있도록 운영되었다. B2C 관람객 분석 결과를 살펴보면 학부모들이 교육 박람회에 참석하는 목적으로 교육체험이 37%로 가장 높게 나타났고, 교육 박람회의 관심 분야에 있어서도 교육학습 46% 에 이어 체험학습 15% 이 그 뒤를 잇는 것으로 나타났다. 이는 진로체험활동에 대한 관심과 수요가 향후에도 지속적으로 있을 것으로 내다보는 근거가 된다.

교육 박람회에서 또 하나 눈에 띄는 것은 교구를 개발하여 수업에 활용하는 교육 업체들의 증가이다. 4차 산업혁명 시대에는 창의적인 사고와 융합교육의 중요성이 강조되면서 '무엇을'이 아니라 '어떻게'에 초점을 두는 교육활동이 중시되고 있다. 진로체험을 통해 '어떻게' 문제를 해결해 나가는지, '어떻게' 친구들과 의사소통을 하며 팀워크를 발휘해야 하는지 직접 경험하며 느끼고 배울 수 있는 활동 속에서 교구가 매개로 활용되고 있다. 학생들의 능동적인 참여를 이끌어 내는데 효과적인 교수법과 도구를 진로체험유형에 맞게 적절히 활용하는 것은 진로전문 강사로서 늘 고민해야 하는 숙제일 것이다. 따라서 새로운 정보를 발 빠르게 습득하고, 어떻게 적용할 것인지 다양한 교육 관련 행사나 세미나, 포럼 등에 참석하는 부지런함이 필요하다.

청소년 진로 강의 분야의 전망

진로교육은 평생에 걸쳐 이루어진다. 지금껏 청소년 진로교육은 진학에 초점이 맞추어져 있다 보니 입시 위주의 진로, 어른들이 정해 놓은 진로가 정답인 듯 이루어졌다. 하지만 4차 산업혁명과 더불어 빠르게 변화하는 사회 속에서 우리가 지금껏 알던 성공의 공식이 깨지는 사례들이 속속 등장하고 진학은 진로의 일부일 뿐이라는 인식의 변화가 일어나기 시작했다. 삶의 성취에 대한 기준이 바뀌고 있는 것이다.

청소년 진로 강의 분야도 최근 몇 년간 변화를 겪었다. 자유학기제의 전면 시행으로 진로 교육의 중요성과 비중이 높아졌고 다양한 자유학기 활동과 관련하여 진로 강의의 분야도 확대되었다. 적극적인 참여와 자기 주도성을 높이기 위해 체험활동이 권장되었고 내용면에 있어서도 학생들의 선호도를 반영하기 위해 진로 강의의 주제와 콘텐츠는 더욱 다양함과 풍성함이 요구됐다. 특히 기술의 발전으로 인해 빠르게 변화하는 직업 세계에 대한 강의는 직업체험활동과 함께 향후에도 꾸준한 수요가 예상된다.

그리고 자유학기제의 안정적인 정착에 더해서 기업가 정신과 창업체험교육이 또 하나의 청소년 진로 강의 분야의 주요 트렌드라고 본다. 미국을 비롯한 선진국들은 이미 오래전부터 학교 정규 교육과정에서 기업가 정신 함양을 위한 교육을 시행했고 학교 이외의 비영리 기관과 영리 기관들도 교육프로그램과 자료들을 개발, 제공하고 있다. 우리나라도 2002년부터 '청소년 비즈쿨' 사업을 운영했지만 극히 일부를 대상으로 했었고 최근 교육부의 창업교육 활성화 방안 발표를 통해 2018년부터 초·중·고 교육과정에 기업가 정신 교육이 반영됨으로써 많은 강의 수요가 예상된다. 새로운 정책이나 제도의 정착을 위해서는 양적인 확충이 수반되어야 한다.

교육부의 정책에 발맞추어 청소년 관련 기관 및 민간에서도 창업체험 교육과 관련된 다양한 강의가 진행될 것이며 아이디어를 직접 구체화해 보고 실현해 볼 수 있는 메이커 스페이스와 연계된 메이커 교육도 활발해질 것이다. 토론과 프로젝트를 기반으로 현장 중심, 학생 중심의 참여형 강의가 선호되고 있음을 기억하고 청소년의 눈높이에 맞춘 트렌디한 강의를 하자. 무엇보다도 청소년 진로전문 강사들은 창의성과 도전정신을 가진 미래 인재로 자라날 청소년들을 대상으로 강의를 진행함에 사명감과 자부심을 갖자. 여러분도 도전하라! 도전은 아름답다.

📖 참고문헌

- 교육부 www.moe.go.kr
- 통계청 kostat.go.kr
- 대한민국 교육 박람회 www.edufair.net
- 초등교육박람회 www.children-expo.co.kr
- 메이크올 www.makeall.com
- 워크넷 www.work.go.kr
- 서울특별시 교육청 www.sen.go.kr
- 한국고용정보원 www.moe.go.kr

- 한국잡월드 www.koreajobworld.or.kr
- (재) 한국청년기업가정신재단 www.koef.or.kr
- 한국교육개발원 www.kedi.re.kr
- 한국직업능력개발원 www.krivet.re.kr
- 군포시 교육협력지원센터 꿈이지 www.gpdreameasy.or.kr
- 용산구 진로직업체험지원센터 미래야 www.miraeya.or.kr
- 아이엠스쿨 school.iamservice.net
- 교보문고 www.kyobobook.co.kr
- 대한민국 교육박람회(EDUTEK KOREA) www.educationkorea.kr
- 초등교육박람회 www.children-expo.co.kr
- 김경환, 창업정책연구 Entrepreneurship policy research, 성균관대학교 글로벌 창업대학원, 2019
- 김정숙, 일본 진로교육 현장을 통해 배우다, 2019
- 김현철 외, 대만의 청소년 진로교육 및 진로체험활동 현황, 2017
- 김현철, 일본 진로교육의 미래, 직업 매칭에서 진로 탄력성으로, 2019
- 박재성, 4차 산업혁명 시대 창업교육의 방향성에 관한 연구 : 창업교육의 유형별 중심, 전남대학교 창업보육센터 실장. 한국창업학회지 제13권 제1호, 2018
- 양현봉, 주요 선진국의 청소년 기업가 정신 교육정책과 시사점, KIET 산업경제, 2019
- 황철주, 유럽 학교의 기업가정신 교육, (재)한국청년기업가정신재단, 2014
- 4차 산업혁명과 독일 초·중등교육 현황, 독일한국교육원, 2018
- 김난도 외, 트렌드 코리아 2019, 2018
- 교육사랑신문 http://www.edulove.net/news/articleView.html?idxno=30113
- http://news.mt.co.kr/mtview.php?no=2018121309495644097
- https://happyedu.moe.go.kr/happy/bbs/selectHappyArticleImg.do?bbsId=BBSMSTR_000000000192&nttId=7521
- https://www.msn.com/ko-kr/news/national/
- https://www.mk.co.kr/news/economy/view/2019/04/258909/
- http://www.dt.co.kr/contents.html?article_no=20190407021099 31731002&ref=naver

김민경 ──────────────────────────

- 휴먼앤파트너즈 대표
- 전)ACGHR, 전)VALTERA Asia Pacific, 전)어세스타 컨설턴트
- 고려대학교 교육학 석사
- 심리검사: 「egosum 인성검사」, 「채용선발용 인성검사」, 「ETCA대학생활적응도검사」, 「NCS필기시험문제집」
- 대학: 진로취업교육, 커리어로드맵, 현장실습 직무컨설팅, 인적성검사, NCS 필기시험, 대학생활적응검사
- 기업: 면접관 교육, 신입사원교육, 긍정심리, 행복강의
- 기관: 면접위원, 서류전형, 인바스켓, 제대군인 전직교육, 신중년 생애설계교육, 재취업컨설팅, 장애인 취업교육

Trend

9

—

진로 : 대학생 진로

UNIVERSITY STUDENT CAREER PATH

대학생 진로교육 강화,
진로지도 역량을 갖춘
강사로 주목받자!

01

대학 진로개발 지원 강화,
변화를 주목하라

대학의 진로교육은 전통적으로 취업부서의 취업교육 중심이었다. 창업이 강조되던 3~4년 전에는 창업센터 설립이 눈에 띄게 증가했다. 최근에는 진로센터가 독립적으로 설치되거나 취업부서가 진로취업센터로 확대·개편되는 추세다. 대학의 진로 프로그램을 강화하려는 것이다.

최근 왜 이러한 변화가 발생했는가? 정부정책이 진로교육을 강조하고 있다. 교육부는 2018년 11월 「진로교육 활성화 방안」을 발표했다. 그 핵심내용은 대학, 성인 등 생애 전환기 진로개발 지원 강화, 지속 가능한 진로교육 생태계 구축, 교육과정 속 진로교육 확산 및 사각지대 없는 진로교육 강화, 혁신 성장을 위한 창업체험 교육 활성화이다. 이 중 대학생의 진로에 초점을 맞춰 본다면, 취업을 앞둔 대학생이 필요로 하는 맞춤형 진로를 위해 생애 단계별 진로개발 지원을 확대하겠다는 것이다. 구체적으로는 대학생의 진로개발 역량을 강화하기 위해 대학 진로체험학점제 운영을 확산하고, 진로상담, 취업컨설팅 등 다양한 활동이 대학 교육과정에 반영될 수 있도록 권장한다.

정부가 대학의 진로교육을 강조하는 근본적인 이유는 대학이 사회 수요에 부응하는 실력 있는 인재를 배출하지 못하는 현실 때문이다.

생각해 보자. 대학에 입학하고도 학교 적응에 실패하여 많은 학생들이 중도탈락하고 있다. 학과와 전공이 자신의 적성에 맞지 않아 심리적 갈등 속에서 학업의 효율이 떨어지는 학생들이 많다. 자신의 인생에서 현재의 대학 생활이 차지하는 역할과 중요성을 인식하지 못하고 있다. 많은 학생들에게 강좌 선택의 기준은 듣고 싶은 양질의 강의인지 여부가 아니라 학점을 잘 주고 시간을 많이 뺏지 않는가이다. 어떻게 취업을 준비해야 할지 막막하여 토익 공부만 하고 있다. 어떤 학생들은 이력서와 자기소개서에 한 줄 넣기 위하여 교내외 활동에 참여하고 있다. 내실 있는 진로교육이 필요한 상황이다. 사회수요에 부응하지 못하는 대학졸업자는 취업에 어렵게 성공하더라도 조기 퇴사로 이어지고 있다. 구인구직 매칭플랫폼 '사람인'에 따르면 2019년에 조사한 416개 기업 중 74.8%의 기업이 입사 1년 미만의 신입사원 중 퇴사자가 발생했다고 한다. 이는 2018년 같은 조사 결과 66.2% 대비 8.6% 증가한 수치이다. 신입사원들이 조기 퇴사하는 가장 큰 요인 중의 하나는 조직 및 직무 적응의 실패이다.

만약 어떤 대학에서의 진로취업교육이 학생의 본래 모습과 본래 마음을 감추고 단기간에 취업용으로 학생을 포장하기 위한 취업스킬 중심이라면 이제라도 방향을 바꾸어야 한다. 진짜 인재와 가짜 인재를 가려내기 위한 진일보한 선발도구들이 속속 개발되고 있기 때문이다. 무엇보다도 취업에 어렵게 성공하더라도 진정한 자기를 감추고 급히 포장한 모습으로 직업세계에서 얼마나 발전할 수 있겠는가? 이러한 현실을 극복하기 위한 대안이 바로 진로교육의 강화이다. 즉, 개인의 적응을 돕고 대학의 교육을 내실화하여 사회의 요구를 충족하는 실력 있는 인재를 양성하자는 것이다.

정부 정책의 초점이 정해지면 교육기관, 교육회사, 교수와 강사를 포함한 교육 시장도 큰 영향을 받게 된다. 최근 진로에 대한 관심이 급격히 상승한 시점은 2018년 11월 교육부의 '진로교육 활성화 방안'에 관한 보도자료 발표 시점과 일치한다.

　"1학년인데 진로성숙도검사를 하면, 학생들이 진로성숙도 점수가 높게 나오나요?", "진로에 대해 이제 알아봐야 하는데, 1학년에게 이 검사가 의미가 있나요?" 이러한 질문들은 실제로 저자가 대학에서 진로성숙도검사를 실시하면서 학생들을 지도하는 지도교수님께 가장 많이 받은 질문이다. 적어도 신입생이나 대학교 저학년 시기는 진로를 선택하는 시기이기보다 진로를 재탐색해야 하는 시기임을 의미한다.

　교육부의 진로교육 5개년 기본계획에서 학교급별 진로교육 체계를 보면, 초·중·고 각급 학교에서 진로인식, 진로탐색, 진로설계를 마친 후 대학에서 '진로선택'의 교육을 실시하게 된다.

학교급별 진로교육 체계, 진로교육 5개년 기본계획(2016.3.31.)

학교급별 진로교육체계

초등학교(진로인식)	중학교(진로탐색)
• 교과 연계형 진로교육 - 실과, 일반과목과 연계한 진로교육 - 현장 견학형, 강연, 대화형 등 진로체험	• 진로탐색 중심 창의적체험활동 운영 • 일반교과 연계 진로교육 • 자유학기제 통한 양질의 진로체험 프로그램 운영 및 도농간 진로체험 격차 해소
대학생(진로선택)	고등학교(진로설계)
• 진로교육을 대학 정규 교육과정 포함 권장 • 학생 중심 원스톱 서비스 • 인턴십(현장실습) 강화 • 지도교수제 운영 권장	• 일반고: 진로/진학교육, 대학/학과 관련 진로체험 실시 • 특성화고: 진로/직업교육/인턴십(현장실습 운영), 선취업후진학 지원

ⓒ교육부

그러나 실제로는 자기이해, 대학생활 적응, 진로탐색, 진로설계, 진로결정, 역량개발, 취·창업 준비 등의 전 주기의 진로단계가 모두 대학 진로교육에 포함되어 있다. 그 결과 자기소개서, 면접, 취업검사 등 취업지원 단계에 집중되었던 진로교육이 그 이전 단계로 확산되고 있다. 따라서 대학생활적응도검사, 자기이해를 위한 검사, 진로탐색을 위한 업종분석, 직무분석, 기업분석, 진로설계를 위한 커리어로드맵과 같은 분야의 중요성이 증대되고 있다. 학교에서는 지도교수제를 운영하거나 정규교육 과정에 진로교육을 포함하고 있고, 학생 중심의 원스톱 서비스를 시행하고 있다.

진로교육 5개년 기본계획 2016.3.31. 에서도 대학 진로교육의 포괄성을 확인할 수 있다. 초·중등학생의 진로개발 역량지표와 연계하여 대학생 진로발달수준을 측정할 수 있는 진로개발 역량지표를 개발·보급하기로 한 것이다. 대학생은 자기를 이해하고, 진로를 탐색하고, 진로를 결정하여 포괄적이고 체계적인 진로 준비를 하는 시기라고 할 수 있다.

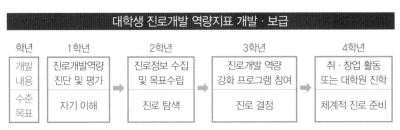

©교육부, 진로교육 5개년 기본계획, 2016

02

진로분야 강사, 대학의 진로 서비스
확대 현황에 민감하라

대학 진로교육의 주체도 변화하고 있다. 과거에는 취업부서가 운영하는 취업 프로그램이 진로교육의 거의 전부였던 시절도 있었다. 그러나 지금은 취업부서뿐 아니라 상담센터, 교수학습센터, 학과의 지도교수 등이 진로교육의 공동 주체라고 할 수 있다. 특히 학과의 지도교수의 역할은 수년간 크게 증대되었다. 진로 교과목이 필수이수 과목으로 지정되는 대학이 늘어나면서 교과목 내에서 진로지도와 초청특강이 이루어졌다. 더욱이 대학 진로체험학점제를 교육부가 정책적으로 권장하면서 진로교육이 대학의 교과과정 내에 정착하고 있다. 따라서 학생들의 진로에 대한 지도교수에게 권한과 책임이 높아지고 있다. 이런 변화의 의미는 취업부서에서 실시하는 자기소개서, 면접, 인적성검사, NCS, 분야별 공채준비반 등의 전형적인 비교과 교육 외에도 학과의 지도교수가 관장하는 정규 진로 교과목에서 필요로 하는 진로교육 수요를 주목해야 한다는 것이다. 전공 관련 업종 및 직무와 연결된 진로교육이 그것이다.

수도권의 A대학교는 진로취업 분야를 진로설계, 직무설정, 취업역량, 취업스킬 등 네 범주로 구분하여 예산을 편성한다. 2017년과 2018

년 사이에 예산투입에 큰 변화가 있었다. 2017년까지 예산의 절반 이상
이 투입되었던 취업역량 사업은 2018년에 35% 수준으로 축소되었고,
2017년에 예산의 5%에 불과했던 진로설계 사업은 2018년에 16% 수준
으로 급증한 것이다.

수도권 A대학교 진로취업 프로그램 예시, 2018

구분	추진 내용
진로설계	종합심리검사, 진로적성검사, 자기이해 및 탐색, 직업가치관 탐색, 비전설계 및 발표, 역량 및 직무 탐색, 기업직무탐색, 커리어포트폴리오, 대학생활 계획 세우기 등
직무설정	직무기업별멘토링 운영, 직무 프로그램, 커리어생애설계 등
취업역량교육	전공역량강화 취업특강 및 스터디, 학과별 직무교육 등
취업스킬교육	산업및직무특강, 기업채용설명회, 직무적성검사 특강 및 모의고사, 입사서류 및 면접 스킬 증진, 전공별 취업스터디, 입사서류 클리닉, 취업정보, 채용트렌드, NCS의 이해 등

©수도권 A대학

진로설계 분야의 주요 추진내용으로 살펴보면 진로상담, 자기이해 및
탐색, 직업가치관 탐색, 비전 설계 및 발표, 자신의 역량, 직무 및 기업
탐색, 커리어포트폴리오 작성, 대학생활 실천계획 우선순위 정하기 등
이 있다. 진로설계에 대한 예산투입이 증가하는 추세를 받아들여 대학
에서 강의하는 진로취업강사는 자기소개서 작성, 면접연습 중심의 취
업 스킬에 관한 교육뿐만 아니라 등 취업 이전에 이루어지는 진로에 관
한 상담과 교육을 할 수 있는 역량을 강화해야 할 것이다. 구체적으로
학생들의 진로설계에 도움을 줄 수 있는 심리검사를 통한 자기분석, 비
전 설계, 커리어포트폴리오 작성, 대학생활 계획 세우기 및 자기관리,
학생의 역량 및 전공에 맞는 직무 탐색, 기업직무 탐색에 대한 지식을
충분히 습득해야 한다.

03

진로분야 강사,
전문성을 갖추어야 한다

2018년 대학교 진로취업지원 현황조사 결과에 따르면 진로지도 및 상담 프로그램의 강사진 비율이 39.3%, 외부업체 비율도 15.1%이다. 진로관련 교육의 많은 부분을 외부강사나 외부업체에서 진행한다는 것은 그만큼 진로강사의 수요가 있다는 것이다.

대학 진로취업지원 현황조사(2018) 진로지도 및 상담 프로그램 강사진 비율

구분	사례 (명)	내부전임교원 (교수)		내부 비전임교원		내부직원		외부 강사		외부 업체	
		빈도 (명)	비율 (%)	빈도 (명)	비율 (%)	빈도 (명)	비율 (%)	빈도 (명)	비율 (%)	빈도 (명)	비율 (%)
전체	1,375	237	17.2	63	4.6	666	48.4	541	39.3	207	15.1

©교육부

진로강의는 모든 학년을 대상으로 하기도 하지만, 주로 저학년을 대상으로 강의가 개설되거나 권장하는 경우가 많다. 진로분야 강사는 저학년 학생들의 대학적응을 돕기 위해 주로 대학적응, 학교이탈방지, 자기분석 등의 교육을 하게 된다.

대학 진로취업지원 현황조사(2018), 진로지도 및 상담 교과목 대상 학년(단위: 과목수)										
구분	사례 (개)	1학년		2학년		3학년		4학년 이상		학년무관	
		빈도 (개)	비율 (%)	빈도 (개)	비율 (%)	빈도 (개)	비율 (%)	빈도 (개)	비율 (%)	빈도 (개)	비율 (%)
전체	1,040	396	38.1	314	30.2	161	15.1	85	8.2	233	22.4

©교육부

진로분야 강사는 대학의 지도교수를 중심으로 학생들의 대학생활 적응을 돕기 위한 커리큘럼을 만들고, 진로상담을 도와줄 수 있는 역할을 해야 한다. 대학적응 및 학과적응을 위해 학교, 학과, 전공별 진출 분야에 대한 안내를 할 수 있어야 한다. 또한 학생들이 자신의 성격, 흥미, 적성, 가치관 등을 분석하고 상담해 줄 수 있는 능력을 갖춰야 한다.

진로분야 강의,
다양한 영역에서 할 수 있다

진로교육의 형태는 정규교과목, 교육업체가 운영하는 캠프, 진로상
담, 대학생활적응에 관한 검사 등이 있다. 진로교과목은 교양선택, 교
양필수, 전공선택, 전공필수 등 학교마다 다양한 교과영역의 형태로 개
설된다.

구분	사례(개)	교양선택		교양필수		전공선택		전공필수	
		빈도(개)	비율(%)	빈도(개)	비율(%)	빈도(개)	비율(%)	빈도(개)	비율(%)
전체	1,040	354	34.0	183	17.6	222	21.3	281	29.0

대학 진로취업지원 현황조사(2018), 진로지도 및 상담 교과목 교과영역 현황

©교육부

진로교과목이 개설되는 시기는 1,040개 대학 조사결과, 학기 중이
가장 많아 2017년 1학기 555회 53.4%, 2017년 2학기 443회 42.6% 진행
하였으며, 2017년 여름학기에는 24회 2.3%, 2017년 겨울학기 18회 1.7%
로 상대적으로 적지만 계절학기에도 진행하고 있다. 교과목으로 개설
된 진로교육은 상대평가 A-F 로 학점이 부여되거나 절대평가 Pass/Fail 형

식으로 진행된다. 교과목의 학점 부여 방식은 상대평가 A–F 보다는 절대평가 Pass/Fail 방식으로 평가하는 경우가 많다.

대학 진로취업지원 현황조사(2018), 진로지도 및 상담 교과목 학점 부여 방식							
구분	사례(개)	상대평가(A–F)		절대평가(Pass/Fail)		기타	
		빈도(개)	비율(%)	빈도(개)	비율(%)	빈도(개)	비율(%)
전체	1,039	377	36.3	649	62.5	12	1.3

©교육부

(1) 정규교과목

▌ 자기분석과 커리어로드맵 중심의 진로교과목 사례

충청권 전문대학인 B대학의 사례로 절대평가 Pass/Fail 형식으로의 진로교과목을 소개한다. 이 대학의 진로교과목은 대학생의 학교적응과 자기분석을 주목표로 하고 있다. 진로교과목이 있는 학교는 많지만, 학년별로 진로취업교과목을 모든 학년, 모든 학과 학생을 대상으로 하는 학교는 많지 않다. B대학은 맞춤형 교재를 만들어 제공하고, 교과목 담당 시간강사를 대상으로 표준화된 교육을 진행하고 있는 모범적인 사례이다.

B대학의 진로취업교과목은 1학년 때는 대학적응과 자기분석을 통한 커리어로드맵 설계에 초점을 맞추고 있다. 2학년의 경우 NCS와 비즈니스 매너에 관한 내용으로 구성되어 있고, 3학년은 취업을 위한 자기소개서 이력서 작성, 면접대비 전략 등으로 구성이 되어 있다. 1학년 신입생을 대상으로 진행되는 진로강의는 1학기에 5주차까지 수업이 진행

되고, 2학기에 6주차부터 10주차까지 수업이 진행된다. 교과목 시간에 대학생활적응도검사를 실시하여 학기 시작부터 교수-학생 상담을 시작한다. 긍정심리 기반으로 강의가 설계되어 있어 대학과 학과에 대한 긍정적 이미지를 심어주고, 학과별로 선배들의 진출 분야에 대해 탐색하여 전공 만족도를 높이고 있다. 또한 자기분석과 대학생활 계획, 자기관리 등을 강의 주제로 하고 있다. 진로취업센터에서는 학생들이 커리어 설계를 극대화하기 위해 교과목이 끝나는 시점에서 학생들에게 '커리어로드맵경진대회' 개최를 한다. 교과목으로만 끝나는 것이 아니라 취업센터에서 하고 있는 경진대회와 통합적으로 연계한다는 점에서 의미가 있다.

P/F 형식의 진로교과목 목차 예시, 2019	
주차	강의 주제
1주차	오리엔테이션, 대학생활적응도검사
2주차	대학생활적응도검사 해석 및 학교 프로그램 연계
3주차	현재 나의 모습에 대한 탐색 및 비전 설계
4주차	우리 과 선배들의 진출 분야 검색을 통한 나의 학과, 나의 기대
5주차	대학생의 시간관리 전략
6주차	방학생활 반성 및 2학기 계획 세우기
7주차	나의 직업 가치관 탐색
8주차	나의 비전을 구체화하기
9주차	커리어로드맵 작성
10주차	커리어로드맵 발표

©충청권B대학

▌자기분석과 커리어로드맵 중심의 진로교과목 사례

호남권 4년제 대학인 C대학교의 진로교과목 예시이다. C대학교의 진로교과목은 3학년을 대상으로 개설되었다. 3학년 학생 대상으로 전공필수 과목으로 학점이 부여되는 과목으로 개설됐다는 점은 흔치 않은 경우이다. 이 대학은 취업스킬 교육만으로는 한계가 있음을 절감했다. 개설 취지는 전공 진출 경로에 대한 이해를 높여 취업난을 극복하고자 함이다. 위의 학과는 장기 공무원 시험 준비, 잦은 이직 현상, 취업 포기 등의 문제들이 발생했기 때문이다.

교육의 내용은 긍정성 찾기 및 긍정심리 회복, 인재상 카드 및 온라인인성검사를 통한 자기분석, SWOT분석을 통한 자기분석, 4차 산업혁명의 이해, 선배특강, 시간관리 전략, 워크넷 및 NCS를 통한 직무검색 및 목표설정, 목표실행을 위한 실천방안 세우기, 커리어로드맵 작성하기, 커리어로드맵 발표로 구성되어 있다.

상대평가(A-F) 형식의 진로교과목 목차 예시, 2017

주차	교육주제
1주차	오리엔테이션, 긍정성 찾기
2주차	긍정심리기반 동기부여
3주차	온라인인성검사, 인재상카드를 통한 강점 찾기
4주차	SWOT분석을 통한 자기분석
5주차	4차산업혁명의 이해
6주차	선배특강(1)
7주차	계획 세우기-시간관리 전략
8주차	선배특강(②)
9주차	직무탐색 - 워크넷/NCS 사이트 검색
10주차	대학생활 실천방안 세우기
11주차	커리어로드맵 작성법 특강, 셀프마케팅

주차	교육주제
12주차	커리어로드맵 설계
13주차	커리어로드맵 작성
14주차	커리어로드맵 발표
15주차	기말고사

©호남권 C대학교

15주차 수업이 끝나는 학기말 시점에 교내 대학일자리센터 주최로 커리어로드맵 경진대회가 개최된다. 전교생을 대상으로 하는 경진대회 이지만, 진로 교과목을 이수한 학생들이 두각을 나타내며 경진대회에 서 입상하고 있다. 호남권 C대학교의 진로교육의 초점도 자기분석을 통한 자신의 커리어 설계에 있다고 할 수 있다.

② 외부업체 진행 형태의 진로교육

▌신입생 오리엔테이션 교육

외부업체에서 진행하는 진로교육은 신입생 오리엔테이션 교육과 진로캠프 등이 있다. 신입생 오리엔테이션은 집체교육으로 대학생의 조기 이탈 및 휴학, 타 대학으로의 이동을 고민하기 전에 사전에 학생들과의 관계 형성과 대학과 학과에 대한 전망과 선배의 사회진출 경로에 대해 미리 파악하여 진로탐색을 할 수 있는 기회를 제공한다.

신입생 오리엔테이션 교육의 형태로는 주로 심리검사를 포함하고 있다. 대학생활적응도검사를 통해 기본적으로 학생의 학교에 대한 만족이나 현재의 상황을 파악하여 입학 후 즉각적으로 학생상담과 진로지도를 하고자 하는 노력이다. 또한 DISC검사나 MBTI검사 등을 통한 대인관계 프로그램들이 포함되어 있다. 신입생 오리엔테이션 프로그램의 경우, 대학에서 입찰경쟁을 하고 있기 때문에 주로 규모가 큰 교육업체에서 운영하는 경우가 많다.

▌캠프 형식의 진로교육

캠프 형식의 진로교육의 예시로 수도권 D대학교의 캠프를 살펴보자. 과거에 MBTI, DISC 등의 도구를 활용했다면, 최근 학교에서는 새로운 검사 도구 사용에 대한 니즈가 높아졌다. 자기의 성격 분석과 강점 찾아내기, 강점을 발휘한 사례 찾기에 인재상 카드와 기업 입장에서 자신의 성격을 분석할 수 있는 인성검사를 사용한다.

©경기도 D대학교, 온라인인성검사 & 인재상카드를 활용한 자기분석활동, 2017

저학년 대상 진로캠프 교육 목차, 2017
교육내용
■ 자기분석 인재상 기반의 온라인인성검사, 교육용 카드를 통한 자기 분석 장기적인 비전 설정, 구체적인 목표 수립
■ 직무분석 워크넷, 국가직무능력표준(NCS) 사이트 활용하여 직무 파악 업종에 대한 이해, 학과별 진출 업종 및 기업 탐색
■ 커리어로드맵 특강 커리어로드맵 작성법 및 가이드라인 셀프 마케팅 기법
■ 커리어로드맵 온라인컨설팅 커리어로드맵 온라인 컨설팅 & 피드백 본선 진출자 선정
■ 커리어로드맵 경진대회 커리어로드맵 경진대회 발표 및 심사

ⓒ경기도 D대학교

(3) 대학 외 기관의 진로 교육

2017년도부터 대학 외 기관에서도 진로에 대한 관심이 높아졌다. 대표적인 예시로 국방부에서 주관하는 '부대로 찾아가는 진로도움 교육'이라는 진로강의가 있다. 의무복무 장병대상 진로도움 교육은 중단기 의무복무 장병들의 최대 고민은 전역 후 진로문제가 압도적으로 크게 나타났기 때문이다. 이에 국방부는 중·단기 의무복무 장병들의 진로취업 지원을 위해 2018년 3월부터 '부대로 찾아가는 진로도움 교육'을 연대급 전 부대로 확대 시행하였다.

진로도움 교육은 민간 전문컨설턴트가 부대를 방문하여 진로교육을 진행하였으며, 교육 내용은 진로탐색 및 설계와 정부 청년고용정책 사업 이해 교육을 진행하였다. '진로지도반'은 대학에 복학예정인 장병들이 복학 후 취업준비를 효과적으로 할 수 있도록 자기분석, 직업 탐색, 취업준비 방법, 경력목표 설정 등을 교육하였다. 또한 '1:1 취업전문상담' 프로그램에서는 청년장병 대상으로 전문컨설턴트가 부대 출장상담을 통해 정부 청년고용장려 사업을 직접 매칭 지원하는 제도로 2018년에는 구직 희망 의무복무 장병 5천 명에게 시범적으로 실시하였다.

2019년에는 진로도움교육을 연대급 전 부대로 확대하여 350개 부대, 3만 5천 명에 대해 시행하고 있다. 국방부는 의무복무 장병들의 전역 후 진로설계와 취업역량 강화를 위해 「찾아가는 진로도움 교육」을 향후 대대급까지 확대하여 전역 후 원활한 사회복귀 지원 및 청년고용 활성화 노력을 지속해 나간다고 한다.

정부정책에 호응하는
진로분야 강사가 되자

진로체험학기제

2015년부터 아주대 파란학기제, 한동대 자유학기제, 이화여대 도전학기제, 건국대 드림학기제, 세종대 창의학기제 등의 일부 대학을 중심으로 중학교에서 실시하고 있는 자유학기제와 유사한 진로학기제를 도입하여 운영하고 있다. 그간의 대학 진로교육은 취업 시장으로의 직접적인 연결과 취업 서비스 중심의 보조적인 접근으로 이루어져 왔다. 일부 대학생들은 자신의 흥미와 적성 등 자신에 대한 이해를 바탕으로 진로를 결정하지 못한 채 취업이 잘 되는 직업이나 돈을 많이 버는 직업, 안정적인 직업을 선택하여 준비하는 실정이다.

이와 달리 영국, 미국 등과 같은 국가에서는 대학 단계에서 자기이해를 바탕으로 한 진로탐색과 진로결정에 대한 중요성을 강조하기 위해 갭이어 Gap Year 를 도입하여 운영하고 있다. 이 기간은 대학과정을 시작하기 전에 개인의 진로경력을 쌓기 위해 다양한 활동이나 체험을 하는 기간으로 직업세계에 대한 역량을 갖추는 것을 목적으로 한다.

이와 관련하여 교육부에서는 대표적인 대학의 진로학기제를 벤치마

킹하여 2019년부터 대학생들에게 도전적이고 실천적인 경험을 통해 열정과 꿈을 찾고, 삶의 명확한 비전을 설정하도록 하여 진로취업역량 강화를 위해 '대학 진로체험학기 지원사업'을 계획하고 있다. 진로학기제란 대학생을 한 학기 동안 또는 교과목 수준에서 진로탐색이나 인턴, 창업 등 다양한 활동을 통해 대학생 스스로가 자신의 진로를 설계하고 체험하고 동시에 학점을 인정받을 수 있도록 하는 제도를 의미한다. 진로학기제를 운영하고 있는 대학의 운영 현황을 분석해 보면, 진로탐색과 자신감 또는 자기주도역량 향상에 중점을 두고 있으며, 수요자중심 교육, 창의융합인재양성 등 대학별로 다양하게 나타났다.

국가진로교육센터 개소

2017년 2월 13일 교육부와 한국직업능력개발원은 생애주기별 맞춤형 진로교육의 기반 마련에 중추적 역할을 수행할 국가진로교육센터의 개소식을 개최하였다. 국가진로교육센터는 진로교육법 제15조에 근거하여 설립된 국가 차원의 진로교육 전담기관으로서, 한국직업능력개발원이 최종 선정, 지정되었고, 국가진로교육 정책 연구 및 자료개발, 국가진로정보 제공, 진로상담 및 단위학교 컨설팅, 국내·외 진로교육의 허브 역할을 담당한다. 국가진로교육센터를 설치함으로 인해서 유치원부터 고등교육과 평생교육에 이르기까지 성장단계별 진로교육에 대한 지원을 할 수 있게 된 것은 4차 산업혁명 시대를 맞이하여 큰 의의가 있다고 할 수 있다.

주기별 진로교육, 진로교육 5개년 기본계획(2016.3.31.)

"진로교육" 모두가 함께 성장하는 행복한 삶의 설계

생애주기별 진로교육

초등학교	중학교	고등학교	대학교	성인
자기이해	진로인식	진로탐색	진로설계	생애진로개발
• 실과, 일반교과 범교과, 창체 연계	• 진로와 직업, 교과·창체 연계	• 진로와 직업, 교과 연계, 공동교육과정	• 진로교과개설 (전공,교양)	• 성인 진로탄력성 프 로그램 지원
• 현장견학, 대화형 등 진로체험	• 학교·직업체험, 전문가 멘토링 • 창업체험교육	• 일반고·직업고 진학 ·취업지원 • 창업체험교육	• 진로지도교수제 • 기업(직무)연계 현 장실습·인턴십	• 진로관계자 연수 • 진로자원봉사
• 진로학기제	• 진로학기제 • 자유학기제	• 진로학기제 • 고교학점제	• 진로체험학점제	

©교육부

대학혁신지원사업

2019년 1월 교육부는 대학 경쟁력 제고를 위한 고등교육재정 국가 책임 강화와 4차 산업혁명 시대, 지식 창출의 원천으로서 대학 혁신의 총체적 변화, 대학의 자율 혁신 지원 및 공적 재원의 책무성 강화를 위하여 대학혁신지원사업 기본계획을 발표하였다. 이에 대학이 자율적으로 혁신을 추진할 수 있도록 대학재정지원사업을 전면 개편하여 일반재정지원사업과 특수목적지원사업으로 구분 지원하고자 한다고 밝혔다.

개편계획에 따르면, 기존에 ACE+ 자율역량강화, CK 특성화, PRIME 산업연계, CORE 인문역량, WE-UP 여성공학인재 등으로 분절적으로 추진되었던 대학의 사업들은 대학 기본 역량진단 결과를 통해 일정 수준 이상 대학에 일반재정을 지원하고자 한다. 즉, 지금까지 대학을 평가하는 지표가 취업률이었기 때문에 대학에서는 진로보다는 취업 스킬에 대해 신경 쓸 수밖에 없었다. 이제는 대학에서 학생들의 역량을 얼마나 강화시켰는지에 따라 학교를 평가하여 지원금 형태로 지원하게 된다.

학교에서의 움직임도 달라지고 있다. 학교에서 취업센터, 창업센터, 진로상담실, 학습센터 등에서 각각 별개로 이루어지던 활동들이 총체적으로 학생들에게 도움이 될 수 있는 프로그램들로 구성하고 있다. 외부 교육기관의 용역이나 외부강사에게 맡겼던 프로그램이나 강의들도 학교 내에서 자체적으로 교육 계획을 하거나 교육 만족도가 높게 나왔던 프로그램이나 강사들을 검증하여 교육을 요청하는 경우도 많아졌다.

또한 학교에서 연간 이루어진 다양한 교육 프로그램들이 학생들에게 얼마나 많은 도움을 줬는지 효과성을 검증하기 위해 학교 자체적으로 사전 사후에 대학적응도검사나 핵심역량검사를 실시하려는 움직임이 보인다. 학기 초에 학생들의 대학생활적응도검사를 진행하고, 학기 중에 학교 내 진로상담실, 취업센터, 창업센터, 학습센터 등 다양한 학교 내 기관에서 학생들의 역량향상을 위한 프로그램을 진행한다. 그리고 일정 기간이 지난 후 사후검사를 통해 학생들의 역량향상 정도를 비교하기 위해 사후검사를 실시하여 대학에서 학생들을 위한 노력이 얼마나 효과가 있었는지 그 효과성을 입증하려고 한다.

대학은 대학평가시스템 변화에 따라 역량교육에 초점을 맞추어 교육해야 한다. 강사 또한 학생들의 기본역량을 강화시킬 수 있는 내용 중심의 교육을 해야 한다. 재미위주의 일회성 교육보다는 진정으로 학생들의 역량을 키워줄 수 있는 내실있는 교육이 되도록 진로분야 강사는 노력해야 한다.

이와 같은 트렌드는 출판 영역에서도 나타난다. 진로와 관련된 키워드는 자기분석, 자기계발, 경력개발 등이 있다. 취업을 위한 수험 서적들이 여전히 인기가 있지만, 최근 진로관련 서적에서는 4차 산업혁명에 대비한 진로계획, 진정한 자기계발, 나만의 인생설계를 위한 주제와 방법을 다루고 있다.

진로 관련 서적 ©교보문고(www.kyobobook.co.kr)

06

밀레니얼 세대, 나만의 가치를 일로 연결 하는 강사가 시장을 이끈다

우리 삶이 개인화될수록 자신의 진로는 더욱더 중요해지고 있다. 4차산업혁명 시대가 되면서 자신이 진정으로 하고 싶은 일을 찾는 과정을 절대적으로 중요하다. 생존이나 필요에 의한 일보다는 일의 본질과 내가 하고자 하는 일의 진정성이 만나는 곳에서 일을 할 때 의미를 갖는다.

진로의 중요성에 대한 관심은 트렌드를 통해서 살펴볼 수 있다. 『트렌드 코리아 2019』의 밀레니얼 가족 Emerging Millennial Family 이라는 변화가 이를 말해 준다. 밀레니얼 세대의 특징은 일을 가성비 있게 처리하고 개인의 취미와 성취를 중요시해 자기계발에 열심인 특징이 있다.

베이비부머 가족과 밀레니얼 가족의 특징을 살펴보면, 거주지, 가사활동, 부부관계, 부모와의 관계, 타인과의 관계, 직업관, 행복관, 소비 등 시각의 차이가 있다. 이 중 직업관과 행복관을 살펴보면 과거의 세대는 생존을 위해 직업을 택했다면, 밀레니얼 가족은 의미의 발견을 위해 직업을 선택한다. 그만큼 직업가치관이 매우 중요해졌다. 행복에 대한 시각도 과거에는 정형화된 행복을 추구했다면, 밀레니얼 가족은 1인 1행복, 개인화된 행복을 추구한다. 그들은 20세기의 가족과는 확연히 다르게 절대적인 희생보다는 대충 만족할 수 있는 '적정행복'을 찾기도 하고 있다. 자신에게 필요한 행복을 위해 학생들은 자기이해와 자기에게 필요한 관련 일 경험을 필요로 하고 있다.

대학 진로취업지원 현황조사 결과(2018), 진로 및 취·창업 준비 중 자신에게 필요한 사항

구분	사례(개)	자기이해		진로정보 활용능력		취업스킬 보유		관련 공모전 수상		어학능력		기타	
		빈도 (개)	비율 (%)	빈도 (개)	비율 (%)	빈도 (개)	비율 (%)	빈도 (개)	비율 (%)	빈도 (개)	비율 (%)	빈도 (개)	비율 (%)
전체	42,670	8,850	20.7	2,187	5.1	5,571	13.1		4.7	1,997	4,353	10.2	177	4

구분	사례(개)	관련 교과목 이수		관련 자격증 취득		관련 일 경험		다양한 경험		교내 비교과 프로그램 참여	
		빈도 (개)	비율 (%)	빈도 (개)	비율 (%)	빈도 (개)	비율 (%)	빈도 (개)	비율 (%)	빈도 (개)	비율 (%)
전체	42,670	7,776	18.2	17,491	41.0	20,050	47.0	10,945	25.7	1,148	2.7

©교육부

진로분야 강사는 학생들이 자기이해를 통해 자아인식을 할 수 있도록 도와야 한다. 또한 학생 개인에게 맞는 일을 분석하여 맞춤형 경험을 연결시켜 줄 수 있는 역량을 갖춰야 한다. 즉, 현장실습을 연계할 수 있는 상담과 컨설팅을 할 수 있어야 한다. 대학에서의 진로교육은 취업과 연계된 진로교육이므로 직무와 기업과 산업에 대한 이해를 넓힐 수 있도록 꾸준히 공부해야 한다.

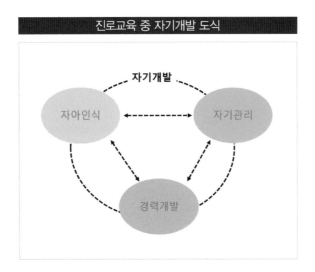

각 대학은 진로교과목과 학생상담을 통해 학생들의 자기분석을 돕고, 방학을 활용하여 현장실습 교과목을 운영한다. 교과목 운영 외에도 장기현장학습을 나가게 되면 교과목을 이수한 것처럼 학점을 부여하고 있다. 나만의 의미와 가치를 강조하는 밀레니얼 세대를 위한 맞춤형 교육과정이라 할 수 있다.

07

밀레니얼 세대의
대학적응을 촉진하라

　신입생들의 대학적응을 위해 조기에 심리검사를 할 필요가 있다. 이전의 세대와는 확연하게 다른 밀레니얼들의 개인화된 삶의 특질을 조기에 파악하여 지도와 상담을 실시해야 한다. 대표적인 검사가 대학생활적응도검사이다. 충청권 B대학에서 사용하는 대학생활적응도검사는 학생들의 대학적응, 학업적응, 대인관계, 개인사검사, 진로성숙도검사의 하위척도 점수를 제공한다. 학생들은 검사 실시 후 곧바로 자신의 결과를 온라인으로 확인할 수 있다. 검사 결과에는 개인별 맞춤형 해석 리포트가 제공되어, 나의 현재 상황을 점검하고 대학 내 진로취업센터, 교수학습지원센터, 상담센터 등의 다양한 프로그램의 추천에 따라 다양한 프로그램에 참여할 수 있게 된다. 학생들을 지도하는 지도교수님들께서는 학생들에게 어떤 상담을 제공해야 하는지 참고자료로 활용하게 된다.

　심리검사가 강화되었다는 흐름은 진로강의 분야에 대한 트렌드를 분석해 보면 알 수 있다. 다음은 포털사이트 네이버를 통해 '진로'의 연관 키워드를 검색한 순위이다.

순위	연관 키워드	월간 검색수(PC)	월간 검색수(모바일)	월간 검색수 합계
1	내일배움카드	92,700	109,300	202,000
2	진로	13,800	73,100	86,900
3	심리테스트	13,400	56,000	69,400
4	재직자내일배움카드	31,300	34,000	65,300
5	타로	6,720	47,900	54,620
6	직업	16,100	30,900	47,000
7	PTSD	9,140	22,100	31,240
8	타로카드	5,250	18,900	24,150
9	직업적성테스트	6,500	12,900	19,400
10	애니어그램	4,980	13,300	18,280
11	인적성검사	5,360	10,600	15,960
12	진로적성검사	6,510	8,470	14,980
13	에니어그램	3,680	8,780	12,460
14	유아교육과	3,700	8,000	11,700
15	웩슬러지능검사	1,950	8,860	10,810
16	직업훈련포털	5,580	4,160	9,740
17	직업적성검사	3,560	5,990	9,550
19	적성	3,270	5,790	9,060
20	인성검사	3,300	5,640	8,940
21	애니어그램테스트	1,880	7,060	8,940
22	기업가정신	4,570	3,950	8,520
23	학사학위	3,170	4,320	7,490
24	지문	3,040	4,220	7,260
25	홀랜드검사	3,300	3,760	7,060
26	DISC	2,850	4,150	7,000
27	다중지능검사	2,010	4,930	6,940
28	성격유형검사	1,850	4,670	6,520
29	부모교육	2,510	3,070	5,580
30	에니어그램테스트	1,000	4,510	5,510
31	학습	2,680	2,670	5,350
32	심리검사	2,060	3,240	5,300
33	아동심리상담사	2,040	2,770	4,810
34	성격검사	1,860	2,910	4,770
35	진로검사	3,200	1,170	4,370

©네이버 광고, '진로' 연관 키워드 조회 (강사 및 강의와 관련 없는 키워드는 제외)

키워드 트렌드에서도 볼 수 있듯이 진로 분야에서는 '검사' 키워드가 가장 많이 검색된다. 왜냐하면 진로교육이나 강의의 대부분이 심리검사를 통한 자기분석이 주를 이루기 때문이다. 최근 대학에서는 기존에 활용하던 자기분석 검사 도구보다는 차별화된 새로운 검사나 카드를 도입하고자 한다. 기존에 상담실에서 사용하던 MBTI, 홀랜드, STRONG검사 외에 특별한 검사를 요구한다. 이는 저자가 대학의 교육 담당자에게서 직접 듣고 있는 현장의 목소리이기도 하고, 주변의 교육업체나 강사들도 역시 느끼고 있는 상황이다. 제주권의 E대학에서 교과목에 사용하는 검사로 새로운 것을 요청하여 개인의 성격을 통해 기업의 인재상을 측정하는 온라인검사를 실시한 경험이 있다. 충청권 B대학에서도 기존에 사용하던 검사 대신 신입생을 위해 대학생활적응도검사를 사용한 사례가 있다. 수도권 A대학교에서도 신입생을 대상으로 대학생활 적응에 관한 검사를 도입하였다.

K-CESA 핵심역량진단검사는 대학생들의 핵심역량 수준을 파악하여 진로개발을 지원할 뿐만 아니라 대학의 교육역량 강화를 지원할 수 있도록 교육부와 한국직업능력개발원의 주도하에 개발된 진단 도구이다. 핵심역량진단검사는 대학에 재학 중인 학생들만을 대상으로 하는 검사로 소속 대학으로부터 사전에 진단 대상자로 등록된 학생만 이용할 수 있다. 이 검사에서는 대학생들의 자기관리역량, 대인관계역량, 자원정보의 활용역량, 글로벌역량, 의사소통역량, 종합적 사고력을 파악하고 있다. 핵심역량진단검사 또는 이와 비슷한 검사를 통해 실제로 대학의 역량을 평가할 때 대학이 실제로 학생들에게 이러한 역량을 키우기 위한 교육을 했는지 살펴볼 것으로 보인다. 대학은 논리적 추론능력, 문제의 진단과 해결 능력 등 인지적 능력의 개발 필요, 인지적 능력

과 직업 경험을 유기적으로 결합하여 사용할 수 있는 환경 조성이 필요하다.

진로분야 강사는 단편적으로 DISC검사나 MBTI검사 등을 활용하여 워크샵 위주의 교육이나 일회성으로 끝나는 교육보다는 다양한 자기분석 도구들을 통합적으로 활용할 수 있도록 학습해야 한다. 진로분야 강사는 학생들의 자기분석은 성격, 흥미, 적성, 가치관 등에 대해 전반적으로 다뤄줘야 한다. 자신을 인식하는 방법으로는 세 가지가 있다. 내가 아는 나와 다른 사람과의 커뮤니케이션을 통해 자신을 분석하는 방법, 그리고 표준화된 심리검사를 통해 자신을 분석하는 방법이 있다.

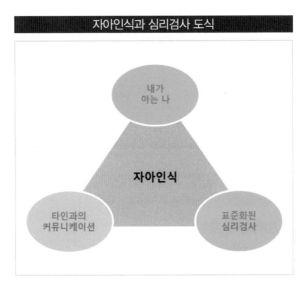

©NCS직업기초능력 파일, 2차년도_자기계발능력(교수자용), www.ncs.go.kr

대학생 진로 분야 강의의 전망

　전 연령대가 모두 진로 고민을 하고 있지만, 특히 대학은 취업 지원 만으로 취업률을 증가시키기 어렵다는 점을 인식하여 보다 실질적인 진로교육을 위해 노력하고 있다. 진로는 개인 차원에서 해결해야 할 문제일 뿐만 아니라 국가와 교육기관의 적극적인 노력이 필요하다. 정부와 교육기관에서 취·창업 만큼이나 진로에 대해 고민하고 있고, 진로지도를 할 전문 인력 또한 부족하다고 인식하고 있다.

　정부는 2016년 『진로교육 5개년 계획』, 2017년 『진로체험학기제』, 2018년 『진로교육법』, 2019년 『국가진로교육센터』 개소 및 『대학혁신지원사업』 기본 계획을 발표하였다. 각 대학은 이러한 제도를 바탕으로 교육시설과 인적 인프라를 구축해 나가야 한다.

　진로분야 강사는 시장 상황에 대비하여 대학에서 진로교과목, 특강 등의 다양한 장면에서 사용할 강의역량을 제대로 준비해 나가야 한다. 인공지능이 자기소개서를 걸러내고 면접 전형에서도 AI면접이 도입되고 있다. 취업 일반에 대한 두루뭉술한 교육은 한계가 있다. 진로취업계의 강사 수요 패턴은 크게 변화하고 있다. 진로교육 수요가 증가할 특화된 분야가 무엇인지 파악하는 것이 중요해졌다. 자기분석을 위한 심리검사에 대한 이해가 필요하다. 학생 개인의 전공, 가치관, 성격,

흥미 등에 맞는 일 경험을 연결시켜 주기 위해 다양한 직무에 대한 이해와 기업 및 산업에 대한 이해도 있어야 한다. 진로 분야 강사로서 역량을 꾸준히 키워 나가야 변화된 환경에서 사랑받는 강사로 성공할 수 있다.

📖 참고문헌

- 경기도교육청 진로교육 진흥에 관한 조례 [시행 2019. 3. 1]
  [경기도조례 제6065호]
- 대교협 공동주최, 진로, 취업, 창업 우수 대학_청년위원회[대학교육 정책포럼]
- 한국직업능력개발원, 교수용 대학생 진로지도 가이드북, 2017.9.26
- 교육부, 2019 학교진로교육 추진계획
- 교육부, 2019학년도 서울진로교육 활성화 계획
- 한국직업능력개발원, 4차 산업혁명 시대를 대비한 진로교육
- 워크넷, 교수용 대학생 진로지도 가이드북
- 워크넷, 대학생 진로상담 방안
- 직업능력개발원, 대학생핵심역량진단과 활용
- 직업능력개발원, 인력양성 패러다임의 전환에 대한 대응(2018)_전문
- 교육부, K-CESE 대학역량진단검사
- 교육부, 생애주기별 진로교육, 진로교육 5개년 기본계획(2016.3.31)
- 교육부, 대학 진로취업지원 현황조사(2018년 기초통계표)
- 사람인, 기업 416개사 조기퇴사자 설문조사, 2019
- 4년제 대학교의 진로교육 프로그램 및 진로교육전담기구 현황분석
  (김정희 외, 2016)
- 워크넷(www.work.go.kr)
- 커리어넷(www.careernet.go.kr)
- 국가직무능력표준(www.ncs.go.kr)
- 구글 트렌드(https://trends.google.co.kr/trends)
- 네이버 광고(https://searchad.naver.com)
- 교보문고(www.kyobobook.co.kr)
- 트렌드 코리아 2018
- 트렌드 코리아 2019

김은아 ―――――――――――――――――――――――

- ㈜커리어비전 이사
- 공무원연금공단 미래설계 과정 전문강사, 국방전직교육원 전직교육 위촉강사, 중견기업연합회 인식개선 전문강사, 공공기관 및 기업 생애경력설계 전문강사, 대학교 등 취업교과목 강사
- '커리어컨설턴트 자격증 과정', '전직상담 전문가 과정', '신중년상담 전문가 과정' 외 취업관련 숱 분야 강의
- 2010 대한민국 취업컨설팅 대전 우수상 수상
- 연합뉴스 TV 생방송 '굿잡 4060' 등 방송 출연 다수
- 『강사 트렌드 코리아 2019』(공저)

생애경력설계

LIFE CAREER DESIGN

新중년 시대,
생애경력설계 전문강사가 뜬다

01

위기가 기회가 되어
다가오다

    고령사회 위기인가, 기회인가? 강의시장은 대상자가 곧 트렌드이다! 고령사회는 강의 대상자층의 변화를 의미한다. 고령사회에서 초고령 사회 진입을 앞두고 이제 강사도 변화가 필요한 때이다. 그렇다면 고령 사회는 위기가 아닌 기회로 삼을 수 있다.

    우리나라의 고령화 속도는 OECD 회원국 가운데 가장 빠르다. 경제 협력개발기구 OECD 에 따르면 우리나라가 고령화 사회에서 고령사회로 이행하는 데 걸린 기간인 18년은 프랑스 115년, 스웨덴 85년, 미국 75년, 영국과 독일 45년, 일본 26년 등에 비해 매우 빠르다. 국제연합 UN 기준으로 65세 이상 인구가 총인구에서 차지하는 비율이 7% 이상이면 고령화 사회, 14% 이상이면 고령사회, 20% 이상이면 초고령 사회로 분류한다. 통계청 조사에 따르면 우리나라는 2000년에 65세 이상 고령 인구 비율이 총인구의 7%를 넘어서며 이미 고령화 사회에 진입했다. 그리고 2017년에는 고령 인구 14.2%대를 돌파하며, 고령사회로 진입했다. 이런 추세를 볼 때 전문가들은 향후 8년 안에 초고령 사회로 진입할 것이며 우리나라의 고령화 속도가 세계 최고가 될 것이라고 예상한다.

    미국 은퇴자협회 AARP 와 FP애널리틱스 FP Analytics 는 한국, 중국, 일본, 미국, 영국, 독일, 캐나다, 이스라엘, 남아프리카, 멕시코, 터키 총 12개국의 고령화 대비 및 경쟁력을 심층적으로 연구해 고령화 대비 ARC 보고서 aarpinternational.org/arc 를 발표했다. 보고서에 따르면 전 세계적으로 크게 증가하고 있는 60세 이상 인구 문제와 사회경제적 문제에 대한 준비 상황과 대처방안을 소개했다. 또한 고령화 사회에서 고령사회로 이행하는데 대표 장수국가인 일본보다도 한국이 8년이나 앞서서 고령사회로 진입했다고 밝혔다. 우리나라는 2050년까지 65세 이상 인구 비율이 현재의 두 배가 넘는 35.1%에 이르고, 2060년에는 일본을 따라잡고 세계에서 가장 고령화된 사회가 될 것으로 예상하고 있다.

ARC 보고서는 12개국을 4개의 핵심 분야 첫째, 지역사회 및 사회적 인프라, 둘째, 생산에 대한 기회와 경제적 성취, 셋째, 의료 및 복지, 그리고 넷째, 기술의 역할에 대해 조사했으며 건설적인 진보, 잠재적인 문제 분야와 핵심 개발 사항 등에 집중했다. ARC는 이 4개 분야에 대해 각국을 세 개의 범주로 나누어 리더 국가, 선순위 국가 상당한 발전을 이루고 있는 국가 , 그리고 지연 국가 중 하나로 평가했다. ARC 보고서는 미국에 대해 기술의 역할, 단 하나의 분야에만 리더 등급을 주고 의료와 복지는 남아공 및 브라질과 같은 지연 국가에 포함시켰다. 다음은 12개국의 평가 결과이다.

다음의 평가 결과는 12개 국가 중 일본이 고령화 사회를 가장 잘 준비하는 것으로 나타났으며 우리나라의 경우는 4개의 모든 분야에서 중간 단계 이상의 평가를 받았다.

ARC 보고서, 12개국의 평가 결과				

(● 리더국가, ■ 선도국가, ▲지연국가)

국가	사회적 인프라	생산 기회	의료 및 복지	기술 역할
한국	■	●	■	■
중국	■	▲	■	■
일본	●	●	●	●
미국	■	■	▲	●
영국	■	●	■	■
독일	■	■	●	●
캐나다	●	■	■	■
이스라엘	●	■	■	■
남아프리카	▲	▲	▲	▲
멕시코	▲	▲	▲	▲
터키	■	▲	■	▲

한국과학저술인협회 이종호 회장은 이투데이 오피니언 칼럼을 통해 '세계 최고의 장수국가, 기회가 될 수 있다'라고 밝혔다. 칼럼에서 한국이 세계적으로 가장 빠르게 세계 1등의 고령국가가 된다는 것은 역으로 고령층에 대한 정보가 다른 나라보다 심도 있게 쌓여 노령층에 대한 노하우가 축적되며 이는 자산이 될 수 있다고 했다. 또한 학자들은 한국의 고령사회를 자산으로 착실하게 적절한 기술 개발과 방안을 준비한다면 장수와 관련한 수많은 부가가치를 창출하면서 4차 산업혁명 시대의 고령층이 앞으로 장수 분야의 세계 1등 국가로 발돋움할 수 있다고 말한다. 이러한 점에서 저자 역시 '위기는 곧 기회다'라고 생각한다. 지금까지 우리나라는 항상 위기 속에서 더욱 빛을 발했기 때문에 전 세계 가장 빠른 고령사회 진입은 오히려 좋은 기회로 만들 수 있을 것이다.

지난 3월, 저출산고령사회위원회는 '고령화 대응을 위한 사회시스템 개편 방향'이라는 주제로 제9차 포럼을 개최했다. 고령화에 대응하기 위해 사회, 경제, 보건, 의료 등 사회 각 분야별 관련 사회 시스템을 점검하고 미래를 향한 준비를 모색하기 위해 마련된 포럼이었다. 패널토론에서 제도, 사회서비스, 건강, 노후소득보장체계, 교육, 여가 분야의 전문가로 선정된 토론자들이 각 해당 분야에서 고령화 현상을 어떻게 바라보고 대응해야 할 것인가를 간략하게 발표했다. 포럼에서 권순원 숙명여자대학교 교수는 '경제 및 사회활동 주체로서의 고령자 정책이 필요하다'라는 주제로 발표했다. 발표 내용을 요약하자면 다음과 같다. 65세 이상 노후 준비를 하지 않은 고령자들이 53.1%에 해당된다. 이들은 결국 자녀 또는 국가에게 의존할 수밖에 없다. 그렇기에 고령화를 고려한 포괄적인 일자리 정책이 마련되어야 한다. 또한 고령화를 고려한 노동시장 개편이 매우 필요하다. 우리나라 65세 이상 고령 빈곤율은 2014년 기준 48.8%로 OECD 회원국 중 최고이다. 노년인구가 처한 사회적 위험에 대해 보호대상이 아닌 경제 및 사회활동의 주체로서의 고령자 정책 마련이 필요하다. 그리고 경제활동 참가자에 대해서는 무엇보다 지속가능한 노동체제로 전환을 통해 고령화 고생산성 경제를 구축하는 것이 필요하다. 이러한 점은 세계 최고의 장수국가로서 얼마든지 위기를 기회로 바꾸는 가능성에 힘을 실어준다. 세계 고령인을 대상으로 하는 실버시장을 공략하여 분야의 세계 1등으로 발돋움할 수 있는 절호의 기회로 만들 수 있다. 앞으로 블루오션 산업은 '실버시장'이다. 이들을 대상으로 강의 시장을 확대해나간다면 위기가 아닌 새로운 도약의 발판으로 삼을 수 있을 것이다.

02

강사도 재도약을 꿈꾼다

트렌드를 잡자!

고령사회 트렌드를 보면 미래가 보인다. 인생 100세 시대가 도래하면서 노후준비는 가장 시급한 일이 되었다. 또한 노후준비는 빠르면 빠를수록 좋다. 이것은 매우 중요한 대목이다. 이와 관련하여 초고속 고령사회에 대두되는 문제들은 개인이 해결할 문제가 아니라 개인을 포함한 사회와 국가가 함께 나서서 해결해야 할 매우 중대한 문제라는 점이다. 이렇듯 노후준비는 단순히 한 개인의 문제가 더 이상 아니다. 이제는 국가와 사회가 적극적으로 나서서 함께 도와가며 준비해야 한다.

'요람에서 무덤까지 from the cradle to the grave', 영국의 경제학자 윌리엄 베버리지가 1942년 제창한 사회보장 본연의 자세를 단적으로 나타내는 표현이다. 현대 영국 사회보장제도의 근간을 이루고 있으며 출생에서 사망까지의 전 생애를 국가에서 보호하고 돌본다는 의미로 복지 국가의 틀을 만들었다.

우리 정부도 국가적 차원에서 2015년 '노후준비지원법'을 제정하여 국민의 노후준비 책임 당사자임을 공표했다. 또한 정부는 '국민연금공단'을 노후준비 서비스 중점 기관으로 지정했다. 국민의 행복한 노후생활을 지원하고 고령화에 따른 사회적 비용을 절감하기 위해 2015년 12월 23일에 '노후준비지원법'이 시행되었다. 2008년부터 공공부문 최초로 노후준비서비스를 제공해 온 국민연금공단은 축적된 경험과 전문성을 바탕으로 국민들의 건강하고 안정된 노후생활을 지원하고 있다. 공단은 전국 107개 지사 내 지역노후준비지원센터를 운영하고 있으며 재무, 건강, 여가, 대인관계에 대한 개인별 맞춤형 노후준비 컨설팅 서비스를 제공하고 있다. 공단에 따르면 제공하는 노후준비서비스는 일회적인 서비스가 아닌 진단·상담·교육·관계기관연계·사후관리로 이어지는 종합적 서비스이다. 이는 무료로 제공되고 있으며 민간 영역에서 제공하는 노후준비서비스와는 차별화되고 있다.

국민연금공단은 2019년 3월, 전 국민의 건강하고 행복한 노후생활에 도움을 주고 노후준비에 대한 인식을 확산해 나가기 위해 프리랜서 민간강사를 공개 모집했다. 이 점이 가장 관심이 가는 부분이다. 그간 공단은 내부직원 중에서 전문강사를 양성하여 노후준비 교육을 실시했다. 그러나 서비스의 다양성과 전문성을 높이기 위해 2018년도에 이어 2019년에도 우수한 역량을 갖춘 민간강사를 선발했다. 이를 통해 국민들의 노후준비 서비스 만족도를 높이고 일자리 창출을 통한 사회적 가치 실현에도 기여하고 있다.

노후준비 4대 영역 재무·건강·여가·대인관계 등 에서 프리랜서 형태로 강의할 민간강사 총 32명을 선발했는데 공개 모집을 통해 선발된 민간강사는 노후준비서비스 제공자 교육 과정을 거쳐 강의를 시작한다. 공단은 작년에 처음으로 1기 민간강사 40명을 선발해 5개월간 총 443곳의 교육기관에서 728회에 걸쳐 18,461명의 국민에게 노후준비 교육을 실시했다. 이와 관련하여 서류접수기간은 보통 2~3월에 이루어지고 있다.

모집 일정 및 지원자격요건 등 자세한 사항은 공단 홈페이지 www.nhis. or.kr 에서 확인할 수 있다. 아울러 공단은 노후준비서비스가 최초 도입된 2008년 4월부터 재무 등 4대 영역 중심으로 무료로 노후준비교육을 실시하고 있다. 지난해 말까지 400만 명의 국민들에게 서비스를 제공했으며 공단은 민간강사 모집을 계기로 앞으로도 국민들에게도 우수한 노후준비 교육서비스를 제공할 예정이다.

중앙노후준비지원센터장은 민간강사 공모에서 "풍부한 강의 경력 등을 갖춘 많은 분들이 관심을 갖고 지원하여 노후준비 교육 분야에서 마음껏 역량을 발휘하기를 기대한다"며 "앞으로도 보다 많은 국민이 체계적인 노후준비를 할 수 있도록 내실 있는 교육서비스를 제공하여 국민이 행복한 100세 시대를 맞이하도록 노력해 나가겠다"고 밝혔다. 공단 민간강사로 진입을 목표로 둔다면 선발 영역을 미리 파악하여 차별화된 강의역량 경쟁력 을 쌓아야 한다.

'노후준비지원법' 제정 이후, 노후생애설계를 위한 교육과정의 중요도와 긴급도에 따라 교육과정의 개설이 더욱 더 절실해짐을 알 수 있다. 앞으로도 노후준비 강의 시장과 더불어 생애주기별 맞춤형 평생교육과정의 양적·질적 확대 가능성을 전망할 수 있으며 우리는 이 부분에 더욱 주목해야 한다.

4차 산업혁명 시대, 평생교육 시대 '활짝'

4차 산업혁명 시대, '평생교육'이 트렌드이다. 세계는 지금 평생교육의 필요성이 증가하고 있다. 우리나라 헌법에서도 "국가는 평생교육을 진흥하여야 한다"고 했다. 그 제도와 운영 및 재정 등에 관한 사항은 법률로 정하도록 규정하였다 31조 3항·5항·6항. 평생교육은 국민 누구에게나 가능하도록 국가 차원에서 마련된 것이라 할 수 있다. 우리나라 평생교육법에서 '평생교육'의 정의는 학교의 정규교육과정 외에 사회교육활동에서 나타나는 조직적 교육, 다시 말하자면 비형식적 교육을 말한다.

평생교육에 대한 관심은 국민들의 평균수명 증가와 함께 높아졌다. 통계청의 장래인구추계 결과에 따르면 우리나라의 기대수명은 2000년 76세, 2010년 80.2세, 2017년 82.7세로 점차 늘어나고 있다. 평균수명 연장은 나이의 한계를 없애고, 하고 싶은 일을 할 수 있도록 북돋아 주는 역할을 했다. 최근 늘고 있는 노인 대상의 TV프로그램, 유튜버 Youtuber 채널, 여행상품, 그리고 교육과정 등이 좋은 예다.

평생교육은 생애설계 관점에서도 필요성이 강조된다. 그 이유는 직업세계에서도 더 깊은 공부의 필요성을 느낄 때가 많기 때문이다. 매일경제 생애설계센터 본부장에 따르면 세대별 평생교육의 중요성을 다음과 같이 설명했다.

평생교육은 전 생애에 걸쳐서 모든 세대의 삶에 도움이 된다. 교육이 전 생애에 걸쳐서 이루어진다면, 사람들은 자기의 개성을 확인하고 그것을 표현하는 가능성이 지금보다는 훨씬 더 증대될 것이다. 최근 인생 100세 시대를 맞이하여 평생학습의 시대가 오고 있다. 그에 따라 평생학습을 통해 삶의 질을 높이고 인생설계를 준비할 수 있는 기회를 갖고자 하는 국민들의 요구가 높아지고 있다.

■ 노년층

평균수명 연장으로 100세 시대이다. 정년퇴직을 한다 해도 남은 기간이 너무 길다. 과거에 자기가 이루지 못했던 꿈이나 목표를 이루기 위한 생애설계가 도움이 된다. 생애 목표달성을 위해 필요한 교육을 통해 지적 충족을 통해 삶이 보다 풍요롭게 될 수 있다.

■ 중장년층

새로운 인생2막을 준비해야 한다. 퇴직 이후 단순히 경력만 아니라 삶의 모든 것이 변한다. 가족 및 사회적 관계, 재무, 건강 등 다양한 부분에서 변화가 나타난다. 이러한 변화에 대비하여 퇴직 전부터 미래 준비가 필요하다. 미래에 대한 불안감을 해소하고 자신의 목표를 재설정해 제2의 삶을 설계할 수 있는 능력을 키워야 한다.

■ 청년층

이제 청년층은 일방향적인 학교교육 과정에서 탈피하여 진정으로 원하는 것을 스스로 파악하여 배우는 것이 필요하며 이것이 진정한 평생교육이다. 또한 자신이 원하는 학습 방향을 세워 평생교육을 실천해간다면 자신이 원하는 것은 무엇이든지 삶 속에 실현시킬 수 있는 능력이 키울 수 있다.

새로운 생애주기를 맞이하는 5060세대, 신중년 층도 체계적인 평생교육과정을 통해 인생을 보다 효율적으로 할 수 있을 것이다. 지금부터라도 자신에게 필요하고 맞는 교육과정을 찾아 무한경쟁시대의 지속성장을 위해 노력을 해야 할 시점이다.

03

5060 신중년 시대,
생애설계 바람이 분다

신중년 시대, 새로운 강의 열풍

정부의 고용정책의 대상이 기존에는 다소 청년층에 집중되었다면 이제는 新중년층으로 점차 흐름이 바뀌고 있다. 이에 강의 시장의 판도의 흐름도 바뀌고 있음을 감지해야 한다. 강의 시장은 강의 수요자 및 수요기관에 의해 움직인다. 이에 강의 대상자가 누가 되느냐는 매우 중요한 일이다.

우리나라의 경우도 마찬가지이다. 2018년 KB골든라이프 보고서에 따르면 전체 가구수 연령 기준 20~50대까지 노후를 위한 경제적 준비를 시작하지 못한 경우가 절반을 넘는다고 한다. 본격적인 은퇴 시점인 60대와 70대에서도 노후 준비를 시작하지 못했다고 답한 비율이 40%에 달했다.

지난 2017년 8월, 고용노동부 등 관계부처는 '신중년 인생3모작 기반 구축 계획'을 발표했다. 정부가 신중년의 미래를 위해 '주된 일자리 → 재취업 일자리 → 사회공헌 일자리'로 이어지는 인생3모작 기반 구축을 위한 종합계획을 정부 최초로 발표했다. 1단계 경력설계부터 2단계 직업훈련, 창업교육, 귀농 등 경로별 준비를 통해 3단계 취업, 창업, 귀농 귀·촌, 사후관리까지 지원한다는 것이다.

　신중년은 우리나라 고도성장의 주역이나 부모 부양과 자녀 양육의 이중고를 겪는 마지막 세대로 노후준비가 제대로 되어 있지 않아 맞춤형 지원이 절실한 인구 집단으로서 50세 전후에 주된 일자리에서 퇴직한 5060세대를 이르는 말이다. 다시 말해 1954년 이후에 출생한 세대로 전쟁 직후의 베이비 붐 세대이기도 하다. 5060세대는 한국의 경제성장을 주도한 근대화 세대로 우리나라 고도성장의 주역이자 부모부양을 하는 마지막 세대임에도 정부의 고용정책 대상에서 상대적으로 큰 관심을 받지 못했다. 이러한 신중년의 고단한 노후를 위해 정부가 본격적으로 나선 것이다. 전체 인구의 1/4, 생산가능인구의 1/3을 차지하는 5060세대를 '신중년'이라 규정했다. 신중년은 '고령자' 또는 '노인' 과 같은 어휘를 대신하여 '활력 있는 생활인 Active Ageing ' 이라는 긍정적 의미를 담은 정책적 용어로 사용되고 있다. 저자는 신중년은 포기세대가 아닌 포용세대 또는, 기존의 낀 리더세대가 아닌 새로운 도전과 도약을 향해 가는 재도약세대라고 칭하고 싶다.

　이외에도 '반퇴 半退 세대', '액티브 시니어 Active Senior ', '노노 NO-老 족' 등 신조어가 있다. 반퇴세대는 평균 퇴직 연령은 젊어졌고 퇴직자도 늘고 있어 퇴직 후에도 노동 시장을 떠나지 않고 경제활동을 지속하는 현상을 말한다. 즉 제2의 인생을 준비하는 뜻의 신조어다. 액티브 시니어는 은퇴 후 사회 활동에 적극적으로 참여하는 50~60대를 지칭하는 신조어이다. 노노족은 영어 'NO'와 한자 노인 '노 老 '의 합성어로, 제2의 인생을 살아가는 50~60대를 지칭하는 단어이다. 최근 나이는 들었지만 젊게 살기를 원하는 노노족이 뜬다. 신조어에서도 알 수 있듯이 여기에 해당되는 세대인 중장년과 신중년은 현재에 안주하지 않고 더 나은 미래를 준비하기 위해 끊임없이 도전하고 성장한다. 요약하자면, 미래와 노후를 준비하기 위해 재도약을 꿈꾸고 있다.

의학의 발전으로 인한 평균수명의 증가로 현재 우리나라 평균 기대수명은 82.4세 출처: 2018하반기 노후준비 매거진 이다. '건강하게 일할 수 있는' 인생주기의 확대는 퇴직 이후 기간이 점차 길어졌다. 퇴직 후 5060세대, 신중년이 가장 원하는 것은 재취업이다. 이에 따라 신중년의 일자리에 대한 필요성이 사회적으로 요구되고 있다.

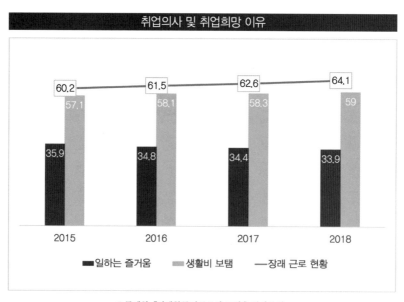

©통계청, 『경제활동인구조사 고령층 부가조사』

그러나 고용을 꺼리는 환경에서 재취업은 현실적으로 쉽지 않다. 정부는 신중년의 재취업을 지원하기 위해 퇴직 전에 준비할 수 있는 기반을 마련했다. '신중년 인생3모작 기반구축 계획'을 통해 발표된 주요한 정책 중 재취업과 관련된 내용은 다음과 같다.

> ■ 경로① 재취업(임금근로)
>
> 가장 많은 신중년이 인생 2.3모작 경로로 재취업을 선택하지만, 신중년은 재취업을 위한 고용서비스를 충분히 이용하지 못하고 있는 실정이다. 따라서 통상 64세까지를 생산가능인구로 한정하던 그간의 제도, 관행에서 벗어나 69세 또는 그 이상 연령을 적극적인 고용정책의 대상으로 포함시키고, 나이가 많다는 이유로 일반적인 고용서비스에서 제외되지 않도록 특화 서비스를 발굴하여 지원할 계획이다. 이를 위해 고용노동부는 취업성공패키지 사각지대에 있던 중위소득 초과 신중년에게 '생애설계-훈련-취창ㆍ업'을 one-stop으로 제공하는 서비스를 보편적으로 제공한다. 평생직업생활을 미리 준비하고 계획할 수 있도록 직업능력진단프로그램을 개발하고, 필요 직무능력과 훈련의 매칭 효과성 제고를 위한 빅데이터 기반 커리어컨설팅 프로그램도 구축한다. 폴리텍 신중년 특화 캠퍼스를 지정하여 신중년 친화ㆍ특화 과정을 개설하고 편의시설을 제공하는 등 집중관리(금년 중 4개 캠퍼스 7개 학과 선정 계획)하는 등 특화 훈련서비스를 제공한다.

또한 신중년은 정년퇴임 후 자신의 직무경험을 살려 재취업을 하기를 원한다. 그러나 과거의 채용방식과 지금의 채용방식은 확연한 차이가 나기 때문에 현재의 취업상황과 취업 분위기를 인지하지 못한다. 그래서 정부는 신중년을 위한 예산 확보 및 실행에 공을 들이고 있다.

고용노동부 보도자료에 따르면 '제15차 경제관련장관회의'에서 『신중년 일자리 확충방안』을 발표했다. 발표내용에 따르면 2019년 신중년 일자리 주요 지원제도는 크게 6가지이다. ①신중년 경력활용 지역서비스 일자리사업 신설, ②신중년 지역산업맞춤형 일자리 창출 ③사회서비스형 일자리산업 강화 ④신중년 귀농·귀어·귀산 지원 ⑤신중년 특화 훈련 강화 ⑥민간일자리 지원강화이다. 좀 더 구체적으로 말하자면 신중년 일자리사업이 2018년 대비 2019년 추가 창출 약 2만 2천여 명으로 확대된다. 또한 신중년 특화훈련교사 양성과정을 신규 개설하여 직업훈련교사 자격취득자가 향후 취업할 수 있도록 지원할 예정이다. 그리고 민간 일자리 지원이 강화 경우, 신중년 적합직무 고용장려금이 두 배 이상 확대되고 2019년 지원규모가 2천 명에서 5천 명으로 커질 계획이라고 한다. 올해부터 신중년 적합직무 고용지원 사업의 지원규모와 대상이 크게 늘어난다. 예산은 지난해 86억 원에서 273억 원으로 3배 이상 늘렸다. 베이비붐 세대 중 퇴직한 신중년이 자신의 경력과 전문성을 살려 재취업을 할 수 있도록 지원하기 위해서다.

고용노동부는 신중년 적합직무를 한국고용직업분류의 74개 직무 세분류 4자리 기준 로 정했으나 올해부터 213개 직무로 늘려 '신중년 적합직무 고용지원' 사업을 확대한다고 밝혔다. 신중년 적합직무 고용지원 사업은 신중년의 경력과 전문성을 활용해 신중년이 노동시장에 다시 진입하는데 적합한 직무를 찾아내고 지원하는 사업이다. 사업주가 신중년 적합 직무에 만 50세 이상 구직자를 채용하기 전 고용센터에 신청을 하고 승인이 되면 지원금을 받을 수 있다. 신중년들이 좋은 일자리에 재취업할 수 있도록 돕는 목적이다.

올해는 기업 인사담당자들의 의견과 전문가의 노동시장 분석결과 등을 바탕으로 213개 직무로 늘렸다. 직무가 늘어난 만큼 지원금을 받을 대상도 확대했다. 이에 따라 신중년의 고용 확대가 기대되는 직무로 △인사·노무전문가 △총무사무원 △인문·사회·자연과학 연구원 △간호사 △영양사 △조리사 △여행 안내원 △문리·기술·예능 강사 △금속 공작기계 조작원 △운송장비 조립원·정비원 등이 꼽힌다. 연구실안전전문가, 빌딩정보모델링 BIM 전문가 등도 신직업으로 포함했다.

신중년 적합직무에 만 50세 이상 구직자를 정규직 무기계약직 으로 채용하면 우선지원대상기업은 근로자 1인당 월 80만 원, 중견기업은 월 40만 원씩 최대 1년간 인건비를 지원받을 수 있다. 우선지원대상 기업은 주로 중소기업으로 상시근로자 수가 △제조업 500명 △광업·건설업 등 300명 △도매 및 소매업 등 200명 △그 밖의 업종 100명 등 고용보험법 시행령과 중소기업기본법등 기준에 해당하는 기업을 뜻한다.

고용노동부 관계자는 "신중년 적합직무를 확대한 만큼 단순 노무직 외에도 전문성을 살려 신중년이 재취업할 가능성이 높아질 것으로 기대한다"며 "관련 협회나 다양한 홍보를 통해 사업주에게 신중년 채용을 적극 유도하려 한다"고 설명했다. 최근 베이비부머 세대 1958~1963년 생 의 대량 퇴직이 발생하고 지속해서 증가하던 신중년의 고용률이 지난해를 기점으로 하락하는 등 어려워진 고용상황을 반영해 사업이 확장되었다.

신중년 적합직무 확대로 재취업의 가능성이 높아짐에 따라 신중년의 증가와 대상자들의 재취업에 대한 의지와 그로부터 오는 내외적인 동기가 커질 것으로 예상된다. 그에 따라 신중년을 대상으로 교육과정을 개설하고 운영하는 기관들은 하는 생애경력설계과정도 함께 확대해 나갈 것이다. 그러므로 이 분야의 전문 강사들의 양적, 질적 확충도 자연스럽게 요구될 것이며 생애경력설계 전문강사 양성과정도 점차 늘어날 것이다.

노후준비 필수템! 생애설계

 강의준비는 빠르면 빠를수록 좋다. 강사가 급변하는 강의시장에서 오래 살아남을 수 있는 매우 심플한 팁이다. 그러나 그리 간단하고 쉬운 일이 아니다. 강의 시장의 변화를 빠르게 파악하고 대응할 수 있는 능력이 필요하다. 즉, 생애설계 영역 중 하나인 변화관리 능력이 필요하다. 사실, 생애설계는 강사에게도 적용되는 과정이다. 이와 마찬가지로 노후준비도 빠르면 빠를수록 좋다. 장수시대를 살아가는 지금의 우리는 이러한 변화에 대비하여 성공적인 삶을 살기 위해 생애설계는 선택이 아니라 필수이다. 생애설계는 철학자를 비롯해 많은 교육학자들의 학문적 이론을 바탕으로 만들어졌다. 피터 래슬릿은『인생의 신선한 지도 A Fresh Map of Life 』에서 생애주기를 4단계로 구분했다. 제1기 인생 the first age 출생과 교육종료 시기, 제2기 인생 the second age 취업과 퇴직 시기, 제3기 인생 the third age 퇴직 후 자아성취 시기, 제4기 인생 the fourth age 건강약화로 타인에게 의존하여 지내는 시기로 정의했다. 여기서 중요한 것은 제3기 인생에 대한 준비의 필요성을 인지하는 것이다. 제3기 인생에서 가장 중요한 발달과업은 자아성취로 자신이 원하는 삶을 사는 것이다. 그래서 생애설계는 고령화 사회의 제3기 인생을 잘 준비하는 것이 필요하다. 이를 위해서는 직업이나 일에서 은퇴하는 시기에 유유자적한 생활을 보낼 시기를 적극적으로 재검토해야 한다.

 미국학자 윌리엄 새들러 William Sadler 도 인간은 배움과 성장, 직업생활, 고령화로 인한 제2의 생활, 노화의 네 연령기를 거친다고 설명했다. 은퇴 이후 30년의 삶이 새롭게 발견되는 서드에이지를 '뜨거운 나이 Hot Age '라고 정의하며 저서『서드에이지, 마흔 이후 30년』에서 서드에이지의 중요성을 강조했다. 중장년은 새로운 성장을 할 수 있는데, 이 성장의 질과 성과는 세컨드 에이지의 경험을 기반으로 서드에이지에서 인생의 방향을 수정하는 것이다. 결국 모든 노년의 삶은 자신이 얼마나 준비하느냐에 따라 달려있다.

성공적 노화 successful aging 는 노년학 전문가인 로 Rowe 와 Kahn 이 1987년 사이언스지에 소개되면서 지금까지 각종 연구에 인용되는 개념이다. 성공적 노화는 노화의 긍정적인 측면을 강조하며 인생의 노년기에 목표하던 것을 스스로 노력하여 이루어 내려는 것을 의미한다. 또한 활동적 노화 active aging 는 은퇴 연령이 더 길어지는 것과 노인들의 사회적 참여로 이어진다. 1960년대부터 발전되어 온 활동이론 activity theory 에 근거하여 노년기에 건강, 사회공헌, 일 job, 여가활동 등 어떤 형태의 활동이든 많이 할수록 삶의 만족도가 높아진다는 것이다. 활동적 노화는 노년기에 이르러 개인적 노력과 사회적 지원에 의하여 증가할 수도 있다. 그러나 중년기 이후부터 생애설계 차원에서 개인적으로 계획하고 필요한 준비를 한다면 훨씬 효과적일 것이다.

인생 100세 시대에 삶이 행복하지 않다면 장수는 더 이상 축복이 아니다. 보람과 의미 있는 노후를 맞이하기 위해서 지금부터 자신에 맞는 생애설계를 준비해야 한다. 이처럼 학자들의 이론을 근거를 바탕으로 만들어진 생애설계는 선택이 아니라 필수이다. 행복한 노후를 위해서는 성공적이며 활동적 노화가 수반해야 한다. 제3기 인생의 주요 발달 과업인 자아를 잘 성취한다면 다음 단계인 제4기 인생의 과업을 원만히 수행할 기초를 마련할 수 있다. 앞선 언급한 내용들을 생각에서만

그치는 것이 아니라 실제로 현실화하기 위해서는 지금부터 무엇 _{일, 사회}
_{공헌, 취미 등} 을 할 것인지 계획하고 준비해야 한다. 이것이 바로 생애설계
의 주목적이다. 또한 그중에서도 자세히 다루고자 하는 것은 은퇴 후
에도 평생 현역으로 살아남기 위한 생애경력설계 부분이다.

04

생애경력설계,
강의 트렌드를 선도하다

강의시장의 대세 전환

지금은 新중년시대, 이들을 타겟팅한 강의 시장이 대세로 자리매김하고 있다. 국가 경쟁력 확보와 경제 성장을 위해 다양한 경험과 기술을 축적한 신중년을 인적자원으로 활용해야 한다는 국가적 필요성이 강조되고 있다. 또한 인생 100세 시대, 주된 일자리에서 퇴직한 후의 삶이 40년, 50년으로 늘어나면서 노후준비가 제대로 되지 않은 베이비부머를 포함한 신중년 세대가 행복한 노후를 위해 좀 더 오래 현업에서 일하고 싶어 하는 사회 참여 욕구가 강해졌다. 이에 생애경력설계를 지원하는 정책 및 서비스의 필요성이 자연스럽게 대두되었다. 지금까지 고용서비스 정책 대상에서 소외된 느낌을 받았던 낀 세대인 신중년이 정책 대상의 핵심으로 부각되면서 생애설계가 강의 시장이 대세로 자리매김하고 있다.

인생을 설계하려는 사람들은 현실의 벽에 좌절을 경험한다. 인생 100세 시대로 생애경력설계의 필요성 인식 및 사회활동 수요 증가에 따라 행복한 노후생활을 설계할 수 있도록 그에 따른 준비교육이 중요하다. 우선 생애경력 준비 상황을 점검한 후 그 결과에 따라 자신에 맞는 경력설계를 해야 한다.

우리나라는 기대수명의 연장과 낮은 출산율로 인해 빠른 속도로 고령화가 진행되어 65세 이상 고령인구 비율이 1990년 5.1%에 불과하였으나 2060년 40.1%로 세계 최고 수준에 이를 전망이다. 고령사회는 수명연장이라는 측면에서는 긍정적이지만 준비되지 않은 고령사회는 큰 고통이 될 수 있다. 그에 따라 노후준비에 대한 중요성과 관심은 계속 증가하고 있지만 현실적으로 무엇을 어떻게 해야 할지 막막하다. 이러한 어려움을 해결하고자 국민 개개인에게 체계적이고 종합적인 노후준비를 지원하기 위해 생애설계서비스가 추진되고 있다.

생애설계는 성공적인 삶을 살기 위해 인생 사명을 확립하고 생애 각 주기마다 사명 완수를 위한 목표를 건강, 재무, 사회적 관계, 직업과 경력, 자원봉사, 학습과 자기계발, 여가, 주거 등 생활의 주요 분야 8대 분야 별로 설정하고 목표 달성을 위한 실천행동을 구체적으로 계획하는 것을 의미한다. 즉 자신의 생애 사명에 따른 목표달성을 위하여 종합적이고 장기적인 관점에서 유아기에서 노년기까지 생애 전체를 계획하는 것이다. 계획은 반드시 실천을 전제로 하여야 하며, 재무를 중심으로 하는 생애재무설계나 경력을 중심으로 하는 생애경력설계 등이 있기는 하지만 이는 한 분야에만 국한된 계획이며, 8대 분야의 계획이 체계적으로 반영되어 있는 생애설계라야 제대로 된 생애설계라 할 수 있다.

생애설계 8대 분야에서 저자가 집중적으로 다루고자 하는 분야는 생애경력설계이다. 그 이유는 은퇴 후에도 평생 현역 즉 재취업을 통해 사회활동을 계속 이어 나가기를 대다수 원하기 때문이다. 생애경력설계는 아동기 및 청소년기의 진로설계와 청년기의 직업설계 그리고 은퇴 이후 제2, 제3의 경력설계까지 포함하는 것을 의미한다.

전 세계적으로 베이비붐 세대의 은퇴가 시작되었다. 우리나라의 베이비붐 세대 또한 이제 곧 70세를 넘기면서 점차로 노령화시기에 접어들고 있다. 이제 은퇴 준비는 행복한 노후 생활을 위해 미리부터 은퇴 후의 계획을 세워놓는 것이 중요하다. 일반적으로 베이비붐 세대란 종전 후 세대를 일컫는다. 해외의 경우 제2차 세계대전 이후인 1948년생이며 우리나라는 대략 한국전쟁 후인 1953년~1963년생까지로 본다. 그리고 이들은 곧 정년퇴직의 나이에 접어들게 되었다. 특히 2018년 행정안전통계연보에 의하면 우리나라의 1971년생은 94만여 명으로 가장 많은 연령을 차지하는 만큼, 10여 년 후에는 은퇴인구가 더욱 많아질 것으로 예상된다. 이에 고용노동부는 만 40세 이상을 대상으로 생애경력설계서비스와 중장년 일자리 희망센터 등 장년들의 은퇴 후 계획을 지원하고 있다. 이외에도 한국노인인력개발원에서는 퇴직 이후 삶의 변화를 이해하고 경력개발을 통해 노년기의 적극적인 사회활동 지원을 위한 60+ 맞춤 역량 교육 기회를 제공하고 있다. 좀 더 구체적으로 말하자면 60+의 다양한 사회능력 개발을 위한 교육지원과 실질적 도움이 될 수 있는 교육과정을 개발 및 운영하고 있다.

지난해 11월 교육부 보도 자료에 따르면 사회관계장관회의에서『진로교육 활성화 방안』을 발표했다. 발표내용은 크게 4가지로 요약된다. 첫째, 교육과정 속 진로교육 확산 및 사각지대 없는 진로교육 강화, 둘째, 혁신 성장을 위한 창업체험교육 활성화, 셋째, 대학, 성인 등 생애전환기 진로개발 지원 강화, 마지막으로 지속 가능한 진로교육 생태계 구축이다.『진로교육 활성화 방안』은 4차 산업혁명 시대의 도래, 고령화 사회 심화 등으로 인한 사회 환경의 변화에 대비하고 생애주기별 맞춤형 진로교육을 원하는 교육 현장의 요구에 부응하기 위해 수립되었다. 정부가 본격적으로 성인의 생애 전환기 진로개발에 관심을 가지고 지원하겠다는 것이다. 이 점은 매우 눈여겨 볼만하다.

해외 국가들도 성인 진로개발을 위한 목표 및 지원체제를 마련하여 체계적으로 지원하고 있다. 해외 성인 진로개발 사례로 미국, 캐나다, 호주 등을 들 수 있다. 미국은 국가수준의 진로개발지침 NCDG: National Career Development Guidelines 을 마련하여 급변하는 사회 환경 속에서 청소년 및 성인의 진로개발 프로그램의 체계적 운영, 강화 및 향상을 지원하고 있다. 캐나다는 진로개발지침인 "Blueprint for Life/Work Designs BLWD"는 전 생애에 걸쳐 개발해야 하는 11가지 능력을 3가지 영역에서 제시, 현재까지 "Blueprint 2020" 청사진으로 진로개발 공공서비스를 지원하고 있다. 호주도 진로개발지침 "Australian Blueprint for Career Development ABCD"을 개발하여 성인의 진로개발을 위한 능력을 발표 '03 했다.

성인의 경우 퇴직 실질 은퇴 연령 남성 72세, OECD'15 후에도 일자리를 희망함에 따라 이들의 진로, 직업교육 관련 평생교육 수요 증대가 필요한 시점이다. 정부는 『진로교육 활성화 방안』을 통해 평생교육 관점에서 원활한 제2의 진로설계 등 생애 전환기 진로설계 개발 지원하기로 했다. 성인단계에서 실직·은퇴 등 진로 장벽에 부딪친 중장년층의 자존감 회복과 진로개발 역량을 지원하기 위해 평생교육기관을 통한 진로 탄력성 프로그램을 시범적으로 적용하기로 했다. 또한 진로장벽 해결을 위해 요구되는 자기효능감, 정서조절능력 등 심리·인지적 역량과 정서 안정감 회복을 지원하는 프로그램을 개발 운영하기로 했다.

성인 진로탄력성 프로그램(예시)			
자기이해	일과 생애의 이해	변화 대응력 향상	경력 재설계
■ 자기인정 ■ 자기긍정 강화	■ 삶의 요소 탐색 ■ 환경변화 탐색	■ 강점 및 지지 자원 탐색	■ 목표 설정 및 실행계획 수립

* 진로탄력성 프로그램 시안 마련 및 시범적용('19~) → 프로그램 확산('20~)
* 평생교육기관 150명('19) → 평생교육기관 및 지역고용센터 250명('20)

교육부는 생애 전환기 진로개발 지원 기반 확충을 위해서 우선 진로교육법을 개정한다. 초·중등 및 대학 단계에서 성인을 포함하는 평생 진로개발 지원을 위한 법적 기반 마련을 위해서이다.

관련법 개정 전·후 비교		
구분	개정 전	개정 후
진로교육대상	학생 중심 진로교육	성인까지 포함한 진로교육

이처럼 생애 전환 시점에서 개인에게만 책임을 지게 하는 것이 아니라 정부가 직접 나서서 성인까지 진로교육에 포함시키는 진로교육법을 개정한 것은 매우 의미 있는 일이다.

블루오션, 생애경력설계 강의

생애설계 8대 영역 중 가장 중요한 영역은? 그 해답은 생애경력설계 영역에서 찾을 수 있다. 50대 전후로 퇴직하는 신중년이 가장 원하는 것이 재취업이기 때문이다. 앞서 언급했듯이 100세 시대에서 행복한 노후준비를 위해 퇴직 후 가능하다면 노동시장에 좀 더 오래 머무르기를 원하기 때문이다.

생애경력설계는 자신의 직업역량을 분석해서 미래를 설계하는 것이다. 이러한 생애경력설계를 스스로 할 수 있도록 돕는 온·오프라인 교육프로그램을 생애경력설계서비스라고 부른다. 이러한 서비스를 통해 스스로 자신의 생애경력 준비상황을 점검하고 진단결과에 따른 유형별 특성과 행동 전략을 파악할 수 있다. 나아가 자신에게 맞는 경력 관리 방법과 관련된 추천 서비스를 제시해준다. 전국 중장년일자리희망센터에서 만 40세 이상 재직자와 구직자라면 누구나 신청할 수 있으며 모두 무료로 제공된다. 고용노동부의 '장년워크넷'에서 신청할 수 있다.

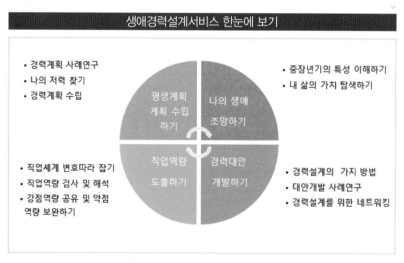

©고용노동부의 공식 블로그(blog.naver.com/molab_suda)

교육은 재직자와 구직자로 구분하고, 재직자의 경우 40대·50대·60대 경력전성프로그램으로 분류한다. 먼저, 만 40세 이상 재직자를 대상으로 하는 40대 경력전성프로그램은 스스로를 파악하고 자신의 경력을 관리할 수 있도록 도와서 더 나은 삶을 만들어 나가는 데 도움을 준다. 만 40세 이상의 모든 구직자에게는 생애 중간 시점에 본인의 경력을 되돌아보고 제2의 인생을 준비하기 위한 방향과 방법에 대한 계획을 수립할 수 있는 기회를 제공한다. 또한 만 50세 이상에게는 스스로의 생애를 되돌아보며 평생 경력계획을 수립하도록 하고, 만 60세 이상 경력전성프로그램은 삶과 일, 여가 사이의 균형을 찾을 수 있도록 도와주는 서비스다 고용노동부 공식 블로그, blog.naver.com/molab_suda 참조.

생애경력설계서비스는 2015년에 재직자를 대상으로 처음 도입했는데, 만족도가 높고 수요가 늘어나면서 지난해부터 구직자 대상의 서비스도 확대 제공하고 있다. 생애주기가 길어짐에 따라 인생 2·3모작을 체계적으로 준비해야 하는 중장년 수요 증가로 인해 생애 3회 이상 생애경력설계 기회 제공을 통하여 인생 후반기 계획수립 및 경력관리·능력개발을 지원하는 대한민국 평생 현역준비 프로젝트, '신중년 인생 3모작' 대표 지원기관들은 다음과 같다.

신중년 인생 3모작 대표 지원기관	
지원기관	관련 사이트
전국 중장년일자리희망센터(31개소)	http://blog.naver.com/worin60 http://log.naver.com/newjoborkr
전국 고령자인재은행(44개소)	http://www.moel.go.kr
서울시 50플러스캠퍼스	http://www.50plus.or.kr
부산시 장노년일자리지원센터	http://www.busan50plus.or.kr
대전시 인생이모작지원센터	http://www.daejeonsenior.or.kr

또한 '신중년 인생 3모작'과 관련한 생애경력설계 프로그램의 주요 내용은 다음과 같다.

노사발전재단 중장년일자리희망센터: '생애경력설계 프로그램'		
생애경력설계 자기진단	재직자	구직자
· 자신의 생애경력 준비 상황을 점검하고 그에 맞는 경력준비 가이드라인 제공 · 진단결과에 따라 유형별 특성과 행동 전략 파악 추천서비스를 제시	① 40+경력전성프로그램 · 만 40세 이상 재직자 대상의 프로그램으로 생애경력관리의 필요성을 인식하고, 경력단계에서의 현재 위치 점검과 개인의 경력 유지 개발방법 학습 ② 50+ 경력전성프로그램 · 만 50세 이상 재직자 대상의 프로그램으로 삶의 6대 영역을 진단하여 나의 강점 · 영역, 직업역량 도출, 경력설계 방법을 학습하고 자기계발 계획을 수립 ③ 60+ 경력전성프로그램 · 만 60세 이상 재직자 대상의 프로그램으로 일 가능성과 생각을 발견해 새로운 방향의 실행방안 수립과 삶의 행복을 위해 잠재된	· 생애경력설계서비스 구직자 과정 · 만 40세 이상 재직자 대상의 프로그램으로 생애 중간 시점에 본인 경력을 되돌아보고 제2의 인생 준비

©노사발전재단(www.nosa.or.kr) 홈페이지 참조

위에 언급된 기관과 프로그램에는 저자 자신도 강사로 참여한 경험이 있거나 지금까지 활동 중인 프로그램들이다. 또한 국민연공단의 '노후준비 스케치', 전국경제인연합회의 '생애설계+재도약 프로그램' 등이 있다. 이외에도 다양한 민·관에서 중장년과 신중년을 대상으로 강의에 참여하는 대상자 맞춤 생애설계와 생애경력설계 프로그램이 운영되고 있음을 알 수 있다. 이는 정부가 나서서 인생 100세 시대, 행복한 노후생활을 영위할 수 있도록 성인 생애 전환기 '진로교육법'과 '노인준비지원법'

을 제정하고 '신중년 인생3모작 기반구축 계획'을 마련했기 때문이다. 그에 따라 관련 교육 수요는 점점 증대될 것이다. 또한 강의 시장 확대에 따라 전문역량을 갖춘 강사에 대한 필요성도 함께 대두될 것이다.

05

나도 생애경력설계
전문강사가 될 수 있다

    강의 시장은 항상 위기였다. 강의 시장의 새로운 돌파구, 생애경력설계 시장에서 그 답을 찾을 수 있다. 5060 신중년 세대가 은퇴 후 가장 원하는 것은 바로 재취업이다. 이를 통해 노동시장에 가능한 오래 머물러 있기를 원한다. 그 결과, 신중년의 재취업 시장으로 유입이 증가되고 있다. 그렇다면 이러한 그들의 요구를 가능하게 만든 것은 무엇인가?

    '생애경력설계'로 해답을 찾을 수 있다. 이에 해당 교육과정의 필요성이 대두고 있으며 점점 늘어날 전망이다. 더불어 전문인력 수급이 시급한 상황임을 예측한다. 고령사회에 정부가 관심을 갖는 대상이 누구인지 알 수 있다. 가장 기대되는 부분은 생애경력설계의 경우, 일 Job 과 관련하여 고용노동부가 주관이 되어 지역고용센터 중심에서 이루어졌다면 교육부의 성인까지 포함한 '진로교육법' 제정으로 주관부처가 늘어났다는 것이다. 다시 말해 사업운영이 평생교육기관으로도 확대되면서 강사에게도 좋은 기회가 될 것이다. 최근 저자도 해당 민·관 담당자들을 위한 직무역량강화 교육과정과 나아가 전문인력 양성과정에서 강의 요청이 늘고 있다.

    우리는 인생 100세 시대에 살고 있으며 행복한 노후를 꿈꾼다. 그러한 꿈을 현실로 만드는 것은 자신이지만 정부의 정책지원이 반드시 수반되어야 한다. 정부는 2017년 노인준비지원법 시행령, 신중년 인생3모작 기반구축 계획, 2018년 성인 생애 전환기 진로교육법을 연이어 제정했다. 올해는 이러한 법을 기반으로 교육시설과 인적 인프라를 구축해 나갈 것이다.

고령화가 급속히 진행되면서 2020년이 되면 베이비붐 세대 700만 명이 은퇴를 하게 된다. 이에 고령층이 인구의 40%에 달하게 될 것이다. 노후준비가 부족한 베이비붐 세대, 신중년을 대상으로 한 생애경력설계 분야는 가장 트렌디한 강의 시장으로 예상된다. 이러한 변화에 강사도 빠르게 대처해야 한다.

최근 생애경력설계 강의시장에 또 하나의 반가운 소식이 들렸다. 지난 4월 5일 '재취업지원서비스법'이라고 불리는 '고용상 연령차별금지 및 고령자고용촉진에 관한 법률 일부 개정안'이 국회 본회의를 통과했다. 해당 법안은 고령화된 노동자들이 퇴직 전 인생 2·3모작 준비할 수 있도록 제도적 기반을 마련한 것이다. 또한 이 법안이 도입될 경우 대통령령으로 정하는 일정 규모 이상 기업은 50세 이상 비자발적 이직 예정자를 대상으로 재취업 지원 서비스 제공을 의무화해야 한다. 그에 따라 5060 신중년 대상 재취업서비스를 진행하기 위한 기업들의 관심이 커지고 있다. 고령자고용촉진법 개정안은 공포 후 6개월이 경과한 날부터 시행하기 때문에 재취업지원서비스 사업에 관심 있는 이들은 미리 준비해야 한다.

강의는 대상자가 누구냐에 따라 그 시장이 어느 정도 예상이 된다. 인생 100세 시대, 주된 일자리에서 퇴직 예정 하는 신중년이 가장 원하는 것은 재취업이므로 그에 따라 생애설계 영역 중 가장 관심을 갖는 영역도 생애경력설계 재취업과 창업 이다. 이러한 사회적 현상을 반영, 정부를 중심으로 고용안정 및 취업촉진을 도모하기 위한 고용지원서비스 제공을 확대하고 있다. 이처럼 생애경력설계 분야에 대한 꾸준한 관심은 일반 교육과정 및 강사 양성과정 개설, 다양한 민간자격증 등록으로 이어지고 있다.

생애설계 관련 민간자격증 총 22개	
등록 연도	자격증명
2018년	생애설계코치, 생애주기별코칭지도사, 시니어생애설계지도사, 생애경력설계퍼실리테이터, 한국생애설계상담사, 재무생애설계지도사, 한국청소년생애설계사, 50플러스생애설계사
2017년	한국시니어생애설계사, 시니어생애설계사, 생애설계지도사, 시니어생애설계플래너, 생애설계전문가
2016년	생애건강스포츠지도사
2015년	생애위기상담사, 생애설계상담사, 생애위기상담사, 한국생애설계사, 생애학습강사
2014년	생애설계상담사, 생애놀이지도사, 노후생애설계상담사

©민간자격정보서비스(https://www.pqi.or.kr) 홈페이지 참조

또한 2017년 7월 대통령령으로 '노후준비 지원법 시행령'이 개정되어 공포되면서 생애설계에 대한 관심이 커지면서 관련 분야의 도서 발간도 전문 강사 중심으로 증가했다. 생애경력설계 강의시장에서 선점하기 위해서는 높은 경쟁력을 갖추어야 한다. 그러한 경쟁력은 전문성으로 입증되어야 한다. 그러한 점에서 관련 분야의 노하우를 녹여낸 책을 출간한다면 강의 시장을 좀 더 쉽게 선도할 수 있을 것이다.

또한 이제 강사로서 입문을 원한다면 전문가들의 노하우가 담긴 그 분야의 책 10권을 사서 읽어보라고 권하고 싶다. 책 안에 담긴 해당 분

야 전문가들의 강점들을 자신의 것으로 만들 수 있을 것이다. 그리고 어느 순간 나 역시 그 분야의 전문가가 되어있는 것을 발견할 것이다.

년도	YES24	교보문고	알라딘	영풍문고
2019년	1	1	–	1
2018년	3	3	3	2
2017년	9	9	8	7
2016년	1	6	6	5
2015년	1	–	–	1
2014년	–	–	–	–
2013년	–	–	–	–
2012년	–	–	–	–
2011년	3	3	4	2
2010년 이전	8	10	8	7
총 권수	27	32	29	25

인터넷서점 '생애설계' 키워드로 검색되는 국내도서 수(단위: 권)(2019년 5월 기준)

개인의 행복한 노후준비를 돕기 위해 2017년을 기점으로 정부 차원에서 다양한 지원사업과 생애설계 교육프로그램들이 개발되고 있다. 앞으로도 이와 관련된 강의 시장의 전망은 밝다. 지금까지는 강의 시장의 양적 성장에 치우쳤다면 앞으로는 질적 성장에 맞춰 집중해야 하는 시기이다. 또한 자연스럽게 강사에 대한 강의 요청기관의 평가에 따라 전문성을 갖춘 강사가 이 시장을 선도해나갈 것이다.

신중년을 대상으로 하는 생애경력설계 프로그램의 現 과제 중 하나는 강사 전문인력 양성이다. 고령사회에 진입 후 노후준비에 대한 관심과 정부지원 정책이 확대되면서 강의 수요는 증가하고 있으나 그에 비해 전문인력 강사 이 부족하다. 이러한 전문인력 확보를 위해 민·관에서 앞다투어 관련 양성과정이 개설되고 있는 만큼 관련해서 준비된 강사에게는 활동 영역을 넓힐 수 있는 절호의 기회이다.

앞으로 생애경력을 설계하고 인생 후반부를 미리 준비할 수 있도록 지원하는 평생 현역준비프로젝트, 생애경력설계 강의 시장은 정부의 적극적인 지원으로 민간 기업에도 지금보다 더 확대될 전망이다. 이러한 강의 시장의 대세 전환을 파악하여 지금부터 준비하고 노력한다면 누구나 생애경력설계 전문강사가 될 수 있을 것이다.

06

생애경력설계
강의 분야의 전망

이제부터가 제대로 시작이다! 최근 저자도 생애경력설계 직업·경력 를 포함한 생애설계 분야 가족·사회적 관계 및 여가활동 등 의 강의요청이 쇄도했다. 그에 따라 강의요청도, 기관도 다양해지고 있다는 것을 느끼고 있다. 생애설계의 중요성과 인식전환이 크게 대두되면서 강의시장이 대세로 자리매김하고 있다. 이에 정부의 적극적인 정책지원에 탄력을 받은 공공기관 및 공기업을 비롯한 민간 기업에서도 크게 관심을 가지고 생애설계 프로그램을 확대 개설, 운영하고 있다. 이러한 강의 시장 트렌드에 맞추어 강사는 본격 준비가 필요한 시점이다.

최근 생애설계 강의 수요가 증가하면서 다양한 전문성을 갖춘 강사 인력에 대한 니즈가 매우 커지고 있다. 新블루오션, 생애설계 강의 분야로 빠르게 진입하기 위해서는 '강사 양성과정' 참여를 통해 가능해진다. 그러한 이유로 민관 할 것 없이 앞다투어 '강사 양성 과정'을 개설하고 있는 추세이다. 여기서 가장 주목할 것은 5060세대 신중년을 위한 '생애설계서비스'에서 '생애경력설계서비스'로 기존의 '관 官 에서 민 民 으로' 점점 확대되고 있다는 점이다. 결론적으로 말하자면 당분간 생애 설계 강의 시장의 전망은 밝다.

이미 언급한 대로 생애설계는 크게 8대 영역 ▲직업·경력, ▲학습·자기계발, ▲건강, ▲가족·사회적 관계, ▲주거, ▲사회참여·봉사, ▲여가·영적활동, ▲재무 으로 나뉜다. 이 중에서도 퇴직 후 재취업을 대부분 희망하기 때문에 생애경력설계 영역의 강의 수요가 급증하고 있다는 점을 주목하자! 강의 대상자도 노후를 준비하려는 기존 5060세대에서 40세대까지 포함시켰다. 또한 이들을 위한 다양한 정부지원사업과 강의프로그램을 운영하고 있는 해당 기관들 정부, 공공기관, 그리고 민간 위탁업체들 의 담당자들의 직무연수 강의도 증가하고 있다. 이러한 강의 증가의 세 가지 필연적인 배경을 요약하자면 다음과 같다.

첫째, 베이비붐세대의 증가이다. 2020년까지 700만 명이 은퇴한다는 사실이다. 둘째, 이들이 퇴직 후 가장 원하는 것은 재취업이다. 이제는 100세 시대로 퇴직 후 40년이란 공백 기간이 있기 때문이다. 마지막으로 고령화시대에 초점을 맞춘 정부 재정지원사업이다. 퇴직 후, 재취업을 가장 희망하는 4060세대를 위해 정부에서는 여러 가지 정책을 마련하여 지원하고 있다. 5060 신중년 대상 재취업 지원 서비스의 일환인 생애경력설계 강의 시장은 정부의 정책 지원으로 다시 활력을 찾고 있다.

📖 참고문헌

- 고용노동부 정책자료실 (https://www.moel.go.kr)
- 고용노동부 공식 블로그 (https://blog.naver.com/molab_suda)
- 정부24, 정책뉴스 "정부 최초의 〈신중년 인생 3모작〉 기반구축 계획", 2017
- 장년워크넷 (https://www.work.go.kr/senior/lifePlan/lifePlanSvcInvite.do)
- 한국고용정보원 홈페이지 (https://www.keis.or.kr)
- 사이버진로교육센터 홈페이지 (http://www.work.go.kr/cyberedu/main.do)
- 노사발전재단 홈페이지 (https://www.nosa.or.kr/portal)
- 전국경제인연합회 (http://www.fki.or.kr)
- 인천경영자총협회 홈페이지 (https://www.inef.or.kr)
- 국민연금공단 홈페이지 (https://www.nps.or.kr)
- 대한은퇴자협회 (http://www.karpkr.org)
- 미국은퇴자협회 (https://www.aarp.org)
- AARP, FP Analytics, "ARC 보고서", 2017
- 백세시대 (http://www.100ssd.co.kr)
- 통계청 (http://kostat.go.kr)
- 이투데이 (http://www.etoday.co.kr/news/section/newsview.php?idxno=1744369)
- 매일경제 (https://www.mk.co.kr/news/view/society/2019/03/157985)
- 이데일리 (http://www.edaily.co.kr/news/read?newsId=03394806622392816&mediaCodeNo=257&OutLnkChk=Y)
- 뉴스와이어 (http://www.newswire.co.kr/newsRead.php?no=889286)

조지용 ——————————————————————————

- 현)한국바른채용인증원 원장
- 커리어코치협회 부회장
- 글로벌HR협동조합 이사
- 대기업/공기업 채용 및 승진 면접관, 채용전문면접관 1·2급 자격과정 운영,
  바른채용경영시스템RRMS 인증기준 개발 및 보급
- 고려대학교 경영대학원 석사
- 전) 네모파트너즈 부사장, 아더 앤더슨 수석컨설턴트, 딜로이트컨설팅 매니저,
  Coca Cola 인사과장 GE Healthcare 인사과장
- 저서) 채용 면접 실무 지침서 공저 『NCS 면접 실전 가이드』

Trend

11

—

채용·취업

RECRUITMENT · EMPLOYMENT

블라인드, AI채용 시대는 강사에게
전문성과 협업을 요구한다

채용·취업 강사 트렌드는 해당 시장환경의 변화에 따라 강사와 강의 분야에 어떠한 영향을 미치는가를 분석하고 시사점을 제시할 것이다. 다만, 기업을 대상으로 하는 채용 면접 강사와 취업준비생을 대상으로 하는 취업 강사가 같은 듯 다른 분야에서 활동하고 환경의 변화가 이들에게 미치는 영향 또한, 상이할 수 있어 트렌드 제시에 있어서 일부 구분을 하였다.

블라인드 채용 확대로
채용 면접 강의에 대한 수요 증가

    2016년 강원랜드를 기점으로 연이어 터지고 있는 공기업과 금융권의 채용 비리 사건은 채용 공정성에 대한 사회적 요구를 높였고, 대한민국 채용시장에 블라인드 채용이라는 강력한 외부 환경요인을 불러왔다. 블라인드 채용의 확산은 채용 면접에 대한 강의수요 증가로 이어졌다. 정부가 2017년 7월 블라인드 채용 추진방안을 발표한 이후로 공공기관, 지방공기업, 지방 출자, 출연 기관을 포함한 지방 공공기관 전체로 블라인드 채용이 확대되었다. 정부가 채용 비리 척결 및 공정경제와 관련된 항목을 공공부문 경영평가에 직접 반영함에 따라 블라인드 채용에 대한 구속력은 더욱 강화되고 있으며, 민간기업에서도 블라인드 채용을 도입하는 기업이 점차 증가하는 추세다.

    학벌과 스펙보다 직무수행능력이 중요해짐에 따라 채용/취업 시장에서도 시험과 함께 면접의 비중이 높아졌다. 한국경제신문이 국내 주요 그룹 계열사 10곳, 공공기관 10곳, 금융기관 6곳 등 모두 26곳의 인사담당자를 대상으로 '2019년 일자리 전망' 설문조사를 실시하였는데, 채용절차 보완계획에 대해 80.9%가 '면접을 강화할 것'이라고 응답했다. 필기 비중 확대 11.5% 서류전형 강화 3.8% 등에 비해 월등히 높은 수

치다. 면접의 강화는 기업의 면접방식에도 변화를 가져왔고, 자연스럽게 채용 면접 교육의 증가로 이어졌다.

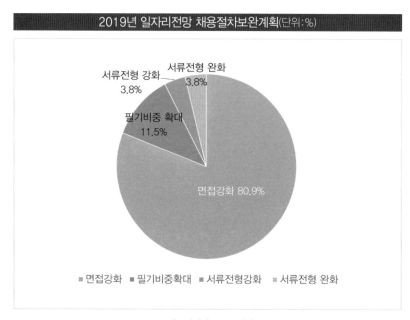

ⓒ한국경제신문 보도기사

채용 면접에 대한 강의수요 증가는 면접 교육시간의 증대로 이어지고 있는데 채용 면접 분야의 강사들에게는 희소식이다. 2018년 한국산업인력공단에서 발간한 「편견없는 채용·블라인드 채용 실태조사 및 성과분석 최종보고서」에 따르면 면접관에 대한 교육시간이 급격히 증가하는 것으로 나타났다.

면접관 교육시간 평균값은 블라인드 채용 도입 이전인 2015년 55.46분, 2016년 60.50분, 2017년 상반기 66.34분으로 지속적인 증가 추세를 보였다. 블라인드 채용이 도입된 이후 2017년 하반기 110.73분,

2018년 상반기 109.03분으로 거의 두 배 가까이 증가했다. 동시에 블라인드 채용이 도입된 2017년 하반기 이후에 표준편차도 크게 늘었다.

이러한 결과로 볼 때 공공기관들은 블라인드 채용 도입 이후에 적합한 인재를 선발하기 위한 대응으로 면접관 교육시간을 전반적으로 증가시켰다고 할 수 있다.

시기별 면접관 교육시간의 기술통계					
년도	N	최소값	최대값	평균	표준편차
2015년	231	.00	600.00	55.46	81.53
2016년	234	.00	600.00	60.51	82.39
2017년 상반기	206	.00	600.00	66.34	86.48
2017년 하반기	211	.00	6180.00	110.73	430.50
2018년 상반기	202	.00	6180.00	109.03	440.91

©편견없는 채용·블라인드 채용 실태조사 및 성과분석 최종 보고서(한국산업인력공단)

02

면접 교육은 이론 강의보다는
실습의 비중이 높아

교육시간의 증가와 더불어 강의 방식에도 변화가 일어나고 있다. 과거의 면접 교육은 면접 직전에 인사담당자가 면접의 개요 및 유의사항을 설명하는 수준이었다면, 최근에는 구조화된 면접으로 불리는 역량면접 Competency based interview 에 기반한 면접 질문개발과 이를 실습하는 모의 면접을 늘리는 추세다. 한 걸음 더 나아가 학습한 내용을 기초로 시험을 통해 자격을 부여하는 사례도 나오고 있다.

한국산업인력공단에서 기업 인사담당자에게 무료로 제공하는 NCS 블라인드채용 교육의 내용을 살펴보면 강의 30% 보다는 실습 70% 의 비중이 월등히 높다. 총 5시간의 과정 중 블라인드 채용 이해, 채용모델, 면접관의 역할 등 이론이 1.5시간이고, 면접 유형별 질문활용 및 면접평가 실습에 3.5시간이 배정되어 있다.

부산광역시 면접관역량강화 과정의 경우 부산시 공무원으로서 최적의 면접시험 구현역량을 강화하도록 3일 과정으로 설계되어 눈길을 끈다. 면접 단계별 면접관이 갖추어야 할 역량을 도출하고 이를 이론과 실습을 병행하며 내재화하도록 했다.

최근 채용절차의 공정성에만 치우쳐 있는 공공기관 및 공기업들에

부산시의 접근은 시사하는 바가 크다. 왜냐하면, 과정설계에서 공정성과 함께 적합성을 매우 중요하게 고려했기 때문이다. 특히 마지막 평가 단계의 조정역량의 경우 평가 오류를 줄이기 위한 핵심요소임에도 많은 공공기관 및 공기업이 간과하고 있다. 평가의 공정성을 강조한 나머지 평정 후 면접관끼리 평가 내용을 논의하지 못하도록 규제하는 것은 과유불급過猶不及 아닐까? 적임자를 선발하기 위해서는 조정을 통해 평가의 오류를 줄이는 것이 바람직하다.

구분	역량	행동특성
조직이해	조직이해역량	부산시가 어떤 인재를 필요로 하는지 명확히 이해함
	충성도	부산시에 필요한 최적의 인재를 뽑기 위해 전력투구함
진행	공감능력	지원자가 편안하게 대답할 수 있는 분위기를 조성함
	시간관리역량	면접의 흐름을 효과적으로 통제함
	면접진행역량	다양한 면접기법을 능숙하게 활용할 수 있음
질문	면접질문역량	직무역량을 확인할 수 있는 효과적 질문(핵심적이고 간명한 질문)으로 충분한 대화를 이끌어 냄
관찰	관찰역량	평가 근거를 위한 언어적/비언어적 특징을 효과적으로 관찰함
기록/정리	행동기록역량	판단에 영향을 미치는 주요 내용을 적절하게 기록함
	행동분류역량	평가 역량에 따라 기록한 내용을 정확하게 분류함
평가	평정역량	자신의 의사소통 스타일과 편견 등을 알고 이것이 면접 과정과 의사결정에 방해되지 않도록 하며, 공정하고 편견 없이 근거에 기반하여 평정함
	조정역량	평가 후 조정에 적극적으로 참여하되, 자신이 놓친 부분에 대한 인정 및 조정함

ⓒ부산광역시 인재개발원

전체 과정에서 평정기준과 면접 질문의 도출이 상당한 비중을 차지하고 있는데, 면접관끼리 표준화된 평정 척도를 공유하고, 평정 가능한 질문을 도출하여 최적의 질문을 도출하게끔 구성되어 있다. 실습이 차지하는 비중이 높아 강사의 퍼실리테이션 스킬이 상당히 요구된다.

면접관역량강화 과정 교과편성				
순서	시간	1일차	2일차	3일차
1	09:00~09:50	들어가기	성공적인 면접의 구성요소 ②평정기준	면접진행 단계별 유의사항
2	10:00~10:50	채용 도구로서의 '면접' 이해		모의면접 실습
3	11:00~11:50			
4	13:00~13:50	성공적인 면접의 구성요소 ①면접관	성공적인 면접의 구성요소 ③질문과 평가	
5	14:00~14:50			
6	15:00~15:50	인공지능 면접체험		
7	16:00~16:50			

©부산광역시 인재개발원

모의면접 실습의 경우 6명이 1개 조로 편성, 60분씩 4세트로 설계되고, 캠코더 촬영 및 현장 피드백을 한다. 모의 면접의 촬영을 바탕으로 자신, 동료, FT의 반복적인 피드백을 통해 성찰을 유도하는 것이 핵심이다. 세부 진행은 면접 준비 10분, 모의 면접 15분, 평가/조정 8분, 피드백 27분의 순서로 진행된다. 과정의 설계가 전체적으로 강의 방식보다는 실습의 비중이 높아 강사는 학습자의 의견을 효과적으로 끌어낼 수 있어야 하며, 상호 피드백을 통해 내재화시켜야 한다. 면접관은 면접을 통해 지원자의 역량을 평가할 수 있어야 하므로 이 분야의 강사는 퍼실리테이션 스킬과 함께 전문적인 역량평가 능력을 갖추어야 한다.

모의 면접 실습

면접준비 (10분)	면접실시 (15분)	평가조정 (8분)	동료피드백 (3명x2분)	F/T피드백 (3명x4분)	자기피드백 (3명x3분)
· 면접관 역할 구 분(면접장 등) · 역량 및 평가지 표 숙지 · 질문 검토	· 면접 실시 · 면접관: 질문/ 관찰/기록 · 면접관별 5분 씩 질문 · 관찰자: 면접관 관찰/기록	· 기록 검토 · 역량별 분류 · 평가표 작성 · 평가조정회의	· 동료간 피드백 (관찰조 1명당 실습조 3명을 2분씩 피드백)	· 촬영영상 활용, F/T피드백(9 분)	· F/T 피드백에 대한 소감 및 자기 피드백

©부산광역시 인재개발원

03

면접의 강화는
면접 관련 자격증 수의 증가로 이어져

면접의 강화 추세는 한국직업능력개발원을 통해 등록된 면접 관련 민간자격증 수의 증가 추세로도 확인할 수 있다. 면접 관련 자격증의 등록은 2013년부터 늘어나다가 블라인드 채용이 본격화된 2017년부터 급격히 증가했다. 이는 외부 전문 면접관에 대한 시장의 수요가 급격히 증가하고 있음을 나타낸다. 과거 공공부문의 채용에는 해당 기업·기관과 관련이 있는 대학교수, 변호사, 회계사 등이 참여하곤 했다. 블라인드 채용에서의 서류전형은 지원자가 학교를 기록하지 않기 때문에 해당 교수가 그 학교 제자와 면접을 볼 수도 있지만, 기업이 이를 사전에 통제하기 쉽지 않다. 기업이 제척·회피 제도를 적용한다 해도 교수가 그 학교 학생을 모두 기억할 수는 없다. 따라서 면접에 탈락한 지원자가 언제든지 민원을 제기할 수 있는 소지가 있다. 채용 공정성에 대한 시장의 요구는 전문 면접관이라는 또 하나의 미래 유망 직업을 탄생시켰고 이들에 대한 지속적인 수요 증가가 예상된다.

04

기업 사내면접관 교육에
채용전문면접관 자격증 시험 도입

첨단 방산전자 시스템 전문업체 한화시스템은 면접 강화를 위해 국내 최초로 사내 면접관 교육에 민간자격증시험을 도입했다. 2019년 5월에 시행된 면접관 심화 과정은 지난해 기초과정을 이수한 수료자를 대상으로 채용전문면접관 자격인증업체 B인증원의 민간 자격시험을 진행하였다. 회사는 외부의 엄격한 시험 절차를 거쳐 사내면접관을 양성함과 동시에 사내 인재들에게 외부 채용전문면접관 자격증 취득의 기회를 부여함으로써 대상자들의 몰입과 만족도를 높였다. 단, 2회 이상 자격시험에 불합격할 경우 사내 면접에 참여할 수 없도록 엄격히 규정하고 있다.

적임자를 선발하려는 추세는 글로벌 해외 기업들도 다를 바 없다. 세계최대 전자상거래회사 아마존은 바레이저 Bar-Raiser 라는 엄격한 사내 면접관제도로 유명하다. 아마존이 탄탄하게 성장하게 된 성공 요인 중의 하나로 알려져 국내 기업들의 벤치마킹 대상이 될 정도다. 바레이저는 말 그대로 기준 Bar 을 높이는 사람 Raiser 을 의미한다. 빠르게 성장하는 기업일수록 공격적인 채용으로 합격의 기준이 낮아지기 쉬운데 아마존의 바레이저는 채용의 전권을 갖고 기준을 지킨다. 가령 해당 후보자가 직무 수행능력이 있다 해도 아마존의 조직문화와 부합하지 않는다면 거부를 나타내는 비토 Veto 권을 행사할 수 있다. 바 레이저의 비토권은 인사 총괄 임원도 기각할 수 없다. 바레이저는 선발절차부터 까다로운데 최소 100회 이상 팀원 인터뷰 경험이 있어야 하고 매년 적격심사를 받아야 한다.

이처럼 국내·외를 막론하고 면접을 강화하는 추세는 면접관 교육의 증가로 이어지며, 더 나아가서 면접관의 적격성 여부를 심사하여 자격을 부여하는 형태로 발전하고 있다. 시장은 강사에게 지식 전달의 수준을 넘어서, 다양한 모의 면접과 시험을 통해 대상자의 면접 수행능력을 평가·피드백할 수 있는 능력을 요구하고 있다.

한화시스템 채용면접관 교육 커리큘럼

순서	시간	기본과정(8H)	심화과정(4H)
1	09:00~10:00	채용 Trend & Issues	실기 Test(모의 면접 시뮬레이션) 모의 지원자 투입
2	10:00~11:00	면접의 오류	
3	11:00~12:00	면접 질문의 이해	
4	13:00~14:00	면접도구의 이해(BEI, 척도)	필기 Test(15문항)
5	14:00~15:00	목표역량별 면접질문의 개발	
6	15:00~16:00	BEI 모의면접 (면접조, 지원조, 관찰조)X3	
7	16:00~17:00		―
8	17:00~18:00		

©한화시스템

05

시장은 면접관 자격을 갖춘
채용·취업 강사를 원해

면접 관련 자격증을 취득하는 강사가 증가하고 있다. 2017년 6월부터 2019년 5월까지 채용면접관 자격 취득현황 B인증원 제공 을 분석한 결과 자격 취득자 2급 중 강사의 비중은 평균 27% 수준인데, 2017년 19.6%, 2018년 29.4%, 2019년 34.1%로 매년 증가 추세를 나타내고 있다. 또한, 시뮬레이션 면접 PT, 토론, 상황 면접 등 을 다루는 1급 자격의 경우 평균 47.8%로 전체에서 강사가 차지하는 비중이 거의 절반에 가깝다. 이는 면접에 대한 중요성이 커짐에 따라 자격을 취득하려는 채용·취업 강사의 수도 더불어 증가하는 것으로 해석할 수 있다.

기업이 면접을 강화한다는 의미는 해당 후보자가 기업이 요구하는 인재상 및 역량을 얼마나 갖추었는가를 면접에서 객관적으로 평가한다는 것이다. 이런 기업의 변화에 따라 채용·취업 강사 또한, 본인들 스스로가 먼저 과학적인 인터뷰기법을 익히고 역량 평가자 자격을 취득함으로써 강의에 대한 신뢰도를 한층 더 높일 수 있을 것이다.

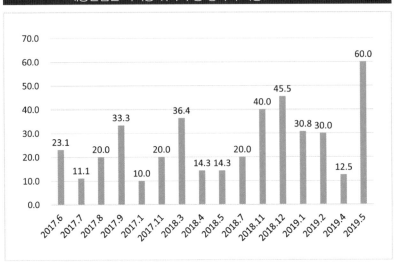

채용면접관 자격증 취득자 중 강사의 비중(2017~2019)

©B인증원

강사 트렌드 코리아 2020

강화되는 채용법률,
얼마나 알고 있어야 할까?

채용 관련 법률의 강화로 기업의 채용 리스크가 커짐에 따라 채용 면접 강사가 담당해야 할 영역도 넓어지게 됐다.

'아버지 뭐 하시나?' 앞으로 면접에서 지원자에게 아버지 직업을 묻는 일은 없어질 것 같다. 또한, 지원자의 용모, 키, 몸무게 등을 요구할 수 없게 되었다. 2019년 3월 28일 국회 본회의에서 「채용절차의 공정화에 관한 법률_{이하 채용절차법}」 일부 개정안이 의결되어 국회를 통과하였다. 블라인드채용법으로 불리는 이번 채용절차법개정안의 골자는 채용 시 부당한 청탁·압력·강요 등의 행위를 금지하고 구직자에게 직무 수행과 관련이 없는 개인정보를 요구할 수 없도록 하는 것이다. 만일, 법령을 위반하여 채용에 관한 부당한 청탁·압력·강요 등의 행위를 하거나 채용과 관련하여 금전·물품·향응 또는 재산상의 이익을 제공하거나 수수할 경우 3천만 원 이하의 과태료가 부과된다. 또한, 구인자는 구직자에게 직무 수행에 필요하지 않은 정보를 응시원서·이력서·자기소개서 등에 기재하도록 요구하거나 별도로 수집할 수 없다. ①구직자 본인의 용모·키·체중 등의 신체적 조건, ②구직자 본인의 출신지역·혼인여부·재산, ③구직자 본인의 직계 존·비속 및 형제·자매의 학력·직업·재산 등을 요구하거나 수집할 경우 5백만 원 이하의 과태료 부과된다.

채용절차법의 강화로 민간기업의 채용 비리를 규율하는 근거를 마련하여 구직자에게 공정한 취업기회를 부여하고 외모 중심, 성차별적 채용을 지양하고 직무와 능력 중심의 채용이 이루어지도록 기반이 마련된 것이다.

채용절차의 공정화에 관한 법률 주요 개정안(2019년 7월 17일 시행)

제4조의2(채용강요 등의 금지) 누구든지 채용의 공정성을 침해하는 다음 각 호의 어느 하나에 해당하는 행위를 할 수 없다.

1. 법령을 위반하여 채용에 관한 부당한 청탁, 압력, 강요 등을 하는 행위

2. 채용과 관련하여 금전, 물품, 향응 또는 재산상의 이익을 제공하거나 수수하는 행위

   [본조신설 2019. 4. 16.]
   [시행일 : 2019. 7. 17.] 제4조의2

제4조의3(출신지역 등 개인정보 요구 금지) 구인자는 구직자에 대하여 그 직무의 수행에 필요하지 아니한 다음 각 호의 정보를 기초심사자료에 기재하도록 요구하거나 입증자료로 수집하여서는 아니 된다.

1. 구직자 본인의 용모 · 키 · 체중 등의 신체적 조건

2. 구직자 본인의 출신지역 · 혼인여부 · 재산

3. 구직자 본인의 직계 존비속 및 형제자매의 학력 · 직업 · 재산

   [본조신설 2019. 4. 16.]
   [시행일 : 2019. 7. 17.] 제4조의3

©고용노동부

기업은 채용 리스크 관련 내용을 강사에게 직접 요청하기 때문에 사전 법률에 대한 명확한 이해는 필수다. 법률에 대한 이해를 기반으로 채용 현장에서의 주의사항을 담당자나 면접관에게 제시해준다면 더욱 좋겠다. 가령 아래와 같이 채용관련법과 관련하여 민원의 소지가 있는 면접 질문은 따로 정리해서 공유할 필요가 있다.

Q1 부모님이 두 분 다 일을 하시나요? (직계존비속의 직업)
Q2 본인 외모에 대해서 어떻게 생각하세요?
    실물보다 사진이 잘 나오는 편인가요? (용모)
Q3 아직 미혼이신가요? 입사 후 결혼 계획이 있습니까? (혼인 여부)

한전원자력연료 사내 채용면접관 교육(2018) ⓒ한전원자력연료

에너지 공기업 한전원자력 연료는 사내 면접위원 교육에서 남녀고용평등법, 채용절차법 등 채용 법률과 관련된 면접 주의사항을 질문 사례로 공유하는 등 법적 내용을 강화하고 있어 눈길을 끈다. 한편, 채용 관련 법률의 강화는 채용면접관 민간자격시험에도 반영되고 있다.

채용전문면접관 민간 자격제도를 운영하는 B인증원의 2급 자격시험을 살펴보면, 채용 관련 법률 지식이 필기시험 항목에 포함되어있다. 항목별 비중은 각각 면접 기술 45%, 이론 지식 40%, 면접 태도 15%를 나타내는데, 이중 이론 지식 항목의 경우 채용이론이 63%, 채용 관련 법률 지식이 37%를 차지하고 있다.

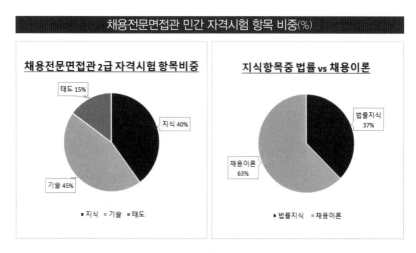

©B인증원

채용법률과 관련해서 강사는 어디까지 알고 있어야 할까? 아는 것에 그쳐서는 안 되며 채용 관련된 법률의 숙지는 기본이고 위법 사례나 대표적인 법원의 판례 정도를 공유하면 좋을 것이다. 나아가 시험이나 퀴즈를 통해 반복해서 강조한다면 더욱 좋을 것이다. 채용 리스크관리는 기업의 측면에서 보면 아무리 강조해도 지나침이 없다.

07

2020년 면접의 키워드는 '존중', 지원자를 존중하라!

면접에서 위법적인 소지가 없었음에도 면접 후 채용사이트에 부정적인 면접 후기들로 도배가 된다면? 면접관이나 채용담당자로서는 억울하겠지만 그들이 놓치는 것이 하나 있다. 2020년 면접의 키워드를 말하라면, '존중'이라는 한마디로 표현하고 싶다. 이제 강사는 면접관의 면접 태도까지 관리해야 한다.

소비트렌드를 분석한 김난도 등의 공저 『트렌드 코리아 2018』에서는 함부로 드러내지 않았던 자기만의 의미를 '커밍아웃'한다는 점에서 이러한 현상을 '미닝아웃 Meaning out'이라고 명명했다. '미닝아웃'은 채용 현장에서도 예외 없이 나타났는데 지원자의 면접 후기가 바로 그것이다. 지원자의 면접 후기는 채용담당자를 울리기도 때론 웃기기도 한다. 각종 취업 사이트를 통해 특정 회사의 채용 면접에 참여한 지원자들은 면접에 대한 후기를 아주 적나라하게 표현한다.

위와 같이 각종 채용사이트에 올라온 후기에는 당시의 면접 분위기, 면접 내용, 질문 항목, 면접관 등 그 내용이 상세하게 표현되고 있다. 이처럼 면접관의 자세와 태도가 회사의 평판을 좌우한다. 강사가 반드시 통제해야 하는 영역이다. 면접 때 존중받지 못한 지원자가 꾹 참고 넘어갔던 시대는 이제 지나갔다.

『트렌드 코리아 2018』은 SNS의 발달에 따라 이러한 '미닝아웃' 현상이 지속 증가할 것으로 전망했다. 이는 SNS를 통해 자기의 관심사에 해시태그를 붙이고 여론을 모아서 사회에 영향을 미치고 싶어 하는 개인의 욕구에 기반한다. 연구팀은 '미닝아웃'에 대응하는 기업과 조직에 대해 '기본에 충실하라'고 조언했다. 그렇다면 면접의 기본은 무엇일까? 면접의 기본은 적임자 선발이다. 하지만 이제부터는 하나 더 추가다. 당락과 상관없이 지원자가 꼭 입사하고 싶다는 느낌이 들게끔 면접하라!

지원자의 '미닝아웃' 현상은 90년대 생과의 조화를 다룬 『90년생이 온다』의 저자 임홍택 씨가 정의 내린 '구직자가 면접관을 평가하는 시대'와 그 맥을 같이한다. 치열한 입사경쟁에서 평가를 받기만 했던 구직자들이 면접한 회사를 평가하고 있고, 면접 내용까지 솔직하게 공개하는 시대가 왔다고 표현했다. 채용 면접 강의에서 모의 면접 실습이 더욱 중요해지는 이유다. 학습자들의 면접 자세와 태도는 모의 면접을 통해 가감 없이 노출된다. 우수 면접관은 여기서 걸러진다. 나머지는 직접적인 행동관찰 피드백을 통해 자극을 주고 즉각적인 개선을 촉구해야 한다. 자세와 태도는 쉽게 바뀌지 않기 때문이다. 모의 면접에서는 행동관찰 체크리스트를 활용하는 것도 좋은 방법이다.

모의 면접 관찰 포인트 중 면접 태도와 자세 항목			
	체크 항목	Yes	No
시작	지원자를 밝게 환대하며 인사하는가?		
	면접의 구성, 소요시간, 방식에 대해 안내하는가?		
과정	약속된 면접시간을 준수하는가?		
	불필요한 압박을 가하지 않는가?		
	지원자를 바라보며 질의와 응답을 하는가?		
	지원자에게 균등한 질문과 시간 배분을 하는가?		
	휴대폰을 사용하지 않는가?		
	지원자에게 충고, 조언 및 질책을 하지 않는가?		
마무리	지원자에게 마지막 발언의 기회를 부여하는가?		
	밝게 면접 종료 인사를 하는가?		

©C사 사내면접관 교육 매뉴얼

모 취업포탈의 설문에 따르면 최고의 면접관 1위로 면접 내내 친절하고 따뜻하게 대해 주는 면접관을 꼽았다고 한다. 채용 면접 관련 교육 시간은 증가하고 있지만, 공채 면접 현장에는 여전히 강압적이고 사무적인 태도로 일관하는 면접관이 있다. 그래서 채용 면접 강의가 모의 면접과 시험으로까지 강화되는지도 모르겠다. 지원자가 기대하는 면접관은 친절하고 따뜻한 면접관임을 잊지 말아야겠다.

08

기업의 직무 중심 채용이 불러온
직무교육의 증가

　최근 현대차그룹이 그룹 신입 공채제도를 폐지했다. 2019년 2월 언론 보도자료에 따르면 대졸 신입사원 채용을 '정기 공개채용'에서 각 현업 부문이 필요한 인재를 직접 선발하는 직무 중심의 '상시 공개채용' 방식으로 전환하겠다는 것이다. 급변하는 시장환경은 범용인재를 키워서 현장에 배치할 여유를 허락하지 않는다. 해당 현장에 즉시 투입할 수 있는 인재란 결국 직무수행능력을 갖춘 인재를 말한다.

　이보다 앞서 삼성그룹은 2017년 기존 그룹 공채에서 계열사별 공채로 전환하면서 직무 중심 채용 기조를 더욱 강화했다. 서류전형을 일컫는 삼성의 직무 적합성 평가 중 자기소개서의 경우 지원자의 전공과 지원직무 간의 적합성을 관련지어 기술한 내용을 평가하며, 직무적성검사 GSAT에서도 상식 항목을 없애고 직무 위주의 문항으로 재구성했다.

　기업의 직무 중심 채용 트렌드는 채용 시 면접 질문을 통해서도 드러난다. 2019년 4월 취업포털 잡코리아가 최근 1년 이내 채용 면접에 참여한 경험이 있는 신입직 취준생 및 직장인 2,138명을 대상으로 '면접에서 받은 질문 유형'에 대해 설문 조사한 결과를 발표했다. 가장 많이 받은 질문은 '직무 이해도'54.5%, 복수응답, 두 번째가 '직무경력/경험에

대한 질문 48.3% '이었다. 이어 '본인의 성격 47.0% '이나 '전공지식 30.0% ',
'취미나 특기 29.3% ' 순으로 물어봤다.

이처럼 면접관은 지원자들에게 '직무 이해도'와 '직무 경험'을 집중적
으로 묻고 이를 통해 다음과 같은 사항을 확인하고자 한다. '무슨 일을
하는지 제대로 알고 왔는가? 해당 직무와 관련해 유사한 경험이 있는
가? 경험한 직무에서 성과를 낸 사례가 있는가? 직무 수행에 요구되는
역량을 얼마나 보유하고 있는가?'

한편, 직무 중심의 채용 트렌드는 대기업의 사회공헌활동에서도 쉽
게 찾아볼 수 있다. 최근 대기업의 사회공헌활동은 물품과 기금의 기
부에서 교육 기부활동으로 발전하고 있다. 대표적으로 고용노동부와
삼성전자가 공동으로 미취업 청년에게 소프트웨어 교육을 무상으로 제
공하는 삼성청년SW아카데미 Samsung Software Academy For Youth, SSAFY 가 있
으며, 청년들에게 반도체 교육을 제공하고 협력사 채용과 연계시키는
SK하이닉스 청년희망나눔, 외식업과 헬스&뷰티 등 서비스 분야에 관
심이 있는 청년의 꿈을 실현하기 위해 돕는 CJ꿈키움아카데미 등이 좋
은 예이다. 해당 기업들은 선발된 청년들에게 그들이 속해있는 산업 관
련 무료 직무교육과 장학금까지 제공하고 있으며, 교육 이후 인턴십 및
취업과도 연계시키고 있다.

SSAFY 사피 의 경우 삼성전자가 보유하고 있는 소프트웨어 교육경험
과 노하우를 활용하여, 청년들에게 양질의 소프트웨어 교육을 지원함
으로써 전문인력 양성과 함께 및 청년 취업경쟁력 제고에 앞장서고 있
다. 프로그램은 총 1년간 초·중급 코딩교육 5개월, Job fair 1개월, 프로
젝트 수행 5개월, Job fair 1개월 순으로 진행되며 5년간 1만 명의 청년
소프트웨어 인재양성을 목표로 하고 있다.

SK하이닉스 청년희망나눔 프로그램의 경우 대상자 선발부터 협력사가 직접 참여하고 교육 후에는 협력사 채용과 연계되는 등 '사회적 가치 창출'의 의미가 눈길을 끈다. 총 7주간의 직무교육은 직무공통 및 직무전문과정으로 구성되어 있으며 직무전문과정은 현장의 이해, 반도체 이해 및 직무 심화의 3단계로 한층 더 정교하게 설계되는 등 사내 OJT 교육과 견주어도 손색이 없을 정도다.

2019년 SK하이닉스 청년희망나눔 반도체교육 프로그램					
직무공통과정	직무전문과정				
	현장의 이해	반도체 이해	직무 심화		
나와 조직에 대한 이해	4차혁명 특강	반도체 기본	반도체 심화	반도체 심화	품질/생산
			연구개발	연구개발	반도체 심화
	미래 반도체 프로젝트		건설	플랜트 이해	도면의 이해
문제해결과 문서작성		혁신관리	경영사무	전략/마케팅	업무보고
	기업 방문 액티비티		반도체 일반	반도체 일반	사업관리
			소프트웨어	테이터베이스	테이터의 활용
주간리뷰 & 경험정리					

©SK하이닉스

기업의 직무교육 기부를 통한 사회공헌활동의 강화는 청년들에게 배움과 취업의 기회를 제공하면서 동시에 산업 전반의 직무전문가를 양성하는 효과를 가져온다. 이러한 활동의 강화는 기업의 브랜드 제고에도 큰 영향을 미친다. 교육내용에서도 신입직원을 대상으로 하는 직무 OJT 수준을 넘어설 정도로 체계화되어 있어 교육 이후 입사와 동시에

강사 트렌드 코리아 2020

현장에서 업무를 수행하고 있다. 기업은 사회공헌활동 차원에서 직무 교육 기부를 제공하고 있지만, 단순히 기부에 그치는 것이 아니라 결국 직무 수행 능력이 있는 자원을 양성해서 활용하려는 목적도 달성하고 있다.

기업의 직무 중심 채용 트렌드는 실무 직무 수행 경험이 있는 경력사원에게 절대적으로 유리해 보이며 신입사원 채용 면접에 직장 경력 있는 후보자가 지원하는 일도 비일비재하다. 그렇다면 기업의 직무 중심 채용에 직면한 취업준비생들의 니즈는 무엇일까?

09

강사님, 직무에 대한
구체적인 가이드를 주세요

한국바른채용인증원과 청년재단이 2019년 3월 18일~4월 2일까지 공동 진행한 '블라인드 채용에 대한 청년 인식' 조사 438명 참여, 복수 응답 가능 에서 '블라인드 채용기관 기업 에 대해 가장 바라는 점이 무엇인가?'라는 질문에 '직무소개, 필요역량 등 지원자들의 준비를 위한 가이드'가 1위를 차지했다 238명 , 이어 편견 없이 지원자의 역량을 객관적으로 판단할 수 있는 면접관 역량 190명 , 청탁 채용을 금지하는 채용 비리 척결 및 예방시스템 구축 166명 , 전반적인 채용절차와 일정에 대한 정확한 공지와 소통 141명 , 지원자가 가진 능력을 충분히 어필할 수 있는 최소한의 면접시간 확보 109명 순이다.

블라인드 채용의 취지가 학벌과 스펙보다는 직무수행능력에 의한 채용이니만큼 청년들 또한, 새로운 채용기준인 직무수행능력을 가장 궁금해하고 있다.

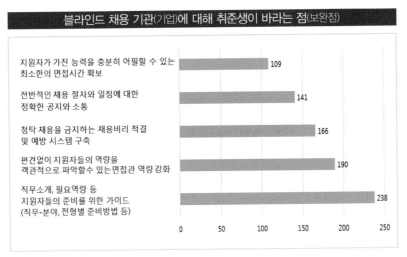

블라인드 채용 기관(기업)에 대해 취준생이 바라는 점(보완점)

지원자가 가진 능력을 충분히 어필할 수 있는
최소한의 면접시간 확보 ... 109

전반적인 채용 절차와 일정에 대한
정확한 공지와 소통 ... 141

청탁 채용을 금지하는 채용비리 척결
및 예방 시스템 구축 ... 166

편견없이 지원자들의 역량을
객관적으로 파악할수 있는 면접관 역량 강화 ... 190

직무소개, 필요역량 등
지원자들의 준비를 위한 가이드
(직무-분야, 전형별 준비방법 등) ... 238

©청년재단, 한국바른채용인증원

기업의 직무 중심 채용 트렌드는 블라인드 채용의 도입 여부와 상관
없이 당분간 계속될 것이다. 직무교육의 확대는 직무 전문성을 갖추었
거나 직무 수행 경험을 보유한 분들에게 분명히 좋은 소식이다. 특히,
취업 상담을 하는 강사가 직무에 대한 특성 및 요구 역량을 파악하지
못한다면 난처한 일일 것이다.

직무 중심의 채용은 출간되는 면접과 관련한 서적을 통해서도 확인
된다. 네이버 책 검색창에서 '면접'을 검색 2019년 6월 25일 기준 하여 판매량
50위까지 분석해 보면 간호사, 반도체, 로스쿨, 공무원 등 특정 직무·
직종에 특화된 책이 총 39권으로 78% 출간일 순으로 분석할 경우 74% 의 비중
을 차지한다. 직무 특화된 면접 서적에 대한 인기는 면접에서 직무에
대한 이해 및 직무수행역량 보유 여부가 중요해진 만큼 당분간 계속되
지 않을까?

10

직무 전문성을 갖춘 강사가
취업교육 시장을 지배한다

최근 대학 취업 지원센터에서 제공하는 프로그램을 살펴보면 자기소개서 작성이나 면접 스킬 중심의 취업캠프가 대폭 줄어들고 직무에 대한 교육이 강화되고 있음을 파악할 수 있다.

기업의 직무 중심의 채용 트렌드에 발 빠르게 대처하는 일부 강사들이 직무역량 교육 프로그램을 기존과 다르게 설계하며 접근하고 있다. 과거의 직무역량 교육은 관련 기업의 재직자에 의한 특강이 대부분을 이루었다. 하지만 최근에 와서는 취업 강사의 직무 심화 강의와 재직자 특강이 연계되는 모습으로 발전하고 있다. 모 대학 직무교육 프로그램에서 취업 강사가 제공하는 공과대학 직무 강의 내용을 살펴보면 단순히 직무에 대한 개요 설명을 넘어서, 직무와 조직의 이해, 전공과 직무 연계, 기업의 직무와 직무요구 역량, 직무 수행 실습 및 해당 직무에 대한 지원계획 수립 등 그 내용이 매우 전문화되어 있다. 이처럼 기업의 직무 OJT 수준과 유사한 직무 실무 교육이 대학 취업교육에서 이루어지고 있다.

모듈	상세내용	교육방법	시간
직무(조직)의 이해	직무의 의미(직무 중심 채용) 직무 수행 역량의 이해	강의 토의 Q&A	1h
채용공고 기반의 공대 (화공/신소재)직무	대기업의 공대(화공/신소재)직무 공기업의 공대(화공/신소재)직무	강의 토의 Q&A	1h
직무 선택 Mapping	화공/신소재 전공의 직무 선택 Mapping	강의 실습	1h
대기업/공기업 직무 상세업무 및 직무 요구 역량	직무의 상세업무 Mapping (역할과 책임, 직무 키워드, 업무 프로세스) 직무 요구 역량: 정보수집 및 활용능력, 분석력 (통계적 분석), 설득력, 문제해결능력, 대인관계능력, 의사소통능력	강의 동영상 토의	2h
대표 직무 시뮬레이션	직무 시뮬레이션(제품선정, 공장설계, 공정배치 및 생산/운영계획수립, 제품 생산/ 설비 운영 상황 부여 시뮬레이션 (Trouble 발생상황 부여, 직무 수행 실습))	토의 실습	2h
직무지원 및 직무역량 향상계획 수립	공대(화공/신소재) 직무 지원계획 수립 공대(화공/신소재) 직무 요구 역량 향상계획 수립	토의 실습	1h

Y대학교 공과대학 직무교육 프로그램

©Y대학교 공과대학

11

채용·취업 시장에 부는 AI 바람, 더욱 거세져

    채용·취업 시장에도 AI _{인공지능} 기술이 빠르게 확산 중이다. 2019년 상반기 채용시장에는 사람 대신 인공지능이 서류를 심사하고 면접을 보는 일이 늘었다. AI는 효율적으로 지원 서류를 검토하고, 사람의 주관적 판단을 배제하여 면접에서도 객관적이고 공정하게 평가한다. 특히, 서류전형의 경우 인사담당자 10명이 하루 8시간씩 7일간 살펴야 할 1만 명의 자기소개서를 8시간 만에 평가를 끝내버린다. AI는 인간과는 비교할 수 없는 시간에 회사에 적합한 지원자의 서류는 찾아내고 타인의 서류를 베껴 쓴 자기소개서까지 걸러낸다.

    일부 기업에서는 AI 면접관을 활용하기도 한다. AI와의 면접은 캠과 헤드셋과 인터넷이 연결된 PC만 있으면 어디서든지 면접을 볼 수 있어 편의성 측면에서도 지원자들의 반응이 좋다. AI가 던진 질문에 지원자가 대답한다. AI는 지원자의 대답을 듣고 사전에 입력된 평가 기준에 따라 지원자의 역량을 평가하는데 지원자가 말하는 단어뿐만 아니라 표정이나 음색도 모두 평가의 기준이 된다.

    한국바른채용인증원이 청년재단과 공동 진행한 'AI _{인공지능} 면접에 대한 청년 인식도 조사 _{2019년 1월 7일~18일}'에서 참여한 청년 257명 중 58%

가 긍정적으로 인식하였고, 이 중 재학생의 경우는 74%로 좀 더 높게 나타났다. 취업 준비생 졸업생 및 재직자보다 재학생의 긍정률이 높은 것은 비교적 낮은 연령대일수록 AI 면접에 친숙하다는 뜻이다. 시간이 지날수록 지원자들의 AI에 대한 친숙도는 더욱 높아지지 않을까?

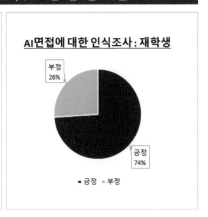

©청년재단, 한국바른채용인증원

　연이어 터지고 있는 금융권과 공공부문의 채용 비리의 해결방안으로 AI 채용을 주장한다면 지나친 비약일까? 한편, AI면접에 대해 부정적인 의견도 적지 않다. 인간이 기계로부터 평가받는다는 심리적인 거부감이 존재하며, 기계적으로 획일적인 인재를 선발함으로써 다양성을 무시한다는 비판도 무시할 수 없다.

　또한, AI 면접관이 평가하는 기준은 과거의 축적된 데이터에 기초해 판단하게 되는데 과거의 채용과정에서 편향이 존재했다면 그 편향까지도 복제하여 심각한 오류를 범하기도 한다. 얼마 전 세계최대 전자상거

래업체 아마존 Amazon 이 비밀리에 개발한 인공지능 채용시스템을 폐기했다. AI가 지원자의 이력서를 평가할 때 여성을 차별했다는 점이 문제가 되었는데 이는 지난 10년간 남성 중심으로 선발했던 누적된 데이터를 기초로 알고리즘이 만들어졌기 때문이라고 한다. 또한, 기계적으로 획일적인 인재를 선발함으로써 다양성을 무시한다는 비판도 존재한다. 인간 존중을 핵심가치로 삼고 있는 H 사는 인공지능에게 인재 선발을 맡기는 것은 부적합하다는 결론을 내고 도입 검토를 중단했다.

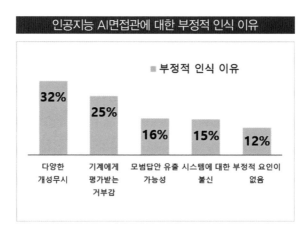

©한국강사신문 2019.02.12 인공지능 AI 채용 면접관 도입에 앞서 인간 면접관의 자질부터 높여야!
(http://www.lecturenews.com)

다양한 우려가 존재하지만, 채용의 효율성과 공정성이라는 이점 때문에 AI의 확산을 막지는 못할 것 같다. 채용시장에서 AI의 바람은 향후 더욱 거세질 것이다.

12

인공지능 AI에게 자리를 위협받는 취업 강사

한편 취업 시장도 발 빠르게 움직이고 있다. 이미 AI 자기소개서 이하 자소서 진단 프로그램이 나타나 기존에 자소서 코칭을 해왔던 강사들에게 위협이 되고 있다. 자신의 자소서를 복사해서 AI 시스템에 붙여넣기만 하면 순식간에 빅데이터 분석을 통해 자신의 강점과 약점을 우수 지원자들과 비교해서 그래프로 명확하게 보여준다. 부가 서비스를 신청하면 분석 결과를 바탕으로 관련 현직자의 멘토링 Mentoring 서비스를 받을 수 있다. 자기소개서의 강·약점을 분석하는 속도와 편의성이 놀랍다. 기존에 자기소개서 코칭을 해왔던 강사가 AI 자소서 분석과 비교해서 차별되지 못한다면 분명한 위협이 될 것이다.

한편, 2018년 등장한 VR 가상현실 면접이 각종 취업박람회에서 큰 인기를 끌고 있다. VR면접은 실제 면접과 같이 '면접의 공포'를 체험하는 효과가 있어서 면접을 앞둔 취업준비생에게 큰 도움을 주고 있다. 최근 S사 주관의 취업콘서트에서 VR 면접을 체험한 취업준비생 119명 대상 설문 조사 결과 'VR 모의 면접에 학교에 설치된다면 면접연습을 위해 사용할 의향이 있는가'에 대해 응답자의 97%가 긍정적으로 답했다. 사용할 의향이 있는 경우 그 이유에 대해서는 실제와 같은 모의면접 연습이 가능 46% , 면접의 기본기 피드백 말빠르기, 목소리크기, 시선처리, 답변길이 등 46% , 누구의 도움 없이 자가학습 가능 32% 으로 답했다.

©면접의신 홈페이지 (https://www.godofinterview.com)

VR기계를 착용하고 면접 시작 버튼을 누르면 면접관이 두 명 등장한다. 100% 실제 촬영된 실사이기 때문에 가상현실이지만 실제 면접을 보는 것과 같은 긴장감이 조성된다. 지원 회사별, 직무별 면접관도 달라지며 질문도 달라진다. 지원자가 답변 중 아래를 응시하면, 여지없이 VR 면접관으로부터 '면접관을 똑바로 응시하고 대답하세요.'라는 피드백이 온다. 면접 질문에는 자기소개는 기본이고, 해당 전공과 관련한 질문이 두세 개, 그리고 인·적성 질문이 두세 개 주어지며 기본적으로 대답할 시간은 90초 정도 주어진다. 짧은 피드백이 주어진 후에는 결과 창을 확인할 수 있다. 내 목소리의 크기는 어땠는지, 시선 처리는 어땠는지, 답변의 길이는 몇 초였는지 등을 확인할 수 있다. 지원자는 자신의 면접 내용을 휴대폰에 저장할 수 있고 이를 재생하며 반복적으로 연습도 할 수 있다.

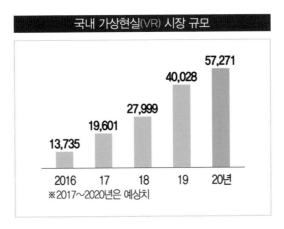

 각 대학 취업 지원센터에 빠르게 설치되고 있는 VR면접에 대한 취업
준비생들의 반응은 매우 긍정적이다. 덕분에 취업준비생들은 간헐적으
로 열리는 취업캠프의 모의 면접 때까지 기다릴 필요가 없어졌다. VR
면접은 기존의 모의 면접을 위해 요구되는 시간, 비용 및 공간적 제약
을 뛰어넘는 획기적인 변화다.

 한국VR산업협회에 따르면 국내 가상현실 VR 시장 규모는 2019년
4조 원, 2020년에는 5조7천억 원까지 증가할 것으로 예상했다. 향후
VR을 활용한 모의 면접은 더욱 확대될 것으로 보인다. VR면접이 지원
자의 목소리 크기, 말 빠르기, 시선 처리까지 인식하고 실시간 피드백
을 준다면 그동안 동일 분야에서 활동했던 취업 강사들은 어떻게 대응
할 것인가?

13

'우생마사(牛生馬死)'의 지혜,
인공지능과 맞서지 말고 협업하라

    인공지능의 거센 바람이 인간의 일자리를 상당 부분 대체할 기세다. 컨설팅회사 맥킨지는 기술 발전에 따른 자동화로 인해 2030년까지 세계적으로 4억~8억 명이 일자리를 잃을 것으로 예상했다. 반면 변화에 대한 선제적 이해와 대응이 적절히 이루어진다면 5억 5,500만~8억 9,000만 개의 새로운 일자리가 만들어질 수 있다고 예측한 바 있다. 딜로이트의 '빌딩 더 럭키 컨트리 Building the Lucky Country' 보고서는 호주 실업률이 2012년 이후 가장 낮은 수준이며 로봇은 사람의 일자리를 빼앗지 않을 것이라고 밝혔다. 보고서는 "신기술이 적용되는 곳에서 일반적으로 신기술이 없앤 일자리만큼 새로운 일자리가 생겨난다. 결국, 모든 문제마다 일자리가 있으며, 우리는 문제를 완전히 없애지 않고 있다"라고 전했다. 컨설팅회사들의 주장이 상반되는 것처럼 인공지능 시대는 분명 강사들에게도 위협이지만 새로운 기회가 될 수도 있다. 새로운 기회를 모색해야 하는 시기인 것이다.

    2017년 한국고용정보원과 과학기술정책연구원이 공동으로 연구 발간한 「인간기술융합 트랜스휴먼시대에 따른 미래직업세계 연구 보고서」에 따르면 트랜스휴먼시대를 가정한 3년 뒤 산업·경제 분야 핵심이슈로 인공지능과 협업하는 근로자·사업가 등장, 국내 10대 기업, 인공지능을 활용한 채용 및 부서배치도입, 국내 30대 기업에서 학벌을 따지지 않는 고숙련·고급인재 수요 증대 등을 예측했다.

	3년 후 산업 · 경제 분야 핵심이슈
분야	단기적 미래사회 핵심 이슈
산업 · 경제	인공지능과 협업하는 근로자 · 사업가 등장
	국내 10대 기업, 인공지능을 활용한 채용 및 부서배치 도입
	인공지능의 확산 및 역할 증대로 구직 포기 청년 증가
	신(新) 중년의 평생학습을 통한 제2의 인생설계 증가
	유전자 정보 회사 설립 증가
	국내 30대 기업에서 학벌을 따지지 않는 고숙련 · 고급인재 수요 증대
	근로시간의 다양화로 통상임금 산정 문제 격화
	플랫폼 노동의 증가로 특수고용형대 종사자 확산
	외국 인력의 다양화 및 고급 외국 인력 유입 증가
	자율주행자동차 상용화로 일자리를 잃은 근로자를 자율주행자동차 인프라 구축관련 직업으로 전환하는 교육 시행

©인간기술융합 트랜스휴먼시대에 따른 미래직업세계 연구 보고서

인공지능의 바람이 거센 이 시기에 우생마사 牛生馬死 의 지혜를 떠올려 보면 어떨까? 인공지능과 맞서기보다는 그들과 협업하며 공존을 모색해보자. 취업 시장을 강타한 AI자소서, VR면접은 앞으로 더 큰 영향력을 행사할 기세다. 강사는 이들과 무엇을 어떻게 협업할 수 있을까? 발 빠른 취업컨설팅회사나 스피치 학원에서는 이미 VR면접의 장·단점을 분석해서 이들과 협업할 수 있는 길을 모색하고 있다. VR면접을 체험한 취업준비생들이 아쉬워하는 한 가지가 있다. 바로 면접한 결과에 대해 면접 내용에 대한 구체적인 피드백을 받지 못한다는 것이다. 그동안 모의 면접을 통해 개별적인 피드백과 코칭을 해왔던 취업 강사

들이라면 VR면접과 연계한 서비스가 가능하지 않을까?

VR소프트웨어 개발업체 M사는 최근 VR면접과 연계한 전문가 피드백 서비스를 준비 중이다. VR면접을 체험한 지원자가 전문가 피드백 서비스 버튼을 누르게 되면 면접 녹음파일이 해당 역량평가 전문가에게 전송되며, 역량평가 전문가는 녹음파일을 기초로 지원자의 역량을 평가해서 역량개발 가이드를 포함한 평가보고서를 제공한다. 이때 전문가는 지원자에게 답변의 요령을 알려주는 것이 아니고 면접을 통해 드러난 역량의 수준을 평가해서 피드백하는 것이 핵심이다. 만일 강사가 면접을 통해 지원자의 역량 보유 수준을 평가하고 이를 피드백할 수 있다면 VR과의 협업은 가능하다. 재택근무 기반의 VR면접 어세서 Assessor 라는 새로운 직업이 탄생할 것이다.

14

채용·취업 강의 분야의 전망

채용 관련 법률이 강화되고 구직자의 발언권이 강화된 시대적 환경 하에서 기업을 돕는 채용 강사는 기업이 직면한 채용 이슈를 해결할 수 있어야 한다. 강사의 역할과 책임이 늘어나고 보다 전문성을 갖추어야 한다. 면접관 스킬 강화는 기본이고, 법률적 지식과 면접관의 태도까지 책임져야 한다. 이러한 환경적인 요구는 교육시간의 증가, 교육방법의 체계화, 자격시험으로까지의 발달을 가져왔다. 면접 분야 민간 자격증이 증가하였고 자격 취득자 중 강사가 차지하는 비중 또한, 높아지고 있다. 시장은 채용 분야의 강사에게 높은 전문성을 요구하지만, 강사는 강의 영역을 넘어 면접 질문 개발이나 평가척도 개선 등 채용 컨설팅 영역까지도 그 역할을 넓힐 수 있는 절호의 기회다.

한편, 기업의 직무수행능력 중심의 채용은 더욱 강화되고 있다. 기업은 채용의 각 단계에서 그 지원자가 해당 직무에 대한 요구 역량을 쌓기 위해 얼마나 체계적으로 준비하였고 또한, 경쟁력을 갖추었는가를 평가한다. 이에 따라 취업준비생들의 관심사 또한, 공통의 스펙 쌓기에서 해당 직종이나 직무에 요구되는 역량 습득으로 바뀌고 있다. 미래 직무를 고려한 전공의 선택이 중요해졌고, 진로에 대한 건설적인 고민과 함께 직무와 관련된 자격취득 등이 이루어지고 있다. 자연스럽게 일반적인 자기소개서 작성과 면접스킬 중심의 대학 취업캠프는 점차 축소되는 반면 직무의 이해 및 직무수행능력과 연계된 프로그램은 증가하고 있다. 교육 기부 형태로 추진하는 기업의 사회공헌 프로그램 또한, 취준생들의 직무수행능력 향상에 초점을 맞추고 있다. 직무 중심의 채용 트렌드는 분명 취업 강사에게도 희소식이다. 다만 직무 전문성을 갖춘 강사에 한해서다. 직무분석을 통해 직무요구역량을 도출하고, 전공과 직무 연계, 직무 수행 실습 및 해당 직무에 대한 지원계획 수립까지 이끄는 강사들이 돋보인다.

취업 분야 강사가 반드시 전문성을 갖추어야 하는 이유가 또 하나 있다. 바로 AI, VR 등과 같은 과학기술의 발달이다. AI자소서, VR면접의 등장은 시장에 선풍적인 바람을 일으키며 기존의 취업 강의 시장을 위협하고 있다. 능동적으로 대처하는 강사는 이미 인공지능이 제공하는 서비스의 특징을 연구하고 공존의 길을 모색하고 있다. 인공지능과 공존을 위해서는 그들이 하지 못하는 새로운 영역을 개발하거나 그들보다 더 높은 전문성을 주어야 한다. AI자소서 멘토나 VR면접 어세서는 협업하는 전문가의 좋은 예다.

채용 강사는 지원자의 직무 전문성과 협업능력을 평가하느라, 취업 강사는 그들이 직무 전문성과 협업능력을 갖추도록 지도하느라 여념이 없다. 하지만 잠시 숨을 고르고 채용·취업 분야 강사 트렌드를 조망하며, 강사로서 자신의 직무 전문성과 협업능력을 한번쯤 되돌아보는 계기가 되면 좋겠다. 환경의 변화는 분명 위협적이지만 누군가에게는 또다른 기회가 아닐까?

📖 참고문헌

- 한국산업인력공단, 『편견없는 채용 · 블라인드 채용 실태조사 및 성과분석 최종 보고서』, 2018
- 한국산업인력공단 홈페이지 (http://www.hrdkorea.or.kr)
- 부산광역시 인재개발원, 2019 면접관 역량강화과정 설계서, 2019
- 한국직업능력개발원 민간자격정보서비스 홈페이지 (https://www.pqi.or.kr/indexMain.do)
- 고용노동부, 『채용절차의 공정화에 관한 법률 시행령 일부개정령(안)』, 2019
- 고용노동부 홈페이지 (http://www.moel.go.kr)
- 김난도 외, 『트렌드 코리아 2018』, 미래의창, 2017
- 김난도 외, 『트렌드 코리아 2019』, 미래의창, 2018
- 임홍택, 『90년생이 온다』, 웨일북(whalebooks), 2018
- 삼성 청년 SW 아카데미 홈페이지 (www.ssafy.com)
- 공유인프라 SK하이닉스 공유인프라 포털 (sharing.skhynix.com)
- 교보문고 (www.kyobobook.co.kr)
- 한국바른채용인증원 홈페이지 (www.krrca.co.kr)
- 청년재단 홈페이지 (www.yhf.kr)
- 한국바른채용인증원 블로그 (http://naver.me/x0p769oY)
- 코멘토 홈페이지 (comento.kr)
- 면접의 신 홈페이지 (www.godofinterview.com)
- 한국가상증강현실산업협회(舊한국VR산업협회) 홈페이지 (kvra.kr)
- Deloitte, 『Building the Lucky Country』, 2019
- 한국고용정보원, 과학기술정책연구원 『인간기술융합 트랜스휴먼시대에 따른 미래직업세계 연구』, 2017

이승진 ―――

- 손안의공장 대표
- 유튜브 및 영상편집 강사, 2018 MBN 8시 뉴스 유튜브 제작 강연자 소개
- 저서 『강사 트렌드 코리아 2019』(공저)
- 전)한국국제보건의료재단 아프리카 의료기기 사업 전문가,
  전)가톨릭대 의정부성모병원 의공기사
- 첨단기술에 소외된 사람들에게 공학기술과 감성경험으로 주도적 삶을 돕고 있으며,
  블로그 '루키엔지니어'와 유튜브 '나도 유튜버 손안의 공장' 활동 중

유튜브
SELF-MEDIA, YOUTUBE

'걸어다니는 1인 방송국'을
만들어내는 유튜브 강의

지난 4월 21일 구독자 95만 명을 보유하고 있는 박막례 할머니 채널에 믿기 힘든 영상이 올라왔다. 바로 유튜브 CEO인 수잔 보이치키 Susan Wojcicki 가 출연한 것. 두 분의 이야기가 오가다 박막례 할머니가 질문을 던진다. "요즘 수잔은 꿈이 뭐야요?" 그리고 수잔은 답한다. "유튜브에 대한 제 꿈은 전 세계의 사람들이 자신의 이야기를 할 수 있는 기회를 만들어 주는 것이에요"

유튜브의 비전은 지금도 명확하다. 유튜브를 통해 광고수익을 가져가란 것이 유튜브의 비전이 아니다. 유튜브는 나의 취미, 언어, 내가 처한 특별한 상황 등 경계가 없는 이야기가 오가며 전 세계에 있는 팬들과 소통하는 기회를 제공하는 플랫폼이다.

유튜브는 어느 때보다 약진하고 있다. 1년 만에 18억 사용자에서 19억 사용자로 온라인 인구의 1/3이 유튜브에 접속한다. 88개국에서 91개국으로 서비스를 확장하며 더욱 글로벌화가 되었으며, 밀레니얼 세대 및 Z세대의 전유물로 여겨졌던 유튜브였지만 이젠 X세대와 베이비붐 세대 이용률이 현저하게 늘었다.

유튜브가 동영상 포털이라고 생각하면 안 된다. 명실상부한 검색 포털의 역할을 하며 사용자들의 사랑을 받고 있다. 실제 우리나라의 제일 큰 검색 포털인 네이버 다음으로 유튜브를 통해 정보를 검색한다. 세 번째는 구글, 네 번째는 다음 카카오 순서다. 10명 중 6명이 유튜브를 통해 검색하고 10대 인터넷 사용자 10명 중 7명이 검색 포털로 유튜브를 활용한다.

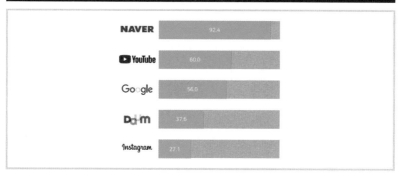

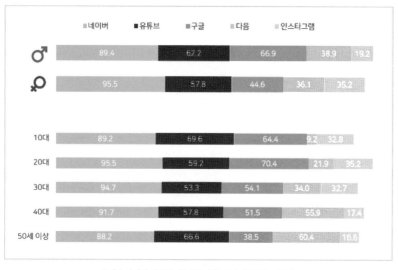

©나스미디어, 2019 인터넷 이용자 조사 NPR, 2019

이렇게 유튜브를 시청하는 소비가 늘어난 만큼 영상을 만들어내는 크리에이터, 소위 창작자들의 수도 급격히 증가하고 있다. 10대 아이들의 꿈이 유튜버라는 이야기는 나온 지 오래다. 여기에 상당한 이익을 얻고 있는 몇몇 유튜버들의 이야기가 급물살을 타고 너도나도 유튜버가 되고 있다.

©유튜브

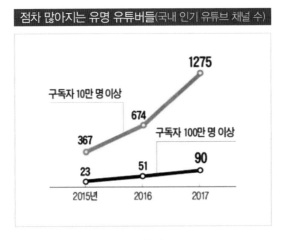

©소셜블레이드

    SNS의 다양한 통계자료를 제공하는 웹사이트인 소셜블레이드 Social
blade 의 자료를 보자. 국내 100만 명 이상의 구독자를 보유하고 있는
채널이 급격히 증가하고 있음을 알 수 있다. 2015년 23개에서 시작한
채널이 2019년 8월 현재 231개로 급증했다.

01

강의 시장에 분 유튜브 바람!
그대, 풍운아가 될 것인가?

　생각보다 많은 준비를 해야 하는 유튜브 활동은 강의 시장에도 긍정적인 자극을 주고 있다. 유튜브에 필요한 지식은 크게 1. 유튜브에 대한 이해 2. 영상 제작에 대한 이해 3. 기획 및 홍보에 대한 이해 등으로 나눌 수 있다. 이 삼박자가 맞아야 유튜브 활동을 할 수 있는 만큼 장벽이 높게 느껴진다. 이런 흐름에 맞춰 다양한 배경의 전문가들이 유튜버가 되고자 하는 이들을 위해 강사가 되었다.

유튜버

　유튜버들이 강사로 변신한다. 억대 연봉을 수입으로 얻고 있는 유튜버 출신의 강사도 있다. 하지만 전업 유튜버를 하더라도 유튜브 광고 수익만으로는 현실적인 삶의 문제를 해결하기 어려운 경우가 훨씬 많다. 이들은 시대를 잘 타고나다 보니 강의 의뢰가 들어오기 시작한다. 이미 유튜브란 방송 플랫폼에서 본인의 모습을 자주 노출하면서 자기 표현력이 좋아졌다. 전달력도, 콘텐츠도 있다.

여기에 더해 유튜브의 운영 원리를 디테일하게 알고 있다. 새내기 유튜버들에겐 더할 나위 없이 필요한 첫 경험을 나눌 수 있는 존재이기도 하다. 전문 영상 제작자가 아닐지라도 손수 만든 영상을 기획 및 제작·홍보를 한다. 여기에 경험적인 지식에 기반을 두어 강연을 한다. 학생들을 위한 진로 강의나 특강 강사로 초빙을 받아 동기부여를 하는 역할에 맞춤이다.

영상제작자

기존 영상 산업 분야에 있는 전문가들이 유튜브 시장에 뛰어든다. 영상 관련 전공을 공부했으며 실제 레거시 미디어 Legacy media 분야에서의 경험이 영상 베테랑임을 말해준다. 그뿐만 아니라 광고 영상을 기반으로 실력이 있는 전문가도 있다.

PD, 연출, 조명 등의 전문가들이 있으며 실제 대중이 좋아하는 영상에 대한 이해가 바탕에 깔려있다. 영상을 만들기 위한 기획에서부터 전문 영상 제작 방법의 분야에서 활동한다. 직접 유튜버로 활동하기보다 유튜브 세상에서 사랑받는 영상에 대한 전문적인 지식을 알려준다. 카메라 사용법, 구도 잡기, 다양한 조명 활용하기, 음성 녹음과 믹싱, 전문 영상 편집 기술 등이 있다.

SNS 및 마케팅 강사

소위 대세 미디어가 변화함에 따라 SNS 강사도 따라 변화하고 있다. 과거에 네이버 블로그를 통해 강의했던 강사가 페이스북을 공부하고 또 인스타그램을 공부한다. 이렇게 SNS강의를 진행하다 유튜브 인기의 급상승으로 이를 강의에 접목한다.

마케팅과 바이럴 viral 에 대한 이해가 기본적으로 있기에 특히 홍보와 확산에 큰 강점이 있다. 결국 시장에선 마케팅에 관심이 있기 때문에 단순히 취미로 영상을 만들기보다는 매출로 성과를 보이는 수단으로 유튜브를 활용한다.

이렇듯 유튜버가 되고자 하는 이들에게는 많은 손길이 필요하다.

일자	강의주제	강의내용
1일차	수업A	휴대폰으로 찍은 영상 컴퓨터로 가져오기/ 편집프로그램 왕기초 구성과 개념 배우기/해상도개념/컷편집/저장하기
2일차	수업B	영상에 사진, 그림, 음악넣기 / 움직이는 예능 자막 만들기
3일차	수업C	눈에 잘 띄는 미리보기 썸네일 만들기/ 유튜브업로드필수기능/채널재생목록설정배우기

©유튜브 채널 '나나랜드' 운영자 윤선욱 강사 커리큘럼

일자	강의주제	강의내용
1일차	1교시	①유튜브 영상 제작에 필요한 하드웨어 소개 ②유튜브 영상 구성별 분류
	2교시	①유튜브 영상 촬영 실습(라이브, 녹화 방식) ②유튜브 영상 촬영 실습(조명, 마이크, 카메라)
	3교시	①PC버전 소프트웨어로 편집하는 방법(컷편집) ②PC버전 소프트웨어로 편집하는 방법(통합 편집) 자막, BGM, 효과 등
	4교시	제작 영상 시사회 및 피드백

©태병원PD 유튜브 크리에이터 스쿨 강의 커리큘럼

일자	강의주제	강의내용
1일차	오리엔테이션 1인	· 나는 왜 유튜브를 시작하게 됐는가? · 시작Q&A

2일차	유튜브를 하기 위한
	최소한의 장비와
	내 콘텐츠에 맞는 장비 찾기
		· 스마트폰, 카메라, 마이크, 조명삼각대배경 등의
		  기본적인 사용방법
		· 콘텐츠에 따른 카메라와 렌즈 선택
		  *과제:내가 만들고 싶은 짧은 영상 1개 만들어보기

3일차	모바일편집툴의 활용/ 데스크탑편집툴의 활용	· 모바일 및 데스트탑편집의 장단점 · 모바일로 촬영하고 편집까지 마무리하기 · 데스크탑편집툴을 사용할 때의 장점 · 데스크탑편집툴 배워보기

4일차	유튜브 콘텐츠 기획 구성	· 내가 하고 싶은 콘텐츠의 이상과 현실
		· 장비보다 더 중요한 것은 바로 나〉〉3분 말하기
		· 순간적인/지속적인 아이디어를 바탕으로 영상을
		  제작하는 방법 소개
		  *과제:하루에 한 번씩 3분 말하기 무편집영상 업로드

5일차	유튜브 채널 개설 및
	브랜딩 요소
		· 1인미디어제작자로 활동하는 크리에이터들의
		  채널소개(국내용/국외용)
		· 나만의 브랜딩 요소탐구
		· 채널개설 및 섬네일, 채널아트구성방법
		  *과제:일관적인 주제로 2개 이상 영상만들기

6일차	같은 카메라 다른 느낌,
	내 장비의 최대치를 뽑아내자
		· 화면규격(FHD/4K)에대하여
		· 24/30/60fps의 차이에 대하여
		· 샷의 구성 및 활용
		· 영상촬영의 기본적인 법칙
		· 조명의 중요성에 대하여
		  *과제:한 장면을 구성하고, 왜 그렇게 구성했는지
		  이유를 설명하기

7일차	유튜브 플랫폼을 대하는 크리에이터의 자세	· 유튜브 플랫폼 이해하기 · 유튜브 알고리즘? 존재할까? · 유튜브가 사라지면?
8일차	최종 영상 관련 피드백 및 멘토링	· 영상촬영 및 편집멘토링 · 마무리Q&A · 소감발표

ⓒ유튜버 백욱희 강사가 기획한 유튜버 염현철, 제유영, 현상인 강사의 커리큘럼

일자	강의주제	강의내용
1일차	유튜브 1인 방송국 만들기	①내게 딱 맞는 콘텐츠 찾기 ②최근 핫한 유튜브 콘텐츠는? ③이에 알맞은 홍보방법은?
	좋은 장비? 가성비 좋은 주변기기	①스타트업유튜버를 위한 주변기기 관련프로그램 ②본격적인 유튜버를 위한 주변기기 관련프로그램
	그래픽 프로그램 학습-1	①유튜브에 필요한 포토샵 필수기능학습 ②로고 및 타이틀 등 제작
2일차	그래픽 프로그램 학습-2	①유튜브에 필요한 포토샵응용기능학습 ②제작 후 평가 및 디자인 개선 방법학습
3일차	영상 프로그램 학습 1	①유튜브에 필요한 필수기능프리미어 　　a.단순편집 등 편집기초 등 　　b.교차편집, 입체편집, 효과활용등 ②실제작업 후 영상관련 토론
4일차	영상 프로그램 학습 2	①유튜브에 필요한 필수기능프리미어 　　a.고급편집 및 응용방법 등 　　b.시퀀스세팅 및 랜더링 등 ②실제작업 후 영상 관련 토론
	채널생성 및 채널 세팅	①기본세팅 ②썸네일이미지넣기 ③내채널리스트설정하기
	수익구조실현을 위한 모바일홍보학습	①인스타그램 ②페이스북

ⓒ마케터 강기우 강사 커리큘럼

02

유튜브 강의 트렌드를
반영하는 출판 시장

출판사에서도 앞다투어 유튜버가 되기 위한 직·간접적인 방법의 책을 선보이고 있다. 교보문고 기준 2016년 5권에서 시작해 2017년 15권, 2018년 36권, 2019년 7월 27권으로 유튜브 관련 저서는 높은 비율로 세상에 나오고 있다.

책의 흐름을 보더라도 단순히 유튜브를 운영하거나 영상 편집에 대한 방법론을 넘어섰다. 구독자의 대상이 연령별, 콘텐츠별로 세분화하고 있다.

2018-2019년 유튜브 관련 저서 ©교보문고

03

투명한 유리집,
내 사생활이란 없다

유튜브 강의 트렌드 키워드, 투명

유튜버는 한 공인이 되면서 그동안 느껴보지 못한 관심과 인기를 경험하게 된다. 하지만 반대로 얻는 인기만큼 몸살도 겪는다. 유튜브 강사는 일반인들이 공인이 되는 순간 가져야 하는 윤리적인 의식과 대중을 대하는 자세를 전달해야 한다. 영상을 촬영하고 편집하는 기술은 기본이다. 여기에 더해 스크린 밖에 있는 대중과 그 대중이 속한 사회의 특성도 고려할 필요가 있다.

"앞으로는 유리로 된 집에 살게 됐습니다. 모든 순간에 팬들이 당신을 소유하는 거예요. 이 말이 거슬린다면 다른 일을 찾아보는 게 좋을 겁니다. 사람들이 당신의 집 앞 쓰레기통을 뒤지는 게 싫다면 다른 일을 찾아봐야 할 거예요."

유튜브의 비즈니스 총책임자 로버트 킨슬 Robert Kyncl 이 이야기를 한다. 상당수의 1인 미디어 창작자가 유튜브에서 활동하면서 대중에게 영향을 주는 인플루언서들이 생겨났다. 전작 『강사 트렌드 코리아 2019』에서 언급한 키워드 '마이크로 인플루언서 micro influencer'들은 갑자기 늘어난 팬들의 관심에 열심히 화답한다. 인기를 실감한 그들은 많은 사람의 관심을 감당하는 경우도 있고 힘겨워하는 사람들도 있다. 인기 유튜버들은 연예인들이나 경험하는 상황에 노출되면서 자연스럽게 문제들이 드러나기 시작했다.

정신승리! 유튜버의 마음을 챙겨주는 유튜브 강사

블로그, 게시판, 뉴스 등지에서 활동하는 프로댓글러들이 유튜브에서도 활동을 안 할 리 없다. 이들은 선플러 착한 댓글을 다는 사람 일 수도 있지만 불편러 보기 불편한 댓글을 다는 사람 일 수도 있다. 아직 마음의 준비가 되어 있지 않은 유튜버들에게는 이들의 댓글이 불편하기만 하다. 한 명의 유튜버로 성장하는 과정에서 피드백에 대한 현명한 반응은 하나의 거쳐야 할 과정이다. 나를 위한 진정한 피드백을 하는 화이트 불편러와 일방적인 비하 발언을 하는 블랙 불편러를 구별할 필요가 있다. 그래서 유튜브 강사는 유튜버를 양성할 때 대중들의 피드백에 현명하게 반응하는 법을 전달해야 한다. 그리고 도가 지나치다면 사이버 경찰청의 도움을 받을 수 있는 법적인 제재를 가할 수 있다는 것도 알려야 한다.

유튜버에게 향하는 윤리적 잣대, 윤리강령을 아십니까?

- 망해서 덤핑 처리된 키보드 나눔 이벤트 벌였다는 논란 휩싸인 로이조
- 대도서관, 무통보 지각·휴방 논란에 사과 "휴식도 깊이 생각해보겠다."
- '산낙지, 생간, 돼지머리' 이어 살아있는 '개불' 먹방 했다가 사과

　방송을 진행하는 유튜버들은 영상을 통해 자기 생각과 행동을 대중에게 보여준다. 특히 라이브 스트리밍을 하는 이들은 그 특성상 가감 없이 일거수일투족 노출이 된다. 그만큼 실수를 할 확률도 높아진다. 여기에 단지 인기몰이를 위해 방송 탈선을 감행하는 유튜버들도 유튜브의 부정적인 면에 한몫한다. 이들의 말과 행동은 대중의 윤리적인 판단에서 벗어날 수 없다. 유튜브 강사는 이런 현상이 무지에서 비롯된 것이라면 온라인에서의 지켜야 할 윤리강령의 중요성을 말해야 한다. 대한민국 저널리즘의 원칙을 세우는 〈한국언론진흥재단〉에서는 미디어 윤리에 대한 자료와 강의가 있다. 여러 사업 온라인 페이지 중 '미디어교육 포미'에 방문하면 미디어 교육 사업에 대한 자세한 내용이 있어 강의에 도움이 된다.

04

유튜브 열심히 하다 보니
국세청에서 연락이!

유튜브 강의 트렌드 키워드 세금

2019년 4월 10일, 국세청에선 국내 유명 유튜버 A 씨의 탈세 사실을 공개했다. 광고 수익으로 20억 원을 벌었다고 전하는데 세금을 전혀 내지 않다가 5억 원을 추징당했다고 한다.

2019년 1월 30일, 국세청장은 유튜버 등 1인 미디어 창작자에게도 세금 신고 관련 안내문을 보내겠다고 밝혔다. 개인이 신고하지 않으면 알 수 없는 수익 구조이기 때문에 과세의 사각지대라고 표현한다. 그런데 이제 국세청은 창작자의 외환 수취 자료를 분석해서 수입을 측정하고 성실신고 안내장을 발송한다고 한다. 더 나아가 7월에는 '빅데이터 센터'를 정식 출범시켰고 납세자의 성실도 분석과 탈세 위험 예측 모델을 개발할 예정이다. 그리고 이미 지난 4월 10일 국세청에서 인기 유튜버 등 '신종 부자' 176명 전격 세무 조사하기로 밝힌 바 있다.

이젠 세무사들이 유튜버를 대상으로 업무의 범위를 넓히고 있다. 실제 유튜브 세금에 대해 강의를 하는 세무사가 늘고 있다. 반대로 유튜브 강사가 세무에 대한 지식을 쌓아야 한다. 수익을 벌어들이는 유튜버의 수가 점차 증가함에 따라 자연스레 세금 문제에 맞닥뜨리게 된다. 아래 그래프를 보면 유튜버와 세금의 키워드가 점차 증가하고 있음을 알 수 있다.

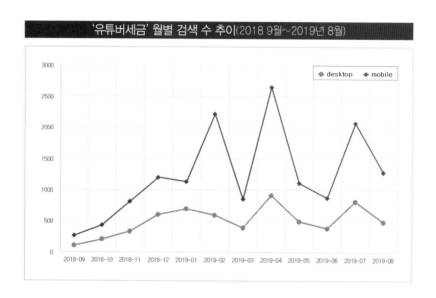

'유튜버세금' 월별 검색 수 추이(2018 9월~2019년 8월)

그리고 4월 21일 미국의 유튜브 분석 사이트가 소개한 자료 '광고수입 상위 국내 유튜브 채널'표를 보면 국내 최고 월수입 추정치 20만 달러가 넘은 채널이 10개다. 한화로 따지면 2억 2천만 원의 금액이다. 1위인 보람튜브 브이로그는 월 최고 추정치가 2018년 말 150만 달러 약 17억 475만 원 에서 이달 250만 달러 약 28억 4,125만 원 로 상승했다.

유튜브를 시작하는 일반인들에게 세금에 대한 강의가 필요하다. 수입만 신고하기 때문에 세금을 내야만 하는 상황이다. 오히려 세무사들은 유튜버에게 사업자등록을 하여 영상을 촬영하기 위해 필요한 장비 및 기타 지출에 대한 신고도 같이하길 추천한다.

광고수입 상위 국내 유튜브 채널		
순위	유튜브 채널명	최고월수입 추정치(달러)
1	보람튜브 브이로그	250만
2	보람튜브 토이리뷰	130만
3	토이푸딩	110만
4	1MILLION Dance Studio	49만7000
5	토이몽TV	28만4000
6	서은이야기	27만8000
7	소닉토이	25만1000
8	라임튜브	24만9000
9	JFlaMusic	21만4000
10	ToyMartTV	20만6000

※CPM(광고 1000회로 받는 수익) 4달러로 계산
※4월 21일 기준

©소셜블레이드

이들의 수익이 크고 작음을 떠나 대중은 이 수익에 대해 인지하고 있다. 팬들과 소통을 잘하는 유튜버라면 이런 세금에 관한 문제에서 벗어날 필요가 있다. 유튜버로 활동하며 나온 수익에 세금을 내는 당당한 크리에이터가 되어 구독자들을 실망시키지 말아야 한다.

05

겸업 금지를 금지하라!
공무원 유튜버 시대

유튜브 강의 트렌드 키워드, 겸업

주 52시간 근무제가 직장인들의 생활패턴을 바꿔놓고 있다.

"퇴근 후 남는 시간을 활용해 유튜브를 하거나 자막 번역 업무와 같은 디지털 부업을 하는 직장인들이 늘고 있다. 하지만 일본과 달리 우리나라는 직장인의 부업이 원칙적으로 금지돼 있다."

2018년 8월 MBN 8시뉴스에서 나온 소식이다. 그래서 지금도 많은 직장인 유튜버들은 회사 몰래 운영하거나 회사가 이를 알았을 때 더는 유튜브 활동을 하지 못하는 사례도 일어나고 있다.

사기업의 경우 겸직을 금한다는 법은 존재하지 않는다. 근로기준법에도 없고 표준취업 규칙에도 겸직에 대한 규정이 없다. 우리가 알고 있는 겸직금지에 대한 내용은 각 기업의 사규에 명시된 제도다. 근무시간 내에는 금지될 수 있다. 근무 시간 외 겸직은 원칙적으론 가능하다. 다만 근무시간 외에도 금지되는 경우가 있으니 조심해야 한다.

공무원의 경우는 겸직조항이 법적으로 명시되어 있기에 사기업보다 훨씬 유튜버로 활동하는데 제약이 크다. 하지만 최근 교육부에서 큰 변화가 일었다.

교육부 "교사 유튜브 개설 장려"…
공직사회 "우리도 채널…"기대

　교육부가 교사들의 교육 목적 유튜브 개설을 장려한다는 방침을 정했다. 취미활동에 대해서도 규제 대상은 아니라는 해석이다. 겸직 논란으로 유튜브 채널 운영에 소극적인 2030 공무원 사회에서는 '공무원 유튜브 시대가 열리는 것이냐'는 기대감이 부풀어 오르고 있다. 이때다. 전국의 공무원 연수 기관에서 이 소식을 듣고 가만히 있을까? 2020년 교사를 중심으로 한 공무원 대상 강의계획에 반영될 것으로 기대한다. 그리고 공직에서의 부는 커다란 변화의 바람은 자연스럽게 일반 기업들까지 퍼지게 되어있다.

　사실 많은 직장인 유튜버는 회사 몰래 유튜브 활동을 해오고 있다. 회사의 겸직금지 조항 때문이다. 재테크 및 부동산 관련 영상을 올리는 채널 '돌디' 운영자는 회사측에 유튜브 활동이 발각되어 유튜브 활동을 접었다.

　하지만 이후 회사에 정상 근무가 힘들 정도로 따가운 시선에 퇴사했고 다시 전업 유튜버로 돌아왔다. 한은경 노무사는 "헌법에서는 직업의 자유를 보장하고 있고, 유튜브 활동은 사생활 범주에 속하기 때문에 기업 질서나 노무 제공에 지장이 없는 겸업까지 금지할 수 없다"고 이야기한다. 한국 사회는 이런 유튜브란 플랫폼이 가져오는 변화에 커다란 영향을 받고 있다. 그리고 이런 변화는 늘 대중이 원하는 방향으로 진화되어 왔다. 50년 이상 유지되어온 '겸직금지'란 사규의 한 조항이 수정되는 날이 머지않았다.

06

유튜브 강의 분야의 전망

1인 1 유튜브 채널 시대가 오고 있다. 구독자 10만 명 이상, 100만 명 이상의 채널은 앞으로도 그 수가 급증할 것이다. 점차 유튜브에 도전하는 사람들이 많아짐에 따라 이들을 이끌어 줄 강사의 역할도 다양하게 커가고 있다.

첫 번째로 유튜브의 세계로 첫발을 내딛게끔 안내해주는 강사의 수요가 커진다. 특히 앞서 이야기한 교육계 공무원에게 시작된 변화가 전 공직 사회에 영향을 줄 것으로 기대한다. 공무원 연수를 진행하는 다양한 교육 기관에선 유튜브 강의를 앞다투어 반영하지 않을까? 그리고 공직의 경계를 넘어 사기업에도 직원들에게 유튜브를 권하는 분위기가 생길 것으로 본다. 사기업의 겸업 금지 조항은 사칙이기 때문에 공직 세계에서보다 무너지기 쉽다. 지금도 유튜브가 얼마나 파급력을 가졌는지 아는 깨어있는 기관은 유튜브 강의를 지원한다.

두 번째로 새롭게 시작한 유튜버뿐만 아니라 기존 플레이어 Player 에게 필요한 미디어 윤리 의식을 전하는 유튜브 강사의 수요가 늘 것이다. 누구보다 이 강의가 필요한 수강생들은 장래 희망이 유튜버라는 학생들이다. 진로 강의에 유튜브 크리에이터 수업의 수요가 늘고 있다. 학교 기관에서는 유튜버가 되기 위한 스킬에 더해 미디어 윤리도 커리큘럼에 다뤄주길 요청한다. 유튜브 강사로서 미디어 윤리는 필히 장착해야 하는 콘텐츠다.

세 번째로 수익을 창출하는 유튜버들을 위한 강사의 수요가 늘 것으로 전망한다. 수익이 발생하는 곳이면 당연히 이를 주시하는 국세청의 정책 변화를 전해야 한다. 전문 세무사로서 유튜버가 알아야 할 세무 강의가 필요하며 기존 유튜브 강사도 유튜버가 알아야 할 세무 상식을 알면 더욱 강력한 무기가 된다.

정보를 표현하는 수단으로 동영상은 매우 효과적인 수단이다. 그리고 이 영상을 효과적으로 전 세계에 확산시킬 수 있는 플랫폼이 유튜브다. 교육, 마케팅, 광고 등 모든 분야에 쉽게 접목 가능한 유튜브란 세상에서 당신, 유튜브 강사를 기다리고 있다.

📖 참고문헌

- https://youtu.be/TcUgE9PyNLo 박막례 할머니 유튜브 채널
- https://chartlocal.com/2019/03/15/youtube/ "Myth: My customers don't watch YouTube" 〈CHARTLOCAL〉, 2019.3.15
- 로버트 킨슬, 『유튜브 레볼루션』, 더퀘스트, 2018
- https://www.insight.co.kr/news/173500 "망해서 덤핑 처리된 키보드 나눔 이벤트 벌였다는 논란 휩싸인 로이조", 〈인사이트〉, 2018.8.20
- https://news.joins.com/article/23448383 "대도서관, 무통보 지각·휴방 논란에 사과 '휴식도 깊이 생각해보겠다'", 〈중앙일보〉, 2019.4.23
- https://www.insight.co.kr/news/220147 "산낙지 → 생간 → 돼지머리 이어 살아있는 개불 먹방했다가 사과글 올린 유튜버", 〈인사이트〉, 2019.4.2
- https://www.forme.or.kr/index.php 한국언론진흥재단 미디어교육 포미
- http://www.hani.co.kr/arti/economy/economy_general/900472.html "블로그·SNS 거래 탈세 잡는다…국세청 빅데이터 센터 출범", 〈한겨레〉, 2019.7.4
- MBN 8시 뉴스 "유튜브 올리고 자막 번역…'디지털 부업'뜨지만", 2018.9.3
- http://mbiz.heraldcorp.com/view.php?ud=20190426000361#cb "교육부 '교사 유튜브 개설 장려'…공직사회 '우리도 채널…' 기대", 〈헤럴드경제〉, 2019.4.26
- http://www.bizhankook.com/bk/article/17980 "직장인 유튜버들의 족쇄 겸업금지 뽀개기", 〈비즈한국〉, 2019.6.19

김장욱 ——————————————————————————

- ㈜한국강사신문 전략사업본부장

강사는 '휴먼 인플루언서
⟨Human influencer⟩'다

2016년 5월 15일 ㈜한국강사신문이 창간된 이후 2019년 9월 말 기준 약 20,000개의 기사가 송출됐다. 지금까지 송출된 수많은 강사뉴스를 통해서 그들의 이야기와 삶을 가까이서 엿볼 수 있었다. 1시간의 강의를 위해 투자하는 수많은 시간과 에너지, 하루 수백Km의 이동거리는 강사를 천직이라고 이야기하는 그들에게 아주 평범한 일상이다. 강사는 특별한 소명의식을 갖고 있는 경우가 많다. 특히 지금까지 ㈜한국강사신문 강사뉴스에서 자주 소개됐던 강사들의 소명의식은 매우 남다르다.

딕과 더피 Dik & Duffy, 2009 는 소명 Calling 을 '자신을 넘어선 것에서 비롯되는 초월적 부름 Transcendent summons 에 부응하여, 삶의 특정 역할에 대해 삶의 목적과 의미를 발견하고, 타인 지향적 가치와 목적을 주요한 동기로 삼아 하는 일'로 정의했다. 결국 강사는 남다른 소명의식을 통해 다른 사람의 인생에 긍정적 영향을 미치는 휴먼 인플루언서 Human influencer 라고 할 수 있다.

'휴먼 인플루언서'가 염두(念頭)해야 할 3가지

▎첫째, 강사로서의 소명의식을 확고히 하는 것이다

내 인생에서 어떤 것이 중요하고, 그것을 위해 어떻게 살겠다는 것을 명확하게 생각해야 한다. 구체적으로 나는 어떤 분야의 강의에 전문성을 갖출 것인가? 이것은 강사로서의 소명의식을 갖는 기본이라 할 수 있다. 무엇보다 자신만의 확고한 콘텐츠, 특정 분야에 대한 깊이 있는 전문성과 통찰력이 매우 중요하다.

▎둘째, 현재 하고 있는 강의를 더 잘할 수 있도록 하는 것이다

강의에 대한 욕심은 강사로서 생존하기 위한 필수조건이라고 할 수 있다. 소위 잘나가는 강사들을 보면 바쁜 일정에도 자기계발에 항상 애쓰고 있다. 자기 전문분야에 접목할 수 있는 콘텐츠를 배우고, 전혀 관련성이 없어 보이는 새로운 교육에 투자를 아끼지 않는다. 또한 현재 진행하고 있는 강의에 대해서 항상 고민하고 연구한다. 마지막으로 교육생 및 교육 담당자의 외부 평가뿐 아니라 자신만의 내부 평가와 철저한 피드백은 필수이다.

▎셋째, 건강한 파트너십을 구축하는 것이다

강사는 외롭다. 본인이 멘토로 삼고 배우고 싶은 강사, 신뢰하고 함께 성장할 수 있는 강사 등 주위 건강한 파트너십을 구축해야 한다. 경쟁의식에 사로잡혀 자기만의 테두리에 가두지 않도록 해야 한다. 특히 긍정적 에너지를 주고받으며, 강사로서의 희로애락을 함께 나누는 것에 대한 즐거움을 잘 아는 강사들이 롱런하는 경우가 많다. 다시 한번 말하지만 강사시장에서의 건강한 파트너십을 튼튼하게 구축하는 것이 롱런하는 비결 중 하나이다.

『강사 트렌드 코리아 2020』은 당신의 페이스 메이커(Pace maker)

페이스 메이커 Pace maker 는 육상경기의 중·장거리 경주에 있어 자신의 능력보다도 빠른 페이스로, 또한 다른 선수의 목표가 될 만한 스피드로 다른 선수를 유도하거나 앞질러 가는 러너를 의미한다.

『강사 트렌드 코리아 2020』은 누구보다 남다른 소명의식과 강의에 대한 열정을 갖고 있는 있는 국내 분야별 대표 강사들이 참여했다. 『강사 트렌드 코리아 2020』은 현재 강의를 하고 있는 현직 강사뿐 아니라 앞으로 강사에 대한 소명의식을 갖게 되는 예비 강사들에게 훌륭한 페이스 메이커가 되어줄 것이다.

㈜한국강사신문 강사연구분석센터
Lecturer R&A(Research&Analysis) Center

㈜한국강사신문

㈜한국강사신문은 '강사는 스승'이라는 생각에서 2016년 5월 15일 '스승의 날'에 창간한 국내 유일 '강사&책' 공식 언론사다. 발간된 책을 알려주거나 '한국강사신문 대표가 만난 강사'라는 인터뷰를 통해 강사의 삶을 깊이 있게 다루고 대중에게 널리 전파해 주고 있다. 강사들을 위한 차별화된 신문임을 인정받아 2017년 1월 17일부로 특허청 청장 최동규 에서 '㈜한국강사신문' 이름으로 서비스표 등록증을 공식 발행하기도 했다.

또한 ㈜한국강사신문은 2018년 2월 9일 네이버, 다음카카오 2019년 1월 15일 구글 뉴스검색제휴가 체결되었다. 이로써 더욱 많은 대중들이 우수한 강사의 강의현장과 유익한 책 관련 기사를 접하고 있다. 한국강사신문은 일반 강사들을 대중에 널리 알림과 동시에 강사들의 권익보호와 인적 네트워킹을 위한 소통창구로 거듭나고 있다.

㈜한국강사신문은 취재본부, 편집본부, 전략사업본부, 강사사업본부, 지사본부의 5개 사업본부 외 강사연구분석센터, 한국강사에이전시의 2개 산하기관이 있다.

주요 임원은 한상형 대표/편집본부장, 권순섭 취재본부장, 김장욱 전략사업본부장, 정헌희 강사사업본부장, 이승진 강사연구분석팀장이 있다.

강사연구분석센터

강사연구분석센터 분야별 전문강사

강사연구분석센터는 ㈜한국강사신문 산하기관으로 4차 산업혁명 시대, 강사의 전문성 향상 및 교육환경 변화에 대한 기대에 부응하고자 설립됐다.

다양한 교육현장에서 강의 및 교육과정의 질을 증진시키는 것을 목표로 전문 강의분야의 연구수행을 지원한다. 또한, 정확한 데이터를 바탕으로 강의시장 및 전문 강의분야에 대한 트렌드를 분석하여 교육현장에 적용하고자 다방면으로 노력하고 있다.

강사연구분석센터 분야별 집필강사 12명은 이번 『강사 트렌드 코리아 2020』을 통해 강사 트렌드를 분석하고 미래를 전망해주는 대한민국 최초의 강사 트렌드 분석서를 출간했다.

강사연구분석센터는 한상형 대표/강사연구분석센터장, 이승진 강사연구분석팀장이 담당하고 있다.

한국강사에이전시

한국강사에이전시 홈페이지

한국강사에이전시는 ㈜한국강사신문의 강사추천사업부다. 기업·기관과 강사를 연결해 주는 한국강사에이전시는 세 가지 차별화된 장점을 가지고 있다.

첫째, ㈜한국강사신문에 기사화 된 강사를 추천한다. 특히 강의 취재 및 강사 인터뷰 등을 통해 분야별 검증된 강사를 추천한다.

둘째, 강의를 의뢰한 기업·기관의 강의 기사를 쓴다. 강의 전 안내 기사를 통해 교육 대상자의 참여도 및 관심도를 높이며, 강의 당일 진행된 강의현장의 소식을 전한다.

셋째, 강의현장의 소식을 전할 때 강의를 의뢰한 기업·기관의 교육철학 및 교육정책을 기사에 반영한다.

한국강사에이전시는 한상형 대표, 정헌희 강사사업본부장이 담당하고 있다.

포토그래퍼 권순섭 ─────────────────────────

㈜한국강사신문 취재본부장/ 포토디렉터

· 한국사진학회 정회원, 온빛다큐멘터리 정회원

· 2012 개인전 '희망 축구공', 단체전 2016 '여성평화걷기' 사진전 등 다수

· 2008~2017 tbs 교통방송 전담사진가

· 2008~2017 서울국제휠체어 마라톤 공식촬영

· 2016~2019 한국방송대상 공식촬영

· 저서 「EBS 테마기행(중국편)」, 「EBS 다큐프라임(아시아, 아시아)」, 「상쇠」 등

· 수상 서울국제휠체어마라톤 기념 서울시장 표창장